MICHAEL BIRKENBIHL

CHEF BREVIER

Ich widme dieses Buch voller Dankbarkeit
jenen Männern, die mein Denken
in den vergangenen zwanzig Jahren
entscheidend verändert und neu geprägt haben:

Fritjof Capra
Hoimar von Ditfurth
Erich Jantsch
Josef Rattner
Horst-Eberhard Richter
George Trevelyan
Ken Wilber

Mögen ihre Einsichten auch das
notwendige „Neue Management“
beeinflussen!

MICHAEL BIRKENBIHL

CHEF BREVIER

GEHEIMNISSE ERFOLGREICHER FÜHRUNGSKRÄFTE

mvg verlag

CIP-Titelaufnahme der Deutschen Bibliothek

Birkenbihl, Michael:
Chefbrevier : Geheimnisse erfolgreicher Führungskräfte/
Michael Birkenbihl. – München : mvg-Verl., 1990
(mvg-Ratgeber)
ISBN 3-478-07500-9

Umschlaggestaltung: Gruber & König, Augsburg
Satz: Fotosatz Buck, 8300 Kumhausen
Druck und Bindearbeiten: Ebner Ulm
Printed in Germany 070500/290402
ISBN 3-478-07500-9

Inhalt

Vorwort

Wir leben in einer Umbruchszeit, und diese „Umwertung aller Werte" kommt nicht überraschend und ist im vergangenen Jahrzehnt von klarsichtigen und kompetenten Autoren exakt beschrieben worden. Zum Beispiel durch ALVIN TOFFLER („Die Zukunftschance", 1980), MARILYN FERGUSON („Die sanfte Verschwörung", 1980), FRITJOF CAPRA („Wendezeit", 1982) und HOIMAR VON DITFURTH („So laßt uns denn ein Apfelbäumchen pflanzen", 1985). Doch Manager lesen nichts, schon gar nicht Texte mit gesellschaftspolitischen Tendenzen. Solche Texte könnten ja das „Heile-Welt"-Paradigma ankratzen, in dem sich unsere erfolgreich Führenden niedergelassen haben.

Doch die bewährten Methoden des Verdrängens und der Schönfärberei verlieren dann ihre Wirksamkeit, wenn sie von der Realität übertrumpft werden. Das müssen zur Zeit selbst jene Hinterweltler wahrnehmen, die jahrzehntelang von Medien à la BILD-Zeitung systematisch und erfolgreich am kritischen Denken gehindert worden sind. So gibt es zwei Bereiche, in denen die Zustände zum Himmel schreien: die Umweltzerstörung und das Ethik-Vakuum, das zu einer sich wie die Pest ausbreitenden Korruption führt. Und natürlich sind alle Regierenden völlig hilflos. Man hat keine Gegenkonzepte entwickelt, denn wer hätte gedacht, daß „so etwas" kommen könnte: Gorbatschows Perestroika mit ihren umstürzlerischen Folgen für die ganze Welt; der Zusammenbruch des SED-Regimes in der DDR; der massive japanische Angriff gegen die großen (und zu satten) westlichen Industrienationen?

Nun gibt es in Industrie und Wirtschaft, wo die fähigsten Köpfe unserer Zeit zu finden sind, schon Menschen, denen unsere profitgierige Weltanschauung nicht mehr behagt –, und die so etwas wie ein schlechtes Gewissen haben, weil sie so fleißig und erfolgreich mitmischen. Für diese Menschen ist dieses Buch geschrieben.

Für jeden intelligenten Menschen, der sich Gedanken über sein Leben (und vielleicht über das Leben nach dem Leben) macht, gilt eine Grundforderung: *Wahrhaftigkeit* – und zwar gegenüber sich selbst! Wer der Umwelt gegenüber schrankenlos aufrichtig ist, geht vor die Hunde. Aber wer gegenüber sich selbst nicht aufrichtig ist auch! Deshalb ist der Grundtenor dieses Buchs die Wahrhaftigkeit; eine subjektive, selbstredend.

In diesem Buch werden Themen aus der Management-Praxis abgehandelt, die zum Teil „heiße Eisen" sind, weil sie bisher in der einschlägigen Literatur immer verlogen dargestellt wurden: Etwa die *wirkliche* Tätigkeit von Managern; das Märchen, daß Führen erlernbar sei; und die Dialektik von Macht und Ethik, die von den Top-Managern unserer erfolgreichsten deutschen Unternehmen, etwa der DEUTSCHEN BANK und MERCEDES, immer geleugnet wird. Und schließlich wird, um nur noch einen neuralgischen Punkt zu erwähnen, die Tatsache immer vernebelt, daß ein Großteil unserer Spitzen-Führungskräfte „synthetische Manager" sind: vom Unternehmen aufgebaute Statusträger ohne innere Substanz.

Ich selbst hatte (nach 6 Semestern Medizin und Psychologie) im Oktober '89 mein vierzigjähriges „Berufsjubiläum" hinter mir: zwanzig Jahre als Angestellter bei Multis wie SIEMENS, POTEZ, CYANAMID, BEECHAM und zwanzig Jahre als selbständiger Management-Trainer und Unternehmensberater. 1983 legte ich die Heilpraktikerprüfung vor einem Amtsarzt, der Psychiater ist, ab, weil ich mit diesem Schein Psychotherapie machen darf, und arbeite seitdem offiziell auf einem Sektor, den man auf Neudeutsch „Coaching" nennt. Mit anderen Worten: Wenn ich in diesem Buch das Thema „Management" in seinen verschiedenen menschlichen Facetten behandle, dann weiß ich, wovon ich spreche.

Ich habe mich immer als einen großen Anreger gesehen: als einen Menschen, der andere dazu bringt, über sich und ihre Situation nachzudenken. Ich hoffe, daß es mir auch mit diesem Buch gelingen möge! Und ich erhoffe mir weiterhin, daß die Reflexion meiner Leser und Leserinnen über ihre Situation zu Konsequenzen führt, die sowohl dem einzelnen wie unserer Gesellschaft zu einer besseren Zukunft gereichen . . .

8063 Odelzhausen,
Postfach 2

MICHAEL BIRKENBIHL

1. Kapitel: Glasnost im Management?

1.1 Eine verlorene Faszination

Wenn wir „Glasnost“ mit „Offenheit/Transparenz“ übersetzen, so bedeutet dies zum Beispiel für das Gebiet der Wirtschaftspolitik und des Managements, das ja in die Wirtschaftspolitik eingebunden ist, zweierlei:

1. Wir müssen uns von den erfolglosen Thesen der „Wirtschaftswissenschaftler“ abkoppeln, und
2. wir müssen uns von den Management-Theorien trennen, die behaupten, Führen sei erlernbar.

Zu 1: Die moderne Naturwissenschaft hat die Erkenntnisse der klassischen Physik geradezu degradiert. ILYA PRIGOGINE, Nobelpreisträger für Chemie 1977, hat darauf hingewiesen, daß fern vom Gleichgewicht neue Strukturen spontan entstehen können. In seiner Theorie von den dissipativen Strukturen weist er darauf hin, daß sich Unordnung und Chaos unter gleichgewichtsfernen Bedingungen in Ordnung verwandeln und daß neue dynamische Zustände der Materie entstehen können, in denen sich die Wechselwirkung eines Systems mit seiner Umgebung widerspiegelt.

Dieser Wandel in der Naturwissenschaft, von international angesehenen Autoren wie FRITJOF CAPRA, JEAN E. CHARON, PAUL DAVIES, HOIMAR V. DITFURTH und KEN WILBER verständlich dargestellt, hat offensichtlich noch keinen Eingang in die Wirtschaftswissenschaften gefunden. Trotz des negativen Lehrstückes einer MARGARET THATCHER halten die Herren Lehrstuhlinhaber weltweit am anachronistischen Kernstück ihres Paradigmas fest, das heißt am unbeirrbaren Glauben an die Tendenz freier Märkte zum Gleichgewicht und einen stabilen Endzustand des Systems im Gleichgewicht. Real zu beobachtende Ungleichgewichte wie Arbeitslosigkeit oder Machtzusammenballungen werden ausschließlich als ärgerliche Störungen empfunden, die mit marktwirtschaftlichen Maßnahmen bekämpft und vollkommen beseitigt werden können, wenn man nur dem Marktmechanismus seinen freien Lauf läßt. Abseits vom Gleichgewicht gibt es für Marktwirtschaftler langfristig nur eins: Chaos und Unordnung.

Also: Vergessen wir den Unsinn, den unsere Wirtschaftsprofessoren mit hochtrabendem Gehabe jahrein, jahraus bis zur Emeritierung unverändert von sich geben!

Zu 2: Auf die falsche Heilslehre, Führen sei erlernbar, werde ich noch detailliert eingehen. Zunächst sei lediglich angemerkt, daß aus den USA auch jene Irrmeinung bei uns Fuß gefaßt hat, man könne jeden Durchschnittsmenschen in eine Management-Eliteschule stecken und damit rechnen, daß aus diesem Lehrgang dann automatisch eine Führungskraft, also ein potentieller, begabter Generaldirektor herauskomme. Über diesen Wunderglauben hinsichtlich des Ergebnisses von Führungsseminaren hat sich der international tätige schweizer Unternehmensberater NICHOLAS G. HAYEK schon mehrmals öffentlich lustig gemacht.

Fazit: Dieses ganze ,,Heile-Welt-Gerede", das uns weismachen will, alle Schwierigkeiten würden sich letztendlich von selbst regeln, weil die Menschheit bisher noch immer alle Probleme bewältigt hätte – diese Art von Denken ist geradezu kriminell und wird uns alle mit Sicherheit ins endgültige Verderben führen, wenn wir nicht in letzter Minute umschalten – und zwar unser Denken als ,,Macher" – denn nur auf die Führungskräfte in Wirtschaft und Politik kommt es heutzutage an, sonst auf niemanden!

Ein Großteil unserer Schwierigkeiten rührt daher, daß im öffentlichen Leben, in der Wirtschaft wie in der Politik, die Ergebnisse der psychologischen Forschung der letzten 50 Jahre überhaupt nicht beachtet werden. Nie ist eine ,,Erfahrungswissenschaft" mehr ,,geschnitten" worden als die Psychologie – und zwar deshalb, weil sie unangenehme Wahrheiten zutage gefördert hat. Wahrheiten, die die Leitbilder unserer Moderne, die ausschließlich aus macht- und profitorientierten Doktrinen bestehen und die Ethik völlig aussparen, ad absurdum führen. Werfen wir also zunächst einen Blick auf ein paar psychologische Basiswahrheiten und überlegen dann, inwieweit sie Einfluß auf ,,das Management" haben. ALFRED ADLER, einer der großen Psychologen der Neuzeit, stellte fest:

> *Menschsein heißt, ein Minderwertigkeitsgefühl zu besitzen, das ständig nach seiner Überwindung drängt.*

Dazu muß ergänzend gesagt werden, daß der Mensch von zwei Arten von Minderwertigkeitsgefühlen regiert wird: von der ,,angeborenen Minderwertigkeit" und der ,,erworbenen Minderwertigkeit". Erstere wird schon dem Kleinkind bewußt, das ohne Fell, ohne Kraft, ohne die Fähigkeit zu kämpfen, davonzulaufen oder sich selbständig zu ernähren, elend zugrunde gehen müßte. Diese Erfahrung des Minderwertigseins bestimmt als traumatisches Erlebnis das gesamte weitere Leben des Menschen.

Die ,,erworbene Minderwertigkeit" beruht auf Fehlleistungen und Fehlentscheidungen, die der Mensch laufend produziert: Er bewältigt Probleme nicht, weil seine Intelligenz nicht ausreicht, er das Denken nicht gelernt hat oder gefühlsmäßig nicht an andere herankommt und deshalb kommunikationsgestört ist. Die Umwelt läßt ihn das spüren, und zwar bereits in der frühen Kindheit, was bei ihm zu einem ,,Ich-bin-nicht-O.K.-Gefühl" führt.

Auf dieser Basis menschlicher Minderwertigkeit und jener Erkenntnisse, wie sie beispielsweise THEODOR ADORNO über den autoritären Charakter gewonnen hat, läßt sich, selbstverständlich cum grano salis, behaupten, die Menschen sind

- autoritätsverliebt,
- träge,
- denkfaul,
- risikoscheu,
- verantwortungsscheu,
- feige.

Menschen (in Freiheit) bewegen sich im Rahmen der ihnen von Elternhaus, Schule, Kirche und Staat vermittelten ,,Programme" und ändern als Erwachsene ihr Verhalten nur, wenn sie dadurch einen massiven *Lustgewinn* erzielen, zum Beispiel durch

- Statuserhöhung,
- Machtzuwachs,
- Einkommenszuwachs,
- sexuelle Ausschweifung.

Nach THEODOR ADORNO könnte man die Menschheit unterteilen in achtzig Prozent ,,Autoritätsverliebte" und ,,die Anderen". Diese anderen unterteile ich nochmals in

- fünf Prozent ,,Dominierende" und
- fünfzehn Prozent ,,Motivierbare".

Beschäftigen wir uns zunächst mit den fünf Prozent ,,Dominierenden". Der englische Erfolgsautor COLIN WILSON, der zahlreiche Bücher über Philosophie, Okkultismus und Kriminologie geschrieben hat, vertritt als Fazit seiner Studien ebenfalls die Meinung, die ,,dominierende Minderheit" unter den Menschen mache fünf Prozent aus.

Am Anfang dieses Jahrhunderts fragte GEORGE BERNARD SHAW einmal den Forscher HENRY STANLEY, wieviele seiner Männer in der Lage wären, die Expeditionsleitung zu übernehmen, falls er selbst einmal krank wäre. ,,Einer von zwanzig", antwortete Stanley. ,,Ist diese Zahl exakt oder angenähert?" – ,,Exakt."

Eine erstaunliche Bestätigung dieser dominierenden fünf Prozent brachte der Korea-Krieg. Und zwar kamen die Chinesen, um Bewachungspersonal zu sparen, auf die Idee, ihre amerikanischen Kriegsgefangenen in zwei Gruppen aufzuteilen: in die Unternehmungsfreudigen und die Passiven. Und siehe da: in kurzer Zeit ergab sich, daß genau einer von zwanzig zu den unternehmungsfreudigen Soldaten gehörte – also wieder fünf Prozent. Wurden diese fünf Prozent von den übrigen Gefangenen isoliert, dann konnten diese beinahe ohne Bewachung bleiben.

Damit wir nicht aneinander vorbeidenken, sei zunächst klargestellt, was – in meinen Augen – ein „Dominierender" ist: ein Mensch, der etwas bewirkt, und zwar „sua sponte", wie die alten Römer sagten: „aus seinem Willen heraus", freiwillig. So ein „Dominierender" erkennt ein Problem, findet eine intellektuelle oder künstlerische Lösung dafür und realisiert seine Idee – wobei er sich von keinem Hindernis aufhalten läßt! „Dominierende" erreichen selbstgesetzte oder von anderen gesetzte, aber von ihnen akzeptierte Ziele nicht nur, weil sie von ihrer „Mission" erfüllt sind, sondern auch, weil sie es verstehen, das Ziel als bereits erreicht zu sehen und ihren Mitarbeitern visionär vor Augen zu stellen. Zu dieser Gruppe zählen *alle geistig wachen Menschen, die leben und nicht gelebt werden,* weil sie eine Idee oder Vision verwirklichen wollen. Dazu zählen beispielsweise MARX, LENIN, FREUD, BISMARCK, CHURCHILL, DARWIN, MARIE CURIE, EINSTEIN, GANDHI, DOSTOJEWSKY, ALDOUS HUXLEY und und und . . .

Nochmals klar ausgesprochen: Diese fünf Prozent bilden die *Elite der Menschheit,* weil sie sich durch ein bewußtes und zielbewußtes Leben aus der „tumben" Masse hervorheben.

Unter diesen Elitemenschen gibt es nun einen bestimmten Anteil, der den „Willen zur Macht" besitzt – heute euphemistisch „Dominanzstreben" genannt. Darüber werde ich noch ausführlich referieren.

Die von mir so genannten „Motivierbaren" sind Menschen, denen das „Dominanzstreben" fehlt. Sie sind indessen unter bestimmten Umständen motivierbar, Führungspositionen der operativen Ebene anzustreben und dann auch erfolgreich auszufüllen. Deshalb bezeichne ich die Mitglieder dieser Gruppe als „Führungsreserve".

Übertragen auf die Bevölkerung der Bundesrepublik ergibt sich aus obiger prozentualer Aufteilung folgende Rechnung:

Gesamtbevölkerung zur Zeit circa 56 Millionen; Wahlberechtigte, das heißt Erwachsene deutscher Nationalität, circa 44 Millionen; davon Unselbständige circa 22 Millionen. Zu den Unselbständigen zählen ja auch angestellte Manager.

Nach obiger, von mir ziemlich willkürlich vorgenommener Einteilung, würde dies in Zahlen ausgedrückt bedeuten: achtzig Prozent ,,Autoritätsverliebte" = 17,6 Millionen; fünf Prozent ,,Dominierende" = 1,1 Millionen; fünfzehn Prozent ,,Motivierbare" = 3,3 Millionen (Zahlen nach ,,Knaurs Weltspiegel" 1985).

Nun kann man diese Milchmädchenrechnung noch differenzieren. Nach Angabe des ,,Instituts der deutschen Wirtschaft" gab es 1987 115.000 Top-Manager, von Prokuristen, Geschäftsführern und Bereichsleitern an aufwärts (darunter nur 5,9 Prozent Frauen).

Jene 115.000 sind also die Macher, die etwas bewegen, und nur jene Gruppe ist im Augenblick für die Gesamtthematik dieses Buches relevant. Setzen wir sie also in Beziehung zur Gesamtzahl der Unselbständigen (= 22 Millionen), so ergibt sich ein Prozentsatz von 0,5! Dieser geringe Prozentsatz hat mir keine Ruhe gelassen. Und so habe ich einige meiner Kunden gebeten, mir die entsprechenden Belegschaftszahlen zu nennen. Hier sind sie:

ROBERT BOSCH	Beschäftigte total	16.000	
	Middle-Management	2.000	
	Top-Management	600	= 3,75 %
WACKER CHEMIE	Beschäftigte total	14.000	
	Middle-Management	170	
	Top-Management	30	= 0,2 %
PLANSEE WERKE	Beschäftigte total	3.100	
	Middle-Management	100	
	Top-Management	35	= 1,1 %
HDI Haftpfl. Verb.	Beschäftigte total	2.181	
	Middle-Management	70	
	Top-Management	6	= 0,27 %
LBS Mainz	Beschäftigte total	326	
	Middle-Management	12	
	Top-Management	3	= 0,9 %

ALKOR Marken-handelsgesellschaft	Beschäftigte total	280	
	Middle-Management	18	
	Top-Management	4	= 0,14 %
COMPUGRAPHIC DEUTSCHLAND	Beschäftigte total	160	
	Middle-Management	15	
	Top-Management	4	= 2,5 %

Errechnet man den Durchschnitt aus diesen sieben Firmen, so ergibt sich aus dem Verhältnis 36.046 Mitarbeiter zu 682 Top-Managern ein Prozentsatz von 1,89. Das heißt: Unter den Unselbständigen beträgt der Anteil am Top-Management maximal zwei Prozent!

Nun werden Kritiker, vor allem aus dem Hochschulbereich, vermutlich entgegenhalten, diese Zahlen seien nicht repräsentativ. Bitte, das kann man sagen. Ich erlaube mir indessen, darauf hinzuweisen, daß SIGMUND FREUD seine Psychoanalyse aus *fünf* Fällen entwickelt hat! Entscheidend ist bei derartigen Überlegungen nicht die große Zahl, sondern die Denkfähigkeit des Auswertenden!

Die 15 Prozent ,,Motivierbaren" bilden möglicherweise eine ,,Führungsreserve" von 3,3 Millionen Menschen beiderlei Geschlechts. Wenn ,,Motivierbare" (infolge ,,sanfter Überredung") Führungspositionen übernommen haben, werden sie in der Regel durch zwei Motive gesteuert:

- Streben nach Erfolg
- Angst vor Mißerfolg

Viele von ihnen verifizieren das ,,Peter-Prinzip" und landen irgendwann auf dem ,,Niveau ihrer Unzulänglichkeit", wo sie sitzenbleiben. Sie machen im übrigen die Masse jener Teilnehmer aus, die in Management-Seminare geschickt werden, um dort ,,das Führen" zu erlernen.

Fazit: Unter den Menschen gibt es fünf Prozent ,,Dominierende", aber in *allen* Disziplinen. Diese Gruppe bezeichne ich als ,,Elite". Von dieser Elite wiederum finden sich etwa zwei Prozent im Top-Management von Industrie, Wirtschaft und Politik. Zu diesen zwei Prozent gehören beispielsweise die Herren REUTER, HERRHAUSEN † und GENSCHER. Alle drei sind ,,Unikate". Solche Leute sind nicht aus der großen Masse ,,nachzuschulen". Das bedeutet aber – und in historischer Betrachtung durch die Jahrtausende drängt sich einem der Eindruck auf – daß dieser Prozentsatz seit Bestehen der Menschheit in etwa gleich geblieben ist und sich nicht vergrößern läßt! Im Gegenteil: Wenn ich mir unseren Nachwuchs so betrachte, dann befürchte ich, daß dieser Prozentsatz eher abnimmt . . .

Um es noch einmal ganz klar zu sagen: Wenn wir auch im Jahre 2000 noch zu den führenden Industrienationen gehören wollen, müssen wir etwas zur Verbesserung unseres Managements tun, und zwar in zwei Richtungen:

- Wie müssen die Effizienz jener Manager heben, die bereits seit längerer Zeit in ,,Amt und Würden" und dabei fett, träge und risikoscheu geworden sind; denn wenn beispielsweise die ,,bösen Japaner" uns Marktanteile wegnehmen, so nicht, weil sie besser sind als wir – sondern weil wir nicht mit jenem Pfunde an Fleiß, Kreativität und Organisationstalent gewuchert haben, das gerade wir Deutschen so reichlich mitbekommen haben. Dies ist also ein Motivationsproblem.
- Wir müssen versuchen, die ,,Führungsreserve" von etwa 3,3 Millionen Menschen zu aktivieren, also zu motivieren und auszubilden, so daß wenigstens ein Teil dieser Menschen die ihnen gebotene Chance erkennt und wahrnimmt.

Wenn ich auch bisher nur von ,,bundesdeutschen Staatsbürgern" gesprochen habe, so schließt die Sorge um unseren Management-Nachwuchs selbstverständlich ein, daß wir unser Vorurteil gegen Ausländer überwinden und auch ihnen die Chance geben, in Führungspositionen aufzurücken und Karriere zu machen – auch wenn sie *keine* deutschen Staatsbürger sind. Denn von den nationalen Schreiern, wie sie eine ,,Neue Rechte" sammelt, sind – mangels Intelligenz und Schulbildung – nicht einmal verläßliche Facharbeiter zu gewärtigen, geschweige denn Führungskräfte für Industrie und Wirtschaft . . .

1.2 Psychologie des Dominanzstrebens

,,Dominanzstreben" ist, wenigstens in der Bundesrepublik Deutschland, die vornehme Umschreibung für den ,,Willen zur Macht". Die Amerikaner sind da weniger zimperlich. So heißt das 1975 erschienene Hauptwerk DAVID MCCLELLANDs ,,Power – The Inner Experience" (,,Macht – Die innere Erfahrung"). Wenn also ein Mensch den Willen zur Macht aufweist, so bedeutet dies im Klartext: er will immer wieder von innen heraus *erfahren,* was es heißt, andere nach seinem Willen zu lenken. Deshalb braucht er noch lange nicht ,,machthungrig" zu sein. Ich bedauere es, daß dieser Wille zur Macht bei uns – als Folge des Dritten Reichs – so verschrien ist; und ich bedauere es weiterhin, daß sich viele Führungskräfte, die diesen Machtwillen aufweisen, nicht offen zu ihm bekennen! *Wir brauchen Menschen, die bereit sind, Macht auszuüben.* Es gibt derer – wie bereits ausgeführt – viel zu wenige! Um die Probleme, die national und international auf uns zukommen, bewältigen zu können, brauchen wir ,,Führernaturen" (,,Leader", wie die Amerikaner schlicht und einfach sagen). Wenn ich hier den suspekten Ausdruck ,,Führernatur" gebrauche, so tue ich es im Vollbesitz meiner geistigen Kräfte. Das Wort drückt nämlich ganz präzise aus, worum es sich bei einer ,,Führernatur" handelt: um einen Menschen, *in dessen Natur der Wille zur Macht angelegt ist.*

Wie entsteht nun dieser Wille zur Macht? Inwiefern ist er ein Teil der Persönlichkeitsstruktur? Und wieso ist er bei den meisten Menschen nicht vorhanden?

DAVID MCCLELLAND, einer der führenden, international hochgeachteten Psychologen und Unternehmensberater, gibt in seinem bereits erwähnten Buch (mit dem deutschen Titel ,,Macht als Motiv") eine fundierte Erklärung für die Entwicklung des Machtstrebens im Menschen, wobei er sich auf SIGMUND FREUD stützt. Nach FREUD/MCCLELLAND kann der Mensch vier Entwicklungsstufen durchlaufen. Ohne hier auf das gesamte Spektrum der einzelnen Stufen einzugehen, möchte ich nur jene Phasen herausgreifen, die darüber entscheiden, welches Verhältnis zur Macht sich in einem Menschen herauskristallisieren kann (siehe Abbildung).

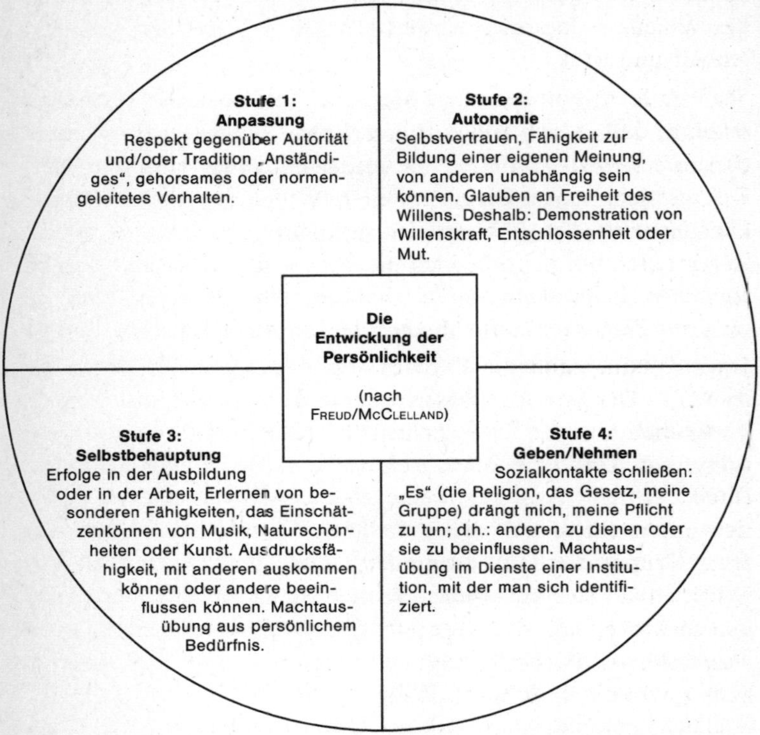

Stufe 1 ist die Stufe der Anpassung. *Anpassung* ist das erste, was der Mensch im Leben überhaupt lernt –, weil der Säugling als „physiologische Frühgeburt" vollkommen und bedingungslos von der Mutter abhängt. Das Kind lernt in dieser Phase den *Respekt gegenüber Autoritäten und gegenüber der Tradition.* „Anständiges", das heißt gehorsames und normengerechtes Verhalten wird „programmiert".

Stufe 2: Wenn ein Kind nicht repressiv erzogen wird, sondern sich frei entfalten kann, erwirbt es, vor allem in den Jahren der Pubertät, *Selbstvertrauen.* Es wird fähig zur Bildung einer eigenen Meinung und dadurch langsam, aber sicher von anderen unabhängig. In dieser Übergangszeit glaubt der Mensch noch an die Freiheit des Willens – deshalb demonstriert er Willenskraft, Entschlossenheit und Mut.

Stufe 3: Jetzt lernt der junge Mensch – immer unter der Voraussetzung, daß er sich frei entfalten kann – etwas ganz Wesentliches: *die Selbstbehauptung.* Bestärkt durch Lernerfolge und erste Erfolgserlebnisse im Beruf, zuweilen auch durch starke Erlebnisse künstlerischer Art, lernt er, sich gegenüber der Umwelt durchzusetzen („Ich bin ja schließlich wer!"). Nun wird es ihm zum *persönlichen Bedürfnis, Macht auszuüben – allerdings mit dem einzigen Ziel, sich dadurch über andere zu erheben!*

Stufe 4: Nun kann die Entwicklung weitergehen, aber sie muß nicht . . . Der gereifte Mensch erkennt irgendwann, daß er auf *Interdependenz* – auf zwischenmenschliche Beziehungen – angewiesen ist. Und er erkennt weiterhin, daß sein Leben nur dann einen „echten" Sinn hat, wenn er es freiwillig ethischen Kategorien unterstellt. Jetzt werden Religion, Gesetz oder Konsens mit einer Gruppe für ihn bestimmend. Der Mensch lernt, freiwillig Pflichten auf sich zu nehmen. Und wenn er in Stufe 3 Machtstreben entwickelt hat, so übt er jetzt diese *Macht im Dienste einer Institution aus, mit der er sich identifiziert* – und nicht mehr nur zum Zwecke der Selbsterhöhung.

Selbstverständlich gibt es noch andere psychologische Gründe, warum ein Mensch Machtstreben entwickeln kann: zum Beispiel als Trotzreaktion gegen einen zu autoritären Elternteil; als Selbsterhaltungsreaktion gegenüber bedrohlichen Geschwistern; als Kompensation eines Minderwertigkeitskomplexes. In diesem Falle tritt er kräftig nach unten und buckelt nach oben . . . Doch wir wollen das Thema nicht komplizieren. Das eben skizzierte Modell nach FREUD/MCCLELLAND hat sich in der Praxis bewährt, wenn man beispielsweise einen Manager danach beurteilen will, ob er Machtstreben aufweist beziehungsweise wo dessen Wurzeln liegen.

Eines steht indessen nach meiner jahrzehntelangen Erfahrung als Unternehmensberater, der zahlreiche Management-Trainingskurse durchgeführt hat, fest: Wenn ein Mensch bis zum Ende der Pubertät kein manifestes Machtstreben aufweist, wird er es nie mehr erwerben! Deshalb hat es auch gar keinen Zweck, so eine „Führungskraft" durch Management-Seminare zu jagen! Dort kann sie sich einige Management-Techniken aneignen – dies ist aber kein Ersatz für „the inner need", das *Bedürfnis,* Macht auszuüben! (Ein ähnliches Phänomen kann man übrigens bei ineffizienten Lehrern beobachten: diejenigen, denen jedes pädagogische Talent abgeht, legen den größten Wert auf „wissenschaftliche Didaktik"!) Und wenn (festangestellte) Schulungsleiter, die ja dafür bezahlt werden, Manager erfolgreich zu machen, in Diskussionen bestreiten, daß Machtstreben der allein ausschlaggebende Faktor sei, dann fordere ich diese Kollegen immer nur auf: „Bitte führen Sie mir *einen einzigen Manager* aus Ihrem Teilnehmerkreis vor, der ein, sagen wir, unfähiger Gruppenleiter war und nach Besuch Ihrer Seminare ein effizienter und erfolgreicher Manager geworden ist!" Das ergibt jedesmal eine glatte Fehlanzeige. So ein Manager, der quasi durch Schulung vom SAULUS zum PAULUS geworden ist, ist mir noch nie vorgestellt worden! Und auch die mittlerweile weltweit verfaßten Diplomarbeiten und Dissertationen, die sich mit der Frage beschäftigen, was *auf Dauer erfolgreiche Manager* ausmacht, heben einstimmig hervor: *Machtstreben müssen sie aufweisen!*

Im übrigen wehre ich mich gegen das „philosophische" Geschwätz, daß Macht an sich „böse" sei. Abgesehen von den historisch belegten Fällen, in denen wirklich mächtige Herrscher ihre Macht nicht mißbrauchten (zum Beispiel MARC AUREL), kann ich aus eigener Erfahrung im Kriege wie im Frieden sagen, daß ich Chefs mit großer Machtbefugnis hatte, die ihre Macht nie mißbraucht haben. *Welchen Nutzen ein Mensch aus der ihm zugefallenen oder übertragenen Macht zieht, hängt allein von seiner Persönlichkeitsstruktur ab.*

Im Jahre 1976 erschien eine von den beiden Autoren MCCLELLAND und BURNHAM erstellte Studie mit dem Titel „Power is the

Great Motivator" in der *Harvard Business Review*. Im *manager magazin* (Heft 8/1976) wurde diese Studie unter dem deutschen Titel „Macht ist der große Motivator" nachgedruckt. Zu welchen Ergebnissen sind die beiden Autoren in ihrer Feldstudie gelangt?

Zunächst wurde untersucht, was erfolgreiche Unternehmer in erster Linie aktiviert. Resultat: das *Bedürfnis nach Leistung,* oder anders formuliert: Solche Menschen haben den Wunsch, Dinge besser und effizienter zu produzieren als bisher. Aber: Der Leistungsmotivierte will gerne alles selbst erledigen, weil er darauf brennt, persönlich weiterzukommen; außerdem wünscht er sich ein – durch konkrete Zahlen untermauertes – Feedback, um demonstrieren zu können, wie gut er doch ist.

Ein Manager kann jedoch nicht alles allein bewältigen. Er muß andere anleiten, damit sie die Arbeit ausführen. Feedback via Leistung der Mitarbeiter wird weniger spürbar und erfolgt viel später.

Somit verlangt die Tätigkeit eines Managers eher Personen, die andere zu beeinflussen vermögen, als Manager, die lieber alles allein machen wollen. In der Sprache der Motivation bedeutet das: *Ein erfolgreicher Chef besitzt ein stärkeres Bedürfnis nach Macht als nach Leistung.*

Bei den Untersuchungen der beiden Autoren an einer Reihe guter und schlechter Manager aus verschiedenen amerikanischen Großunternehmen schälte sich sehr rasch noch eine zweite Notwendigkeit für erfolgreiches Führen heraus: *Das Machtbedürfnis eines Chefs muß stärker sein als der Wunsch, sich bei Mitarbeitern beliebt zu machen.*

Um kein einseitiges Bild dadurch zu bekommen, daß nur die Chefs interviewt und getestet wurden, entschlossen sich die beiden Autoren, auch das *Arbeitsklima* in den Gruppen jener Chefs zu untersuchen. Ergebnis: Ein guter Manager verleiht seinen Mitarbeitern ein Gefühl der Stärke und Verantwortung. Er belohnt ihre Leistung angemessen und sorgt für eine Organisation, in der jeder seine Aufgaben kennt. In erster Linie aber muß er bei seinen Mitarbeitern einen Korpsgeist schaffen und ein Gefühl des Stolzes, einem bestimmten Team anzugehören.

Die Untersuchungen über die Arbeitsmoral in den Gruppen von mehr als fünfzig Abteilungsleitern eines Großunternehmens untermauerten zudem jenes Faktum, das gleich zu Beginn der Feldstudie in die Augen gesprungen war: Bei achtzig Prozent aller qualifizierten Verkaufsmanager war das Verlangen nach Macht stärker als der Wunsch, beliebt zu sein. Und dieses Ergebnis kam aus Gruppen, die eine hohe Arbeitsmoral aufwiesen! Warum?

Damit eine Bürokratie reibungslos funktioniert – schreiben McClelland und Burnham –, müssen ihre Führer Regeln umfassend anwenden. *Lassen sie Ausnahmen zu, zerbröckelt das System.*

Der „geselligkeitsorientierte" Manager, das heißt jener, der bei seinen Mitarbeitern beliebt sein möchte, will mit jedermann gut auskommen. Er neigt am ehesten dazu, Ausnahmen zu machen.

Die Ergebnisse der vorliegenden Studie belegen jedoch – genauso wie die Meinung führender Soziologen –, daß Personen mit einem starken Geselligkeitsstreben keine guten Manager abgeben. Sie schaffen in ihrer Abteilung eine schlechte Moral, weil die übrigen Mitarbeiter Ausnahmen von den allgemeinen Gruppenregeln als ungerecht empfinden.

Die Autoren der Harvard-Studie unterscheiden von der Zielsetzung her *zwei Managertypen*: Manager mit einem *persönlichen Machtstreben* und Manager, deren Machtstreben der *Institution* gilt, für die sie arbeiten.

Den Vorgesetzten, die durch *persönliches Machtstreben* angetrieben werden, fehlt die *Disziplin,* um effiziente Organisationen aufzubauen. Sie setzen ihre Macht impulsiv ein, sind rücksichtslos gegenüber anderen, trinken oft exzessiv und umgeben sich mit persönlichen Statussymbolen wie auffallenden Autos oder riesigen Büros. Sie schwören ihre Untergebenen auf sich ein, statt auf das Unternehmen. Der autoritäre Führungsstil wird bevorzugt. Scheiden sie aus der Firma aus, hinterlassen sie oft ein Chaos: die Gruppe zerfällt.

Der „Führungsstil" stellt überhaupt ein wichtiges Element im Manager-Profil dar. *In den untersuchten Unternehmen praktizierten 63 Prozent der erfolgreichen Manager (mit hoher Arbeits-*

moral in ihrer Abteilung) einen demokratischen oder kooperativen Führungsstil. Das heißt: Erfolgreiche Manager geben ihren Mitarbeitern eher ein Gefühl der Stärke als der Schwäche, indem sie sie zur Entscheidungsvorbereitung hinzuziehen und Verantwortung delegieren. Bei den schwächeren Vorgesetzten lag der Anteil demokratischen Führens nur bei 22 Prozent. Ihr autoritäres Gehabe wirkt auf die Mitarbeiter ausgesprochen negativ und hinterläßt das Gefühl von Hilflosigkeit und Ohnmacht.

McClelland und Burnham geben aufgrund ihrer Untersuchungsergebnisse klar dem ,,institutionellen" Manager den Vorzug, das heißt jenem Chef, dessen Machtstreben darauf ausgerichtet ist, dem Unternehmen und seinen Zielen *zu dienen.* Nicht etwa, weil diese Einstellung moralisch ,,besser" ist, sondern vor allem deshalb, weil diese Manager *erfolgreicher* sind als ihre Kollegen, denen es in erster Linie um persönliche Macht geht.

1.3 Das Problem des optimalen Führungsstils

Wie David McClelland und andere immer wieder feststellen, ist der Führungsstil ein entscheidender Teil des Managerprofils. Wir kommen also nicht umhin, uns innerhalb dieses ,,Chefbreviers" auch mit dem Thema ,,Führungsstil" zu beschäftigen.

Versuchen wir also, uns an das schwierige Problem des ,,optimalen" Führungsstils heranzutasten, und zwar mit Hilfe eines von mir in Anlehnung an Fred E. Fiedler entwickelten Drei-Faktoren-Denkmodells, das ich seit Jahren in Management-Seminaren vorstelle und als Berater in Unternehmen zu realisieren versuche. Wie Sie sehen, drücke ich mich hinsichtlich der Realisierung sehr vorsichtig aus, weil in den meisten Unternehmen die Zeit fehlt, so ein Führungsstil-Modell wirklich quer durch alle Hierachieebenen einzuführen. Dazu ein einziges Beispiel: Die Firma SHELL beschloß vor etwa 15 Jahren, den ,,Situativen Führungsstil" im amerikanischen Stammhaus einzuführen. Dazu wurde das gesamte Management, einschließlich Geschäftsleitung, zweimal jährlich je eine Woche geschult. Was glauben Sie, wie lange es gedauert hat, bis dieses Modell tatsächlich von allen Managern angewendet wurde? Acht Jahre! Aufgrund derartiger Berichte und eigener Erfahrungen bin ich sehr bescheiden geworden: Ich versuche als Berater, einige aufgeschlossene Manager einer Firma zu motivieren, das neue Modell in ihrem Bereich einzuführen, wobei sie mich jederzeit um Hilfe angehen können, wenn irgend etwas nicht klappt. Dann verlasse ich mich darauf, daß das Beispiel solcher progressiver Manager Schule macht – was tatsächlich ab und zu passiert, und einige andere aufgeschlossene Kollegen übernehmen diesen Führungsstil ebenfalls. Niemals gelingt es, ohne Druck von oben einen neuen Führungsstil im gesamten Unternehmen einzuführen – das verhindern die „Konservativen", die ja stets in der Mehrzahl sind. Nun also zu meinem Denkmodell, dessen Quintessenz wie folgt ausgedrückt werden kann:

Jeder Führungsstil hängt von drei Faktoren ab: dem Charakter des Führers, der Qualifikation seiner Mitarbeiter und der Situation, in der sich der Führer mit seiner Gruppe befindet. Graphisch sieht das so aus:

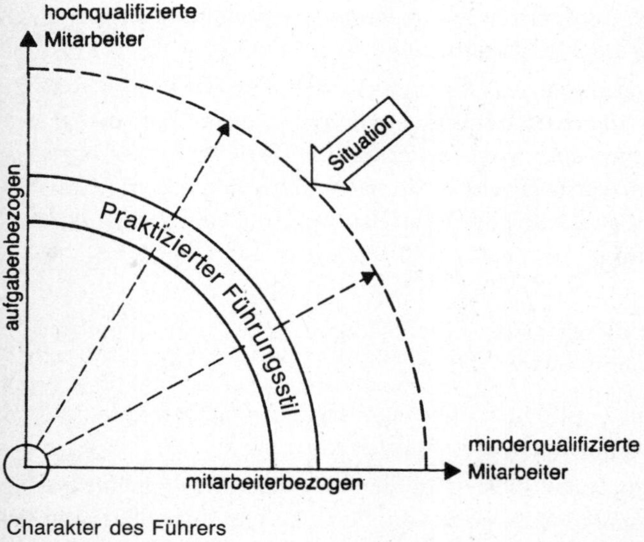

Aus diesem Modell kann man folgende Überlegungen ableiten:

○ Je höher die Qualifikation der Mitarbeiter ist, desto weniger braucht sich der Führer um sie zu kümmern. Er kann sich vornehmlich damit beschäftigen, über seine Aufgaben *nachzudenken*. Das bedeutet aber: sein Führungsstil wird vorwiegend *aufgabenbezogen* sein.

○ Je niedriger die Qualifikation der Mitarbeiter ist, desto mehr muß sich der Führer um sie kümmern: er muß anweisen, kontrollieren, kritisieren, motivieren. Das bedeutet aber: sein Führungsstil ist vorwiegend *mitarbeiterbezogen*.

○ Auch der beste Führer kann nicht effizient wirken, wenn ihm das Firmenumfeld Effizienz nicht gestattet. So gibt es Familienbetriebe, in denen alle Top-Positionen von unfähigen Verwandten des Firmeninhabers besetzt sind. *In einer solchen Situation muß auch der tüchtigste Führer scheitern.*

○ *Der Charakter eines Führers spielt die ausschlaggebende Rolle überhaupt* – was meiner Meinung nach viel zu wenig beachtet wird, auch von Trainern und Beratern. Aus dem Charakter (oder der ,,Persönlichkeitsstruktur'', wie die Psychologen sagen) resultiert unter anderem die *Kommunikationsfähigkeit* und die *Motivationsfähigkeit* des Führers.

○ Aufgrund dieses Denkmodells läßt sich also fürs erste folgern: *Der überhaupt praktisch mögliche Führungsstil pendelt sich irgendwo ein zwischen vorwiegend aufgaben- oder vorwiegend mitarbeiterbezogen* – je nach Gewicht der drei ,,Basisfaktoren'' Persönlichkeitsstruktur, Mitarbeiterqualifikation und Situation.

Aus diesen ersten Überlegungen zum Thema ,,Führungsstil'' geht schon hervor, daß es

○ keinen optimalen Führungsstil gibt, mit dem *alle* denkbaren Situationen gemeistert werden können;

○ kaum einen Führer gibt, der von seiner Persönlichkeitsstruktur her *alle* denkbaren Situationen meistern kann. Ausnahmen wie etwa jene Herrschergestalten, die von den Geschichtsschreibern mit dem Beinamen „der Große" versehen worden sind, bestätigen nur die Regel.

Damit wird zugleich auch jene „universale Wahrheit" unterstrichen, die ich, in Anlehnung an ERICH JANTSCH, so formuliere: Der Mensch ist, für sich betrachtet, ein Nichts. Er besitzt, ohne Bezug zu seiner engeren Umwelt oder zum Universum, keinerlei fundamentale Identität. *Was der Mensch ist, ist er allein im Rahmen der Wechselbeziehungen mit anderen Menschen.*

Oder, in bezug auf unsere spezielle Problematik, anders formuliert: *Ein Mensch kann nur wirken, wenn ihm das Umfeld oder die daraus resultierende Situation überhaupt erlaubt, Wirkung auszuüben.* So sind sich beispielsweise alle HITLER-Biographen darin einig, daß HITLER sich nur innerhalb der gegebenen Situation, nämlich der depressiven Nachkriegsjahrzehnte des Ersten Weltkriegs, entfalten konnte. Das gleiche gilt übrigens für NAPOLEON I., der nur in der durch die Französische Revolution geschaffenen Situation nach oben kommen konnte. Sein Genie allein hätte ihm wenig genützt, wenn nicht die Verhältnisse seinen Aufstieg begünstigt hätten.

Wir müssen uns also, wenn wir dem Geheimnis des „optimalen" Führungsstils näherkommen wollen, mit zwei der drei oben genannten „Basisfaktoren" noch eingehender beschäftigen: mit dem Charakter des Führers und der Situation, die der Führer vorfindet.

1.4 Die sogenannte Führerpersönlichkeit

Was uns bei einer Führerpersönlichkeit zunächst interessieren muß, ist die Frage, ob solch ein Mensch *Dominanzstreben* hat. Dies wird in aller Regel bereits in der Kindheit entschieden, wie anhand des FREUD/MCCLELLAND-Modells nachgewiesen wurde. Ähnlich entsteht, nach ERIC BERNE, das „Lebensskript" bereits in der frühen Kindheit. Das bedeutet ganz allgemein, daß wesentliche Verhaltensmodelle des Menschen schon sehr zeitig festgelegt werden. (Von der Vererbung bestimmter Verhaltensmodelle einmal ganz abgesehen, wie dies in jüngster Zeit durch die Zwillingsforschung erwiesen wurde.) Und wer nicht, wie vom bedeutenden Esoteriker GEORG I. GURDJIEFF behauptet, schlafend durchs Leben geht, sondern, beispielsweise beim Begleiten seiner Kinder oder Enkelkinder in den Kindergarten, ,,wach" lebt, der kann bereits dort zweierlei feststellen: *Unter den etwa 25 Kindern einer solchen Gruppe gibt es ein bis zwei Kinder, die auffallend dominant sind* und bestimmen wollen, was für ein Spiel jetzt gemacht wird und wer mit wem spielen darf. Das bedeutet, daß sich angeborenes Dominanzstreben bereit in der Stufe 2 manifestiert!

Beachten Sie: Sie können in jeder x-beliebigen Kindergruppe bereits zwei Gegebenheiten beobachten, auf die Sie im Management auch wieder stoßen werden: Es gibt Menschen, die haben ein ,,unausrottbares" Dominanzstreben; und von diesen Menschen gibt es nur sehr, sehr wenige! Ob dies nun fünf Prozent sind oder nur drei, ist unerheblich. Tatsache ist, daß es auf keinen Fall mehr als fünf Prozent sind . . .

Und nun können Sie, wenn Sie wollen, noch etwas mehr Retrospektive betreiben: Wie war es denn in den diversen Schulklassen, denen Sie angehört haben, in Grund- und Mittelschule? Wieviele drängten sich um die Rolle des Klassensprechers? Wieviele dominante Typen gab es im Sportverein, dem Sie über Jahre angehört haben? Und wenn Sie zur Zeit in einem größeren Unternehmen arbeiten – wieviele der Ihnen persönlich bekannten Manager, von der operativen Ebene bis zur Top-Ebene, besitzen wirklich Dominanzstreben? Und wenn Sie jetzt einmal das Verhältnis aller Führungskräfte zur Gesamtbelegschaft berechnen, wieviele Prozent Führungskräfte ergibt das?

Wenn Sie abschließend die echten ,,Macher" ausfiltern und sie wiederum in Relation zur Belegschaft der über Achtzehnjährigen setzen – Frauen und Gastarbeiter einmal ausgeklammert –, welche Prozentzahl ergibt das dann? Na also . . .

Wir müssen, wenn wir diese Problematik unter bundesdeutschen Verhältnissen überdenken, berücksichtigen, daß es zahlreiche Führungskräfte gibt, die keine Ahnung haben, wie man führt –, und die dies auch „eigentlich" gar nicht wollen! Dies trifft vor allem auf einen Teil der „alten Garde" zu, die in den „goldenen 60er und 70er Jahren" befördert worden ist. Zu einer Zeit, als in einer international boomenden Wirtschaft der Markt alles abnahm, was angeboten wurde. Das heißt, es wurden „Manager" kreiert, die alles waren, nur keine Führer. Man mußte Planstellen besetzen und nahm, was da war, sich gut verkaufen konnte und den unmittelbaren Vorgesetzten bislang keinen Ärger bereitet hatte. Und gegenwärtig, wo immer wieder – völlig unerklärlich, wie unsere Wirtschaftswissenschaftler zugeben müssen – Rezessionen stattfinden und der Aktiensturz an den Börsen vom Oktober '88 drastisch manifestiert hat, daß das Produzieren und Vertreiben doch nicht in erster Linie von der Tüchtigkeit des Managements abhängt – wie das selbstherrliche und viel zu hoch bezahlte „Führungskräfte" immer behauptet haben –, jetzt zeigt sich, daß nur echte „Macher" wie etwa ein LEE IACOCCA Krisen meistern können, weil sie in erster Linie drei Eigenschaften aufweisen: Dominanzstreben, die Fähigkeit, eine Vision vorzuleben, und den Willen, nie aufzugeben. Auf IACOCCA werde ich noch zurückkommen.

Wie also verhält sich ein Manager, der Dominanzstreben aufweist? (Und nur dieser Menschentyp interessiert uns im Augenblick!) Die Antwort: *Ein Mensch, der nur die Aufgabe vor sich sieht, die er meistern will, und der Dominanzstreben aufweist, wird andere Menschen vor allem als ein Mittel sehen, seine Zwecke zu erreichen.* Insofern denkt so ein Führertyp, aus der Persönlichkeitsstruktur heraus und ohne Rücksicht auf die Qualifikation seiner Mitarbeiter, vorwiegend *aufgabenbezogen.* Er ist im übrigen häufig, wie jeder Herrscher, ein Menschenverächter. Und er wird konsequenterweise einen mehr *autoritären Führungsstil* bevorzugen.

Eine andere wesentliche Frage ist die nach der *Kommunikationsfähigkeit* eines Menschen. Das heißt: Ist ein Mensch in der Lage, zwischenmenschliche Beziehungen aufzubauen? Ist er wirklich an seinen Mitmenschen interessiert, erkennt er ihre Bedürfnisse und ist er bereit, sich auf die Bedürfnisse anderer einzustellen? Wenn sich ein Mensch charakterlich derart entwickelt hat, *dann kann er motivieren* und wird als Führer vorwiegend *,,mitarbeiterbezogen"* sein. Wenn er Dominanzstreben und Kommunikationsfähigkeit in sich vereinigt, wird er nach FREUD/MCCLELLAND in die Stufe 4 einzuordnen sein: Er übt zwar Macht aus, aber im Sinne einer Institution beziehungsweise einer Idee und wird dabei stets die Bedürfnisse seiner Mitarbeiter berücksichtigen. Deshalb wird sein Führungsstil vorwiegend *kooperativ* sein.

Das hat ja auch die bereits zitierte Studie ,,Macht, der große Motivator" klar herausgearbeitet: Die qualifizierten ,,institutionellen" Manager zeichnen sich durchwegs durch *größere menschliche Reife* aus. Reife Menschen verhalten sich weniger egoistisch, nicht so defensiv und sind gewillt, den Rat von Experten anzunehmen. Mit anderen Worten: Je reifer ein Führer als Mensch ist, desto eher ist er bereit und fähig, *im Team zu arbeiten.*

Ich möchte an dieser Stelle allerdings vor einem unerlaubten Analogieschluß warnen: *Die Tatsache, daß ein Führer die Teamarbeit bevorzugt, bedeutet noch nicht, daß er menschliche Reife oder Führungsqualitäten aufweist!* Ich kenne aus meiner Praxis eine Menge jüngerer Führungskräfte, alle ,,over-educated", die sich in ihrer Gruppe *verstecken,* weil ihnen jegliche Führungsqualitäten abgehen; das nennen sie dann Teamarbeit. So etwas geht nur so lange gut, wie keine Konflikte auftreten – Konflikte, die zwangsläufig durch verstärkten Konkurrenzdruck, stagnierenden Export oder eine schrumpfende Kapitaldecke entstehen. In einer derartigen ,,Stunde der Wahrheit" erweisen sich diese ,,Teamworker" vor aller Augen als Versager und werden zum Spielball ,,ihrer" Gruppe.

1.5 Die Störenfriede: „Kreative" und „Selbsterneuerer"

Es gibt noch einen dritten klassischen Führungsstil, um den es allerdings in den letzten Jahren still geworden ist: „*Laissez-faire*". Die Amerikaner nennen ihn die „Lange-Zügel-Methode". Sie hat auch heute noch ihre Berechtigung, ja mehr noch, sie ist gegenüber zwei speziellen Typen von Mitarbeitern die einzig adäquate Methode, um Höchstleistungen zu erzielen – ich meine die „Kreativen" und die „Selbsterneuerer".

Die *Kreativen*, etwa Werbeleute, Designer und Konstrukteure, also Menschen, von denen man neue Ideen erwartet (beziehungsweise fordert), sind eine Spezies für sich. Viele von ihnen bringen niemals die Leistung, die sie erbringen könnten, weil ein engstirniger Chef sie an der freien Entfaltung hindert und sich nicht auf ihre Charaktereigenschaften einstellen kann: ihre Eitelkeit, ihr Geltungsbedürfnis, ihre mimosenhafte Empfindlichkeit und ihren Hang, sich schon rein äußerlich durch Kleidung und Gehabe von den „gewöhnlichen Spießern" abzugrenzen. Vielen Vorgesetzten, vor allem jenen mit einer naturwissenschaftlichen Ausbildung, die das kausal-logische Denken erlernt haben, sind diese „lateralen Denker" verdächtig. Es ist ihnen schleierhaft, wie diese „undisziplinierten Denker" doch immer wieder zu erstaunlichen – und verwertbaren! – Einfällen kommen. Und weil manchen Vorgesetzten das Verständnis für diese Art Mitarbeiter völlig abgeht, drangsalieren sie sie mit Arbeitszeitkontrollen, pünktlichem Erscheinen, wöchentlichen Leistungsberichten und warten mit einem Anpfiff auf, wenn sie ihre Kreativen „plaudernd herumstehen" sehen.

Meiner Meinung nach sollte man Kreative überhaupt nicht zwingen, ihre Bürostunden abzusitzen, weil ihnen die besten Einfälle oft zu einer Zeit kommen, wo „normale Hinterweltler" und bornierte Gewerkschaftsfunktionäre im Tiefschlaf liegen. Natürlich werde ich mich mit diesem Vorschlag niemals durchsetzen. Das verhindern schon die Gewerkschaften, die die Kreativität genauso fürchten wie die katholische Kirche die Sexualität.

Nun zu den *Selbsterneuerern.* Ich stelle nochmals eine (von mir so genannte) ,,universale Wahrheit" in den Raum, die ich bei ERICH JANTSCH entlehnt habe – und ziehe daraus Konsequenzen für ein Unternehmen.

Alle Systeme, die sich im Sinne der Evolution zu größerer Effizienz weiterentwickeln, verdanken diese Aufwärtsentwicklung einzelnen ,,Selbsterneuerern" – dies gilt auch für menschliche Organisationen. Dazu ist allerdings als Voraussetzung erforderlich, daß man jenen dynamischen Selbsterneuerern die Freiheit innerhalb des Gesamtsystems einräumt, ihre Aktivität voll entfalten zu können.

Damit sind wir schon mitten im Problem angelangt, nämlich bei der Anwendung der ,,Langen-Zügel-Methode" als Voraussetzung für das segensreiche Wirken dieser Spezies. Um nicht mißverstanden zu werden, will ich kurz definieren, was ich unter einem ,,Selbsterneuerer" verstehe. Er ist ein Mensch, der

- von einer unstillbaren intellektuellen Neugier besessen ist und deshalb Zeit seines Lebens weiterliest und weiterlernt;
- sich angewöhnt hat, *in Strukturen zu denken,* und stets versucht, einzelne Fakten im großen Zusammenhang zu sehen;
- *aus seinen Denkprozessen Konsequenzen ableitet,* und zwar einmal im Sinne der persönlichen Selbstverwirklichung, zum anderen im Sinne der Weiterentwicklung der gesamten Gesellschaft;
- *das einmal als richtig Erkannte mit missionarischem Eifer in die Praxis umzusetzen versucht;* solche Menschen braucht man nicht zu motivieren.

Selbsterneuerer sind eine Rarität. Deshalb sollte sich jedes Unternehmen beglückwünschen, das einen oder gar mehrere Menschen dieses Typs aufweist. Zuweilen erkennen Chefs mit Menschenkenntnis einen Selbsterneuerer und fördern ihn planmäßig, indem sie ihm immer neue und ganz verschiedene Aufgaben zuweisen; das heißt, sie fordern ihn bis an die Grenze seiner Leistungsfähigkeit – zum Segen des Unternehmens und, natürlich, zum Segen dieses Menschen selbst.

Ich habe es allerdings häufiger erlebt, daß solche Menschen als ,,Unruheherd" von mittelmäßigen Vorgesetzten schikaniert und aus der Firma hinausgeekelt worden sind. Denn der Mittelmäßige fürchtet nichts mehr als den Elitären – in ihm sieht er grundsätzlich eine Gefahr!

1.6 Die ,,Champions" und die ,,Lauen"

Es gibt eine Variante der Selbsterneuerer, die ,,Champions". In amerikanischen Multis findet man sie, quasi versteckt vor der Öffentlichkeit, in den ,,Genieschuppen", wo Grüppchen von acht oder zehn Fanatikern in ihrem stillen Winkel oft mehr zustandebringen als hundertköpfige Produktentwicklungsabteilungen.

PETERS und WATERMAN JUN. beschreiben in ihrem Weltbestseller ,,Auf der Suche nach Spitzenleistungen" den *Champion* geradezu liebevoll. Sie bezeichnen ihn als potentiellen Innovationsträger, der erkannt werden muß, wachsen und gedeihen soll und ruhig etwas ,,spinnen" darf. Im übrigen berichten die beiden Autoren von einem Ergebnis, das jeden Top-Manager ,,elektrisieren" und zur Nachahmung beflügeln müßte: Alle Produktneueinführungen der Firma TI, die sich als Flop erwiesen, hatten eines gemeinsam: Es gab keinen freiwilligen Champion, der sich dieser Neueinführung mit Begeisterung angenommen hätte. Mit anderen Worten: irgendein Vertriebsleiter, der schon genug am Halse hatte, wurde zu dieser Aufgabe überredet. Aufgrund dieser Erfahrung gilt bei TI heute die eiserne Regel: *Ein neues Produkt wird nur eingeführt, wenn es dafür einen überzeugten und begeisterten Champion gibt!* Gegenüber dieser Überlegung fallen Marktpotential und Wirtschaftlichkeit auf den zweiten und dritten Platz zurück.

Fazit dieser Champion-Überlegungen: Die meisten Unternehmen halten nichts von Champions. Das sind unangenehme Zeitgenossen, ungeduldig, egozentrisch und aus der Sicht mittelmäßiger

Manager auch nicht ganz richtig im Kopf. Solche Leute stellt man gar nicht erst ein. Hat man so einen Champion ,,aus Versehen" dennoch eingestellt, wird er nicht befördert oder mit Anerkennung bedacht. Er gilt als ,,unseriös" und ,,unbequem", kurzum als Störenfried.

Wir sind immer noch beim Thema ,,Führungsstil", und zwar beim ,,Laissez-faire"-Stil in Verbindung mit Toleranz und Geduld gegenüber hochbegabten, aber ungeduldigen und oft etwas exzentrischen Mitarbeitern. Ich habe vor jenem Zeitpunkt, an dem ich mich als Berater selbständig machte, in fünf multinationalen Konzernen gearbeitet – zwei deutschen, zwei amerikanischen und einem französischen. Alle fünf Multis hatten eines gemeinsam: *es herrschte, quer durch alle Hierarchieebenen, der Triumph der Mittelmäßigkeit.* In all diesen Konzernen habe ich nirgends mehr unbedarfte ,,Manager" erlebt als unter Vorstandsmitgliedern; Leute, von denen NICHOLAS HAYEK sagt, sie fragten vor jeder Entscheidung erst einmal, wie ihr Pensionsvertrag aussehe, ob ihr Vorstandsvertrag erneuert würde und was die Presse oder der Betriebsrat zu so einer Entscheidung sagen würden, die in der Öffentlichkeit mit ihrem Namen verbunden ist.

Nun gibt es noch jene Gruppe von Menschen, von denen es in der Bibel heißt: ,,Aber da du lau bist, will ich dich ausspucken aus meinem Munde!" Um wieder mit FREUD/MCCLELLAND zu argumentieren: es sind die in der Stufe 1 hängengebliebenen, temperamentlosen Anpasser. Werden sie aus irgendwelchen Gründen in eine Führungsposition gehievt, so sind sie lebende Beweise für das ,,Peter-Prinzip". Sie haben nur ein Bestreben: nirgends anzuecken. Und so lavieren sie sich zwischen der Meinung ihrer Mitarbeiter und der Meinung ihrer Vorgesetzten hindurch, sichern sich vor jeder Entscheidung durch Kontaktaufnahme mit möglichst vielen Dienststellen ab und verfassen Schriftsätze und Aktennotizen vor allem aus einem Grund: zu ihrer Rechtfertigung! Was derartige ,,Führer" praktizieren, ist *keinerlei* Führungsstil! Ich wiederhole: Man kann heutzutage in Großunternehmen ,,Führer" sein, ohne zu führen! Von Behörden ganz zu schweigen, national und europäisch . . .

Ich plädiere heute dafür, daß man unfähige Führungskräfte rücksichtslos entfernt, denn sie schaden ihren Unternehmen gleich in dreifacher Weise: Sie erreichen ihre Soll-Ziele nicht, hindern befähigte Mitarbeiter am Aufstieg und veranlassen sie, abzuwandern. Solche „Manager" verhindern, last but not least, durch ihren risikoscheuen Konservatismus die Entwicklung der Produkte, von denen das Unternehmen in fünf Jahren leben müßte.

1.7 Flexibilität und holistisches Denken

Schließlich sei hier noch eine Eigenschaft erwähnt, die ich für einen auf Dauer erfolgreichen Führer für unabdingbar halte: *Flexibilität.* „Flexibilität" bedeutet nach dem „Wörterbuch zur Psychologie" von DRERER/FRÖHLICH: „Allgemeine und umfassende Bezeichnung für die Bereitschaft des Organismus, auf neue Gegebenheiten schnell zu reagieren beziehungsweise das Verhalten zu ändern."

Die Flexibilität, das heißt die geistige Beweglichkeit eines Menschen und seine Anpassungsfähigkeit an neue Situationen, hat eine dreifache Wurzel:

- Zum einen ist sie erblich bedingt, weil Intelligenz und Flexibilität von der *Anzahl der Neuronen* in der Hirnrinde abhängen.
- Zum zweiten ist sie entwicklungsgeschichtlich bedingt, weil die Fähigkeit, Assoziationen zu bilden, *von der Anzahl der Verbindungen* abhängt, die in den ersten drei Lebensmonaten des Säuglings zwischen den Neuronen wachsen. Wie vielfältig sich diese Verbindungen aufbauen, hängt unter anderem von Anzahl und Art der Reize ab, denen der Säugling ausgesetzt ist.
- Zum dritten hängt sie von der *Art des Denkens* ab, die wir erlernt haben, beziehungsweise von der Programmierung, die wir in Elternhaus, Schule, Hochschule und im Beruf erfahren haben. So nehmen viele Menschen Fakten nicht zur Kenntnis, „weil nicht sein kann, was nicht sein darf". Diese „konservati-

ve" Einstellung hindert sie daran, sich schnell auf neue Gegebenheiten einzustellen; sie hinken der Entwicklung stets um Jahre hinterher.

Ich fasse zusammen, was mir zum Thema „Persönlichkeitsstruktur eines erfolgreichen Führers" wesentlich erscheint:
Für die wichtigsten Charaktermerkmale eines Führers halte ich Dominanzstreben, Kommunikationsfähigkeit und Flexibilität. Wer diese drei Eigenschaften in Kombination besitzt, wird als Führer stets erfolgreicher sein als jener, dem auch nur eine dieser Eigenschaften fehlt.

Ein weiterer Faktor, dem – auch für Manager! – immer größere Bedeutung zukommt, ist das „holistische" oder „vernetzte" Denken. Die Grundbedeutung beider Adjektive meint, daß man eine Sache immer als Teil eines Ganzen sieht. Es geht also um *ganzheitliches Denken,* und zwar aus einer quasi „überhöhten" Perspektive – eine Perspektive, die die Querverbindungen erkennen läßt. Denn wenn ich nicht weiß, wer alles an einem Netz hängt, kann ich auch nicht berücksichtigen, wer von einer meiner Entscheidungen möglicherweise tangiert wird. Dies bedeutet also für die Praxis: Um erfolgreich holistisch denken zu können, brauche ich zunächst die Information, wer alles zu „meinem Netz" gehört. Deshalb baut sich jeder erfolgreiche Manager in „seinem Großunternehmen" als erstes ein privates Informationssystem auf. Ein Aufsteiger, ein Karrieremacher, muß „das Gras wachsen" hören! Er muß wichtige Vorstandsentscheidungen erfahren, bevor sie in der „FAZ" kundgetan werden. Und mit Hilfe seines privaten Informationssystems kann er auch abschätzen, welche Wirkungen von ihm getroffene Entscheidungen möglicherweise in anderen Abteilungen oder Bereichen des Hauses verursachen werden.

Es gibt psychologische „Feldversuche", die wegen ihrer erstaunlichen Ergebnisse weltweites Aufsehen erregten. Hier sind vor allem zwei derartige Versuche zu erwähnen: die Grausamkeits-Tests des Amerikaners STANLEY MILGRAM und das „Tanaland-Problem" des Deutschen DIETRICH DÖRNER.

Der Psychologe STANLEY MILGRAM leitete Versuchspersonen dazu an, einer anderen Person – wie man sie glauben machte – schmerzhafte Elektroschocks zuzufügen. (In Wahrheit täuschte das Opfer, ein Gehilfe des Experimentators, Schmerzen nur vor.) Obwohl die meisten Versuchspersonen auf das von ihnen Verlangte ängstlich reagierten, waren sie nicht fähig, sich den Anweisungen einer „Autorität" – in diesem Fall eines Psychologen im weißen Kittel – zu widersetzen. *65 Prozent* dieser ganz „normalen" Bürger waren dazu bereit, einem anderen Menschen ernsthafte Schmerzen, wenn nicht gar bleibenden Schaden zuzufügen, indem sie einen (unechten) Hebel bis zum Anschlag umlegten. Selbst dann noch, wenn sie aus dem Nebenraum schreckliche Schmerzensschreie hörten, waren sie nicht imstande, das Experiment abzubrechen. Dieses von MILGRAM „Gehorsam gegenüber Autorität" genannte Phänomen findet sich in allen Kulturen und Altersgruppen, wobei Kinder nur um ein geringes empfindlicher sind als Erwachsene.

MILGRAMs Experiment, das hier nur erwähnt wird, weil es – weltweit betrachtet – zu den beiden beeindruckendsten psychologischen Experimenten überhaupt gehört, zeigte erschreckend deutlich, daß es auch in den USA (und in etlichen anderen „Kulturstaaten") genug Menschen gibt, die auf die Anweisung einer Autorität Mitmenschen foltern würden. Auf uns Deutsche, die wir seit der Scholastik planmäßig und außerordentlich erfolgreich zum Kadavergehorsam erzogen worden sind, das heißt zur Befehlsbefolgung unter Ausschalten der eigenen Urteilskraft, will ich gar nicht erst eingehen . . .

Nun zu DIETRICH DÖRNER, dessen Experiment bedeutende Konsequenzen für den Entscheidungsprozeß in mittleren und großen Unternehmen haben könnte. DÖRNER erfand ein fiktives afrikanisches Land, das er Tanaland nannte. Die wichtigsten Daten und Einflußgrößen, den tatsächlichen Bedingungen afrikanischer Regionen entnommen, wurden in einen Computer gespeichert. DÖRNER entwickelte ein Dialog-Programm und ermöglichte es dadurch den „Mitspielern", die Zukunft des Landes zu simulieren und auch bei Fehlentwicklungen einzugreifen. Der

Teilnehmer am Experiment konnte sich über die Geburts- und Sterberaten der einheimischen Bevölkerung informieren, über ihre Ernährungs- und Jagdgewohnheiten sowie über Flora und Fauna des Landes.

Am Experiment nahmen zwölf „Entscheider" verschiedener Fachrichtungen teil. Jeder sollte getrennt für sich dafür sorgen, daß es den Leuten in Tanaland künftig besser ginge als bisher. Um die Sache kurz zu machen: das Ergebnis dieses Experiments war vernichtend! Es traten Katastrophen und Hungersnöte auf, die Viehherden waren (nach hundert Jahren „Spielzeit") auf einen Bruchteil zusammengeschmolzen, die Nahrungsquellen ebenso wie die Finanzen zugrunde gerichtet. Am auffälligsten war die Tatsache, daß Fachleute genauso ein Chaos erzeugten wie Laien. Hinsichtlich der Experten wurde bei der „Manöverkritik" herausgearbeitet, daß gerade ihre fachlichen Kenntnisse große Schwierigkeiten zu bereiten schienen, weil die Experten nicht unvoreingenommen an ihre Aufgabe gingen und sich nur schwer von falschen Vermutungen über die Struktur solcher Situationen lösen konnten. Sie dachten in Wirkungsketten und nicht in Wirkungsnetzen, wie erforderlich.

Mit Hilfe solcher Simulationsexperimente differenzierte DÖRNER die im Umgang mit komplexen Systemen am häufigsten begangenen Strategiefehler. Hier die sechs wichtigsten im Telegrammstil:

- Mangelhafte Zielerkennung: Es wird an Einzelsymptomen herumkuriert.
- Beschränkung auf Ausschnitte aus der Gesamtsituation: Die Beziehungen der Daten untereinander werden nicht transparent. Dadurch sind sie in keine Ordnung zu bringen.
- Einseitige Schwerpunktbildung: Man konzentriert sich auf einen richtig erkannten Schwerpunkt und vernachlässigt dadurch andere gravierende Konsequenzen.
- Unbeachtete Nebenwirkungen: Man denkt „typisch linkshirnig", das heißt linear, und verliert dadurch die „Nebenschauplätze" aus den Augen – was zu Chaos und Verlusten führt.

- Tendenz zur Übersteuerung: Wenn sich „nichts tut", greift man kräftig ein. Ergeben sich jedoch unbeabsichtigte Wirkungen, wird komplett gebremst.
- Tendenz zu autoritärem Verhalten: Die Macht, das System verändern zu dürfen, und der Glaube, es durchschaut zu haben, führen zum Diktatorverhalten, das jedoch für komplexe Systeme völlig ungeeignet ist.

1.8 Die Situation, in der ein Führer wirken muß

Die Situation, in der sich ein Unternehmen befindet und die das Verhalten jedes Managers im Unternehmen beeinflussen kann, läßt sich zunächst ganz grob in folgende Teilbereiche gliedern:

- Internationale Einflüsse, die den Weltmarkt mitbestimmen, wie etwa der Machtwechsel im Iran, Gorbatschows Perestroika, der Aufstand in China; Rezessionen, Inflationen, Arbeitslosigkeit, Geldknappheit oder vagabundierende Dollars. Soweit unsere Weltmarktpartner von derartigen negativen Gegebenheiten beeinflußt sind, leiden wir mit. *Wir sind keine Insel* – was etliche Politiker und Wirtschaftsführer übersehen.
- Einflüsse überstaatlicher Art, zum Beispiel der EG-Kommission in Brüssel, die mit einer Unzahl von Verordnungen der freien Wirtschaft das Leben schwer macht
- Einflüsse internationaler Konkurrenten
- Einflüsse des Staates, beispielsweise durch Steuergesetze
- Zinspolitik der Bundesbank
- Einfluß der Deutschen Bank auf die Besetzung von Aufsichtsräten
- Einflüsse von Großunternehmen durch Aufkäufe oder „Elefantenhochzeiten"
- Einflüsse der Gewerkschaften

- ○ Firmeninterne Einflüsse: durch Tradition, Tabus, Fehlen einer klaren Firmenpolitik, Fehlen eines verbindlichen Organigramms, Fehlen von Stellenbeschreibungen, unzureichender Informationsfluß und weiteres mehr

Wir wollen uns hier nur mit dem letzten Punkt beschäftigen, weil er sich am unmittelbarsten auf den Führungsstil der betroffenen Manager auswirkt.

Das ,,Umfeld Betrieb" ist gewissermaßen das Wasser, in dem der ,,Fisch Manager" schwimmen muß. Nun kann dieses Wasser sehr zähflüssig sein, bedingt durch verzopfte Traditionen und Tabus. Als Unternehmensberater bringe ich stets von neuem Geschäftsführer in Verlegenheit, wenn ich nach einer Firmenphilosophie, einer schriftlich fixierten Firmenpolitik oder nach einem Organigramm frage, in dem die Kompetenzen der einzelnen Bereichs-Manager verbindlich festgelegt sind. Allein die Fehlanzeige beim ,,Organigramm" führt dazu, daß Machtkämpfe auf allen Ebenen der Hierarchie ,,unter der Decke schwelen", weil Führungskräfte mit starkem Dominanzstreben in die Herrschaftsbereiche schwacher Kollegen hineinregieren. Außerdem erzeugt das Fehlen von definierter Geschäftspolitik Unsicherheit in der Belegschaft: niemand weiß, wo es lang geht . . .

Nehmen wir nun der Einfachheit halber an, in einem Unternehmen gäbe es eine allen bekannte, schriftlich fixierte Firmenpolitik und ein Organigramm, das die Kompetenzen verbindlich abklärt, dann wird die *Situation des einzelnen Managers,* zufolge der Theorie des amerikanischen Psychologen und Unternehmensberaters FRED E. FIEDLER, von drei Faktoren bestimmt:

- ○ den Führer-Mitarbeiter-Beziehungen
- ○ der Aufgabenstruktur
- ○ der Positionsmacht

1. Die Führer-Mitarbeiter-Beziehungen

Damit meint FIEDLER das, was ich weiter oben als ,,Kommunikationsfähigkeit" bezeichnet habe. Je kommunikationsfähiger ein Manager ist, desto mehr wird sein Führungsstil ,,mitarbeiterbezogen" sein. Jedoch ist hier eine deutliche Warnung angebracht: *Die Fähigkeit, zwischenmenschliche Beziehungen herzustellen, darf nicht mit Verbrüderung verwechselt werden!* Wer sich seine Mitarbeiter zu lauter „Freunden" macht, verspielt damit seine Autorität! Wenn aber ein Manager sowieso führungsschwach ist, weil ihm jegliches Dominanzstreben fehlt, dann setzen ihn Verbrüderungsversuche nur der Lächerlichkeit aus. Wer möchte schon mit einem Versager befreundet sein?

Ich erzähle meinen Seminarteilnehmern immer zur Illustrierung dieses Tatbestandes das „Stachelschwein-Gleichnis" von ARTHUR SCHOPENHAUER: Eine Herde von Stachelschweinen hauste irgendwo in freier Wildbahn. Da wurde es Herbst, und die erste kühle Nacht machte sich unangenehm bemerkbar. Also rückten die Stachelschweine näher zusammen, um sich gegenseitig zu wärmen. Rückten sie zu nahe aneinander, so verletzten sie sich mit ihren Stacheln. Rückten sie zu weit auseinander, so froren sie. „Das Problem der Stachelschweine", sagt SCHOPENHAUER, „ist es, die richtige Distanz zueinander herauszufinden."

Genau das Gleiche gilt für die Beziehung zwischen Vorgesetzten und ihren Mitarbeitern. *Zu große Nähe tut weh!* Wenn ein Führer das Vertrauen seiner Mitarbeiter zu sehr gewonnen hat, werfen sie ihm ihre Probleme (einschließlich der privaten) an den Hals –, und dort hat er sie dann hängen wie einen Mühlstein!

Denn oft erwarten Mitarbeiter in diesem Stadium der Beziehung auch noch, daß der Chef ihre Probleme löst. Dadurch wird ein Vorgesetzter zuweilen in die Rolle eines Psychotherapeuten gedrängt, für die er weder bestimmt noch ausgebildet ist. *Lieber etwas zu viel Distanz als zu wenig!* Vielleicht erscheint Ihnen jetzt das Ergebnis aus der MCCLELLAND-BURNAHM-Studie einleuchtender, das besagt: *Das Machtbedürfnis eines Chefs muß stärker sein als der Wunsch, sich bei Mitarbeitern beliebt zu machen.*

2. Die Aufgabenstruktur

Damit ist gemeint: Ist das Ziel oder das Ergebnis, das der Manager erzielen soll, klar formuliert und bekannt? Gibt es nur *einen* Weg, die Aufgabe zu erfüllen? Wie leicht ist es, nachzuprüfen, ob die Aufgabe richtig erledigt worden ist? Zu diesem Fragenkomplex ist man sich in der Management-Theorie einig: *Führer haben höhere Einflußchancen, wenn ihre Aufgabe hochstrukturiert ist und sie wissen, was zu tun ist.* Wird Führern genau gesagt, was getan werden muß, so sind sie von der Ungewißheit befreit, die mit dem Treffen selbständiger Entscheidungen verbunden ist.

Als Beispiel einer unstrukturierten Aufgabe führt FIEDLER den Chef eines Forschungslaboratoriums an, weil es außerordentlich schwierig ist, vorauszusagen, welche Richtung der Forschung in eine Sackgasse führen wird und welche zu einem marktfähigen Produkt. Zudem müssen die Mitglieder eines Forschungsstabes stets selbständig urteilen, und der Chef der Gruppe kann nicht jede Phase des Projekts überwachen und kontrollieren. *Wer eine sehr unstrukturierte Arbeit überwacht, kann nur dem Namen nach Kontrolle über die Art der Aufgabenerfüllung ausüben.*

3. Die Positionsmacht

Dieser Terminus von FIEDLER beinhaltet den Machtumfang, der einem Manager von der Unternehmensführung zugesprochen wird. Ob er beispielsweise Mitarbeiter einstellen, disziplinarisch bestrafen, sie finanziell höher einstufen, sie versetzen oder entlassen darf. Die „Autorität kraft Amtes" hängt also entscheidend von der Positionsmacht ab, die einem Manager von höchster Stelle verliehen wird. Aber: *Kein Führer verfügt über absolute Autorität.* Autorität und Macht hängen auch von der Bereitschaft der Mitarbeiter ab, den Führungsanspruch des Führers anzuerkennen. Denn: Meistens, wenn nicht immer, sind Führungsfunktionen *stillschweigende soziale Verträge.* Untergebene werden in der Regel tun, was von ihnen verlangt wird, weil sie dadurch verschiedenartige Belohnungen erhalten und Genugtuung erfahren. Handelt ein Führer eigenmächtig, wird er mit hoher Wahrscheinlichkeit die Unterstützung seiner Untergebenen verlieren. Das Ergebnis ist, daß das System zusammenbricht, die Gruppe zerfällt oder der Führer abgelöst wird. Deshalb wird praktisch jede Macht einer Führungsposition durch ein allgemeines Einverständnis ausgeübt.

Wie weit sich also ein Führer durchsetzt, auch wenn seine Positionsmacht nicht besonders hoch ist, hängt weitgehend davon ab, ob er über eine „gewachsene Autorität" verfügt. Da diese Art Autorität unter anderem von der menschlichen Reife abhängt, kann jedem, der eine Führungsposition innehat und vielleicht noch ein Stück höher klettern will, nur dringend empfohlen werden: *Arbeiten Sie ständig an sich im Sinne einer Selbstverwirklichung!* Karrieresüchtige Manager, die nur auf ihr Ziel hinarbeiten und dabei übersehen, etwas für ihre menschliche Weiterentwicklung zu tun, finden sich eines Tages oft völlig isoliert und „unverstanden" wieder. Niemand mag sie – das ist der Anfang vom Ende einer Karriere!

2. Kapitel: Hautnahe Management-Praxis

2.1 Frag nach bei IACOCCA

LEE IACOCCA, der wegen seiner Chrysler-Sanierung zum „Helden der Nation“ aufgestiegen ist, wird ständig gefragt, worauf es beim erfolgreichen Führen ankäme. Wenn man als Leser jene Stellen seines Buches analysiert, die sich mit der Kunst des Managens befassen, kommt man in etwa zu folgendem Resümee:

- IACOCCA ist skeptisch gegenüber dem heutigen Trend, Leute durch die verschiedenen Abteilungen eines Unternehmens zu schleusen, als seien alle Kompetenzen austauschbar. Und er betont mit Nachdruck: sie sind es nicht!
- IACOCCA schwört als typischer „Macher“ eigentlich erwartungsgemäß auf eine Basiseigenschaft des erfolgreichen Managers: die Tatkraft. Das bedeutet aber: kein Computer kann einem die Entscheidung abnehmen; man muß als Einzelentscheider irgendwann alle vorhandenen Informationen auf einen Nenner bringen, einen Zeitplan machen und – handeln!
- IACOCCA meint, zu viele Manager lassen sich in ihrer Entscheidungsfindung zu sehr bremsen, insbesondere diejenigen mit zuviel akademischer Bildung. Man hat ihnen auf der Hochschule beigebracht, erst dann zu handeln, wenn alle Fakten vorliegen. Um die letzten fünf Prozent zu bekommen, brauchen sie ein halbes Jahr. Bis dahin sind die Fakten veraltet, weil sich der Markt inzwischen weiterbewegt hat. Das ganze Geheimnis des Lebens ist – das Timing.
- Und nun kommt einer der wesentlichsten Grundsätze IACOCCAs: An irgendeinem Punkt muß man, auch ohne zureichende Fakten, den Sprung ins Ungewisse wagen. *Erstens, weil selbst die richtige Entscheidung falsch ist, wenn sie zu spät erfolgt. Zweitens, weil es in den meisten Fällen so etwas wie Gewißheit*

gar nicht gibt. Manchmal gleicht selbst der beste Manager einem kleinen Jungen, der einen großen Hund an der Leine hat und darauf wartet, wo der Hund hin will, damit er ihn dorthin führen kann.

- Wie alle wirklich großen Unternehmensführer bezieht IACOCCA die Intuition in sein Führerverhalten mit ein. Natürlich reicht die Intuition nicht aus, um zu handeln. Aber viele Jungmanager mit Hochschuldiplom verfallen in das andere Extrem. Sie scheinen zu glauben, daß man jedes geschäftliche Problem auf eine Fallstudie reduzieren kann. Das mag auf die Universität zutreffen. Aber in der Wirtschaft muß jemand da sein, der sagt: „Okay, Leute, es ist Zeit zu handeln. Machen Sie sich bereit, in einer Stunde loszuschlagen."
- Wesentliche Bedeutung mißt IACOCCA auch einer Eigenschaft bei, ohne die nichts in Gang gebracht werden kann: der Risikobereitschaft. Er mokiert sich über Leute, die morgens das Haus nicht ohne Schirm verlassen, selbst wenn die Sonne scheint. Soundso oft muß man einfach ein Risiko eingehen – und seine Fehler *unterwegs* korrigieren.
- IACOCCA, der selbst ein Ingenieurstudium absolviert hat, kann sich einer gewissen Animosität gegenüber Lehrstuhlinhabern nicht enthalten. So stellt er beispielsweise fest, daß – trotz der Behauptungen in den Lehrbüchern – die wichtigsten Entscheidungen in der Wirtschaft von einzelnen und nicht von Ausschüssen getroffen werden. IACOCCAs Prinzip zur Entscheidungsvorbereitung wird deshalb von ihm so beschrieben: „Bis zum Augenblick der Entscheidung verfahre ich demokratisch. Dann übernehme ich das Kommando: Okay, ich habe alle angehört. Wir werden folgendes machen."
- Auch IACOCCA kennt die alte Weisheit, daß nichts im Universum so beständig ist wie die Veränderung, nichts in der Welt steht still. Und er vergleicht die Situation eines Wirtschaftsbosses mit jener auf einer Entenjagd. Man kann auf eine Ente zielen und sie aufs Korn nehmen, aber die Ente hält nie still. Um die Ente zu treffen, muß man die Flinte bewegen. Dann kommt

IACOCCA auf ein Team als Entscheider zu sprechen: Ein Ausschuß, der mit einer wichtigen Entscheidung konfrontiert ist, kann sich nicht immer so rasch umstellen wie die Ereignisse, auf die er zu reagieren sucht. Wenn der Ausschuß bereit ist zu reagieren, ist die Ente fortgeflogen.

- Manager, meint IACOCCA, müssen nicht nur Entscheidungen treffen, sie müssen auch andere motivieren. *Die einzige Möglichkeit, Menschen zu motivieren, ist die Kommunikation.* Man setzt sich nicht lange durch, indem man Leute zur Schnecke macht. Man muß mit den Leuten reden können, ganz einfach. Und daß IACOCCA hier nicht theoretisiert, hat sich erwiesen, als er zu CHRYSLER übergewechselt war: alle Top-Manager sind ihm gefolgt!
- Und schließlich kommt IACOCCA noch ganz konkret auf den Punkt: *Der Schlüssel zum Erfolg sind nicht Informationen – das sind Menschen!* Und der Typus von Mitarbeitern, die IACOCCA für die Positionen im Top-Management sucht, das sind die emsigen Bienen. Das sind die Jungs, die versuchen, mehr zu tun, als von ihnen erwartet wird. Sie geben immer ihr Bestes. Als Manager sind sie jener Typ, der zu delegieren und zu motivieren versteht. Sie unterstützen ihre Mitarbeiter und helfen ihnen, ihre Aufgaben besser zu erfüllen. Das ist eine Sache des Charakters.

Nun bringt MAYNARD M. GORDON, Herausgeber und Chefredakteur der Zeitschrift *Motor News Analysis,* der IACOCCA seit Jahrzehnten kennt und beobachtet, noch einen interessanten Hinweis, der verständlicherweise von IACOCCA in seiner Autobiographie nicht angesprochen wird. GORDON weist nämlich darauf hin, daß Professoren der Betriebswirtschaft, wie der angesehene ABRAHAM ZALEZNIK von Harvard, IACOCCA und Führungskräfte seines Kalibers nicht „Manager", sondern „Führer" nennen. Diese Führer bewegen die Welt allein durch ihren Charakter. Sie fürchten sich nicht, die Zeichen der Zeit zu erkennen und das Ruder herumzureißen. ZALEZNIK meint, die IACOCCAs der Geschäftswelt wären oft von ihren zukunftsorientierten Ideen besessen, die dann die anderen begeistern, motivieren und zum harten Arbeiten bewegen, so daß sich die erdachte Traumwelt bald in Realität umsetzt.

Die Mehrheit der erfolgreichen Top-Manager von Großkonzernen ist der Meinung, daß es auch eine Mischform aus „Führer" und „Manager" geben kann. Man meint, daß ein Vorsitzender wie ein Manager arbeiten und zugleich seine Leute wie ein Führer motivieren muß. Entweder hat er die Persönlichkeit für diese Aufgaben, oder er sucht im Unternehmen nach Möglichkeiten, das Personal zu stimulieren.

WARREN BENNIS, Professor an der Universität von Südkalifornien, meint jedoch, man wäre entweder ein IACOCCA-Typ oder nicht. Leute, die die Rolle wechseln können, gäbe es nur selten. Der Grund dafür liegt im großen Unterschied zwischen der Angestelltenmentalität und dem Unternehmergeist.

2.2 Der SONY-Genius: AKIO MORITA

AKIO MORITA, Mitbegründer des SONY-Konzerns und dessen Vorstandsvorsitzender, vergleicht in seinem Buch „Made in Japan" die Management-Methoden der USA mit denen Japans. Dazu ist er wie kein zweiter in der Lage, weil er SONY-Fabriken in den USA gegründet hat, in denen Amerikaner unter japanischem Management arbeiten – und sehr zufrieden sind!

MORITA hebt nicht nur Unterschiede des Managens hervor, sondern übt zugleich Kritik am kurzsichtigen Profitdenken der Amerikaner. Er bemängelt also, was intelligente Europäer schon lange an den USA auszusetzen haben und was diesen Kritikern von amerikahörigen Konservativen als Amerikafeindlichkeit ausgelegt wird. Wie kann man nur!

Ich versuche im folgenden, jene Statements MORITAs zu paraphrasieren, die mir, im Zusammenhang mit dem Thema dieses Buches, am wesentlichsten erscheinen. (Hervorhebungen vom Autor).

- Der japanische Unternehmer sieht seine wichtigste Aufgabe darin, die ständige Beschäftigung der Belegschaft und die Hebung ihres Lebensstandards zu gewährleisten. *Die Gewinnerwirtschaftung ist natürlich wesentlich, hat indessen in Japan nur nachgeordneten Rang.* Wohingegen der amerikanische Unternehmer der quartalsmäßigen Kapitalverzinsung beziehungsweise dem Jahresgewinn höchste Priorität einräumen muß.

- Da die Vergütung eines amerikanischen Top-Managers, beispielsweise eines Werksleiters, vom finanziellen Erfolg seiner „Division" abhängt, denkt er in der Regel nicht daran, Zukunftsinvestitionen zu tätigen, die seine gegenwärtigen Bezüge kürzen und im Endeffekt seinem Nachfolger zugute kommen. Das ist übrigens auch einer der Nachteile des „Rotations-Systems".

- Die japanische Einstellung zur Arbeit scheint sich von amerikanischen Auffassungen grundlegend zu unterscheiden. *Die Tendenz, Arbeit gleich welcher Art für ehrbar zu halten, ist in Japan viel stärker als dort ausgeprägt.*

- Die japanischen Arbeiter eignen sich im allgemeinen sehr gern neue Kenntnisse und Fertigkeiten an. Daß jemand sich weigert, berufsfremd zu arbeiten und von Staats wegen auch noch unterhalten wird, während er – wie in Amerika üblich – eine seinem besonderen Geschmack entsprechende Beschäftigung sucht, gilt im japanischen Wirtschaftssystem als undenkbar.

- Das alte Wirtschaftsprinzip, wonach herkömmliche Erzeugnisse effizient bei möglichst niedrigen Kosten zu produzieren sind, wird in Amerika überwiegend praktiziert (und hat auch in Japan noch Anhänger). Nach diesem Prinzip wird Effizienz zum Götzen gemacht. Letztlich läuft es darauf hinaus, daß Mechanisierung den höchsten Stellenwert bekommt; der ideale Produktionsbetrieb sollte demzufolge vollkommen automatisiert sein und vielleicht sogar ohne jede menschliche Arbeitskraft auskommen können. *Diese Unternehmensführung, die sich ausschließlich der (computergesteuerten) Maschine verschrieben hat, trägt etwas Menschenverachtendes in sich.*

- Heute kommt es in der Produktion nicht mehr auf die Fingerfertigkeit, sondern auf einen flinken Verstand an. Deshalb ist die Erhaltung überholter Berufe anachronistisch. Das Gebot der Stunde heißt: Neue Mitarbeiter schulen, die älteren umschulen, damit die einen wie die anderen die neuen Herausforderungen bestehen können.

- *Der Mensch arbeitet nicht des Geldes wegen – eine Tatsache, die Amerikaner offensichtlich nicht begreifen.* Allerdings: Um ihre Aufgaben nach besten Kräften erledigen zu können, müssen Arbeiter erst motiviert werden. Deshalb gibt es bei SONY ein Fortbildungs- und Bewertungssystem, das seinesgleichen weltweit sucht: Mitarbeiter werden von Zeit zu Zeit an einen neuen, anspruchsvolleren Arbeitsplatz versetzt; dadurch wird ihnen Gelegenheit gegeben, sich zu bewähren. Nicht die gezahlten Löhne oder Gehälter machen den Unterschied, sondern die Herausforderung des einzelnen, die Anerkennung und das Gefühl für den Wert seiner Arbeit.

Ein weiteres Beispiel von MORITAs origineller Denk- und Handlungsweise wird durch sein Beispiel von den „Mauern" bezeugt. So vergleicht er amerikanische Unternehmen eher mit Ziegel-, japanische hingegen mit Steinmauern. Damit will er sagen, daß es in den USA ein starres Anforderungsprofil für jeden Arbeitsplatz gibt. Zeigt sich bei der Einstellungsprüfung, daß ein Bewerber über- oder unterqualifiziert ist, wird er gewöhnlich abgelehnt. Deshalb spricht MORITA von einer Ziegelmauer: das Format eines jeden Steins ist zwecks idealer Einpaßbarkeit bereits im voraus festgelegt. Anders MORITAs „japanischer Stil": Man stellt den Bewerber ein und versucht im Laufe der Zeit festzustellen, wie er sich am zweckmäßigsten einsetzen läßt. Wir haben es also mit einer zwar hochqualifizierten, aber doch wenig homogenen Gruppe zu tun (erläutert MORITA). Das bedeutet: Der Unternehmer schaut sich seine rohen, unbehauenen Steine lange an, soll er sie doch auf bestmögliche Weise zu einer stabilen Mauer zusammenfügen. Manche Steine sind rund, andere sind Würfel, Quader, groß und klein . . . Die Unternehmensleitung muß darauf achten, wie sie sich zusammenfügen lassen. Da die Menschen mit den Jahren reifer werden, muß der japanische Manager berücksichtigen, daß seine „Steine" von Zeit zu Zeit ihre Form ändern. Das Unternehmen selbst ändert sich auch, so daß es immer wieder nötig sein wird, den einzelnen ,,Stein" an anderer Stelle einzufügen. Das bedeutet letztendlich: *Die Anpassungsfähigkeit von Belegschaft und Geschäftsleitung ist zum Gütezeichen japanischer Unternehmen geworden.* Als deutscher Unternehmensberater kann man angesichts dieser humanen und effizienten Einstellung nur noch vor Neid erblassen . . .

Und schließlich kommt MORITA ganz konkret auf den Punkt *Unternehmensphilosophie* – ein Begriff, mit dem die meisten deutschen Unternehmer und deren Top-Manager nichts anfangen können. MORITA ist der Meinung, daß sich das japanische Führungsprinzip vor allem deshalb vom amerikanischen oder westlichen Stil so vorteilhaft abhebt, weil die Notwendigkeit einer Firmenphilosophie von allen Mitarbeitern, vom Top bis an die operative Basis, akzeptiert und *gelebt* wird. Dazu trägt auch das Vorschlagsrecht des jüngeren Managements bei.

Es ist beeindruckend, mit welcher Konsequenz und innerer Anteilnahme AKIO MORITA immer wieder auf jenen Punkt zurückkommt, der ihm offensichtlich als der wesentlichste Punkt überhaupt erscheint: auf die *Menschlichkeit.* Deshalb verkündet MORITA am Ende jenes Buchkapitels, das die Überschrift ,,Amerikanische Methoden und japanischer Stil: Der Unterschied" trägt, nochmals mit aller Entschiedenheit sein persönliches Credo:

,,Die Amerikaner rühmen sich ihrer Fähigkeit zu rationellen Entscheidungen; die Logik der in ihrem Lande verkündeten Betriebswirtschaftslehre ist eiskalt und unterdrückt den menschlichen Faktor. In unseren Augen beruht Erfolg in Handel und Industrie auf anderen Voraussetzungen. Für hohe Effizienz und Produktivität infolge hoher Arbeitsmoral ist ein enges, herzliches Verhältnis zu den Mitarbeitern unabdingbar. Die Schaffung eines familiären Zusammengehörigkeitsgefühls ist manchmal wichtiger als alles andere, und gelegentlich müssen Entscheidungen getroffen werden, die in strengem Sinne irrational sind. *Absolute Rationalität läßt sich einer Maschine gegenüber praktizieren; hat man es mit Menschen zu tun, muß die Logik oft zugunsten des Verstehens zurücktreten.*"

2.3 Die „Führernatur“ unter tiefenpsychologischer Lupe

Die Bundesrepublik Deutschland ist ein Land, in dem man nichts von Psychologie hält –, obwohl wir bis 1934 auf diesem Sektor das führende Land der Welt gewesen sind! Heute kann man die wirklich fähigen Psychotherapeuten an zehn Fingern abzählen. Einer von ihnen ist Horst Eberhard Richter, Direktor des Psychologischen Instituts der Universität Gießen. Er brachte, zusammen mit Dieter Beckmann, 1972 den in Jahren entwickelten und immer wieder verifizierten Persönlichkeitstest heraus, der unter dem Namen „Gießen-Test“ (GT) in Fachkreisen große Anerkennung genießt. Vor allem hat sich der Test, obwohl ursprünglich für klinische Diagnosen entwickelt, auch in der Unternehmensberatung (und zur Überprüfung der psychischen Reife unserer Bundesbürger) bewährt (siehe SPIEGEL Nr. 44/1989).

Ich benütze den Test seit 1976 und könnte, besonders in jener Art von Manager-Therapie, die man heute „Coaching“ nennt, auf seine wertvolle Hilfe nicht mehr verzichten. Nun, was „bringt“ dieser Test? Er erfüllt weitgehend folgende Ansprüche:

- Er gibt der Testperson (TP) Gelegenheit, von sich ein Selbstbild zu entwerfen.
- Er kann außer zur Selbsteinschätzung auch zur Fremdeinschätzung verwandt werden; der dadurch ermöglichte Vergleich von Selbst- und Fremdeinschätzung macht den Test für sozialpsychologische Untersuchungen anwendbar, beispielsweise zur Analyse von Chef-Mitarbeiter-Beziehungen oder von Strukturen einer Gruppe. Insofern hat sich der GT bei Unternehmensberatungen als sehr wertvoll erwiesen.

Bei der Konzeption des GT wurde besonderes Gewicht darauf gelegt, herauszufinden, wie sich die Testperson (TP) nach psychoanalytisch relevanten Kategorien *in Gruppenbeziehungen darstellt.*

Die Mehrzahl der Fragen („Items“) spricht die Testpersonen auf ihre Beziehungen zu anderen Menschen an. Das veranlaßt sie, sich vor dem Hintergrund ihrer standardmäßigen Rollenbeziehungen zu beschreiben.

Bei der Auswertung des Fragebogens (mit 40 Fragen) auf einem ,,Profilblatt" ergeben sich sechs ,,Standardskalen" (siehe Abbildung 1 Seite 57/58):

Skala 1: Soziale Resonanz (manifestiert sich im Selbstwertgefühl)

Skala 2: Dominanz

Skala 3: Kontrolle (durch das Über-Ich) = Moralische Einstellung

Skala 4: Grundstimmung (von ,,überaus heiter" bis ,,depressiv")

Skala 5: ,,Durchlässigkeit" (= Ur-Vertrauen); Basis zwischenmenschlicher Beziehungen im Sinne von ,,Offenheit" bis ,,Verschlossenheit"

Skala 6: Soziale Potenz (= Kommunikations- und Liebesfähigkeit)

Wenn sich Manager diesem tiefenpsychologischen Test unterziehen, weil sie Wesentliches über sich erfahren wollen, dann gibt dieser Test ein nicht anzuzweifelndes Bild über essentielle Persönlichkeits- und Führungsmerkmale wie Dominanzstreben, Selbstwertgefühl, Kommunikationsfähigkeit und die Triebregulation durch das Gewissen. Außerdem wird transparent, ob ein Manager zu Aggressionen neigt und wohin er, falls Aggressionen auftreten, diese ableitet: nach außen oder nach innen.

Ein Beispiel aus der Praxis demonstriert die Möglichkeiten des GT: Ein deutscher Geschäftsführer (General Manager) eines US-Multis, bei Testabnahme 39 Jahre alt, unterzog sich ,,spaßeshalber" dem GT, da er als Manager sehr erfolgreich war. Das heißt, die Zahlen stimmten, was für die amerikanische ,,Mutter" naturgemäß am wichtigsten war. Doch wie es im Innern aussah, war, aus psychologischer Sicht, nicht gerade ideal. Die Ehe bestand nur noch pro forma, die halbwüchsigen Kinder waren dem meist abwesenden Vater (mit Zweitwohnsitz) entfremdet. Unser Manager, dessen Hobby das Fotografieren war, verbrachte seine Freizeit mit häufig wechselnden ,,Fotomodellen". Im übrigen trank er (allerdings nur abends) regelmäßig Whisky in Mengen, die ihn der Definition ,,Trinker" schon ziemlich nahekommen ließen . . .

Ich nahm dem General Manager, anläßlich eines Entscheidungstrainings für das Middle-Management, im Juli 1981 den Test ab und schickte ihm folgende schriftliche Auswertung zu, wobei ich mich bemühte, mich ,,normal verständlich" auszudrücken und psychologische Fachtermini möglichst vermied:

,,Das augenfälligste Merkmal überhaupt ist Ihr Dominanzstreben; dies weist eine Stärke auf, die schon in den pathologischen Bereich fällt. Allerdings fehlen im Gesamtbild jegliche neurotischen Züge, so daß man insgesamt nicht von einem krankhaften Dominanzstreben sprechen kann. Aber: Ihr Wille, andere nach Ihren Vorstellungen zu leiten, ist das herausragende Merkmal Ihres Persönlichkeitsprofils.

Im übrigen weist das gesamte Profil einen Bruch auf, der zeitweise zu starken seelischen Spannungen führen muß. Was Ihnen fehlt, und zwar absolut, ist das ,Ur-Vertrauen'. Sie sind zunächst einmal *allen* Menschen gegenüber mißtrauisch und deshalb nicht bereit, sich zu öffnen und etwas von Ihren geheimen Gedanken oder Wünschen herauszulassen. Deshalb können Sie auch keine Gefühle zeigen. Beide Tendenzen erschweren indessen die Kommunikation – auch im Liebesleben.

Ihr gesamtes Verhalten wird – außer vom Dominanzstreben – von zwei weiteren Strebungen geprägt: Sie sind total auf ,,Konkurrenz" eingestellt, möchten stets ,der Beste' sein; darüber hinaus wollen Sie aber auch beliebt und angesehen sein. Doch diese beiden Tendenzen ,beißen' sich, denn der ,Tüchtigste' ist niemals auch der ,Beliebteste'. Der Beliebteste ist immer jener, der am besten zur Kommunikation fähig ist, weil er sich anderen gegenüber aufschließt und Gefühle zeigt. Gerade daran hapert es bei Ihnen.

Im übrigen sind Sie, was moralische Postulate angeht, nur mäßig kontrolliert. Das heißt, moralische Grundsätze treten hinter das Erfolgsstreben zurück. Deshalb entsteht (als Folge der Testauswertung) der Eindruck, daß Ihr Verhalten in erster Linie von Opportunitätsabwägungen gesteuert wird: Was dem beruflichen Fortkommen nützt, ist gut.

Ihre Angabe, daß Sie Ärger in sich hineinfressen, stimmt nicht mit den Ergebnissen der Skalen für ‚Dominanzstreben' und ‚Grundstimmung' überein. Zum starken Dominanzstreben gehört in der Regel Ungeduld und die Tendenz, inneren Konfliktdruck nach außen abzureagieren. Auch die Auswertung der Skala ‚Grundstimmung', die eine signifikante Abweichung von der ‚Normalstreuung' aufweist, deutet auf eine Außenwendung entstandener Aggressionen hin.

Ihr Selbstwertgefühl ist o.k., basiert aber ausschließlich auf dem beruflichen Erfolg. Da Sie kaum über Ihren Seelenzustand reflektieren, ist auch keine Neigung zu Depressionen festzustellen.

Zusammenfassung (aufgrund des Textes und der Tatsache, daß ich Sie schon lange persönlich kenne): Insgesamt ergibt sich das Bild eines ausschließlich auf den beruflichen Erfolg programmierten Menschen. Die Wurzel dieses Erfolges ist die fachliche Kompetenz. Der Führungsstil ist deshalb vorwiegend ‚aufgabenbezogen', weniger ‚mitarbeiterbezogen'.

Möglicherweise als Folge eines Liebesdefizits in der Kindheit fehlt das Vertrauen zu anderen Menschen und die Fähigkeit, sich emotional zu öffnen. Deshalb sind gewisse Kommunikationsschwierigkeiten vermutlich permanent. Außerdem klafft eine Lücke zwischen dem Ich-Ideal und Ihrem realen Ich. Das heißt, Sie sehen sich beliebter als Sie möglicherweise aufgrund Ihrer Verschlossenheit sind.

Eine Gefahr würde nur dann auftauchen, wenn – aus welchen Gründen auch immer – ein beruflicher Mißerfolg einträte. In diesem Falle würde es sich ohne Zweifel negativ bemerkbar machen, daß das philosophische Denken, das Reflektieren über sich und über das ‚Verhältnis zu Gott und der Welt', und zwar im Rahmen ethischer Kategorien, bisher offensichtlich zu kurz gekommen ist. Insofern ergibt Ihr Persönlichkeitsprofil das Bild eines typischen Erfolgsmanagers, der aber latent ständig vom Absturz bedroht ist."

Soweit diese Persönlichkeits-Analyse aufgrund des GT. Der General Manager ist drei Jahre später in der Tat „abgestürzt". Er fiel einer Intrige im Rahmen des Machtkampfes um die frei werdende Position des Europa-Managers zum Opfer, und zwar aus zwei Gründen: weil er aufgrund seiner mangelnden Kommunikationsfähigkeit nicht wußte, was wirklich im Gange war, erfuhr er nichts; und weil für derartige, weltweit telefonisch ausgetragene „Grabenkämpfe" sein Englisch zu schlecht war . . .

Während eines Studienaufenthaltes 1968/69 in den USA erfuhr ich auf einem Management-Seminar der „American Management Association (AMA)", daß große Unternehmen jüngere Mitarbeiter *vor der Beförderung zum Supervisor* auf ein mehrwöchiges Seminar schicken, das von einem Management-Trainer und einem Psychologen gemeinsam geleitet wird. Der Trainee muß sich während dieses Lehrgangs einer Reihe von psychologischen Tests unterziehen und in zahlreichen Rollenspielen beweisen, ob er entscheiden kann und ob er Dominanzstreben besitzt. Kommen die beiden Beurteiler zu dem Schluß, daß ein Teilnehmer „keine Führernatur" sei, wird dieser Mann nicht befördert. Er wird innerhalb des Unternehmens in eine andere Division versetzt und kann sich dort zu einem erfolgreichen Spezialisten entwickeln –, aber seine Chance, „Chef" zu werden, ist in diesem Unternehmen vorbei. Diese Methode hat zwei Vorteile: Sie erspart dem Unternehmen einen „Peter-Prinzip"-Manager und dem Mitarbeiter Magengeschwüre . . .

Ich konnte seinerzeit in den Staaten keines dieser Tests habhaft werden. Psychologen rücken praxisbewährte Unterlagen verständlicherweise nicht gerne heraus . . . Erst 1976 konnte ich mich mit dem Gießen-Test vertraut machen. Seither setze ich ihn bei der Beurteilung von Bewerbern für Führungspositionen ein. So schickt mir beispielsweise der Personalchef einer Kundenfirma einen angekreuzten Testbogen eines Bewerbers, den ich nicht persönlich kenne. Zweck der Übung ist, daß der Personalchef, der das Gespräch führt, nach dem ersten Interview den Test von mir auswerten läßt – und nun gespannt wartet, ob das Auswertungsergebnis mit seiner Beurteilung aus dem Interview wenigstens in etwa übereinstimmt. Wobei es vor allem auf *einen* Punkt ankommt: Weist der Bewerber Dominanzstreben auf?

Im vorliegenden Fall bewarb sich ein bisher angestellter „Beratender Ingenieur" um die Stelle eines Leiters der Montage- und Kundendienstabteilung einer Firma, die ganze Fabrikanlagen im In- und Ausland „schlüsselfertig" erstellt und anschließend, über mindestens zehn Jahre, auch die Wartung der Anlagen übernimmt. Das GT-Profil ergab für den 44jährigen Bewerber folgendes Persönlichkeitsbild (siehe Abbildung 2 Seite 58):

„Der Bewerber hat nur einen Wunsch, der schon pathologisch ausgeprägt ist: beliebt zu sein. Er gibt sich heiter, aufgeschlossen, gesellig und spielt den perfekten Liebhaber. Vermutlich hat er einen Bekanntenkreis von Leuten um sich gesammelt, die ihm bestätigen, was für ein netter Mensch er sei.

Doch das nach außen so positive Bild trügt. Dem Bewerber fehlt jede Spur von Dominanzstreben, mit dem ja stets Aggressivität, Impulsivität und Eigensinn vergesellschaftet sind. Seine moralischen Anschauungen sind eher kleinkariert. Deshalb vermißt er schmerzlich gerade die Achtung und den Respekt jener Menschen, von denen er wirklich etwas hält und deren Lob für ihn erstrebenswert ist.

Als Therapeut würde man diesem Menschen den altehrwürdigen Rat geben: „Mensch, werde wesentlich! Und spiele nicht immer eine Rolle, die für dich zu groß ist!"

Als Leiter einer Abteilung, der an selbständiges Arbeiten gewöhnte Ingenieure und Top-Monteure angehören, ist dieser oberflächliche Showman sicher nicht geeignet.

Fazit dieser Überlegungen zur Persönlichkeitsstruktur eines Managers: Da, wie in obigem 3-Faktoren-Modell aufgezeigt, der Charakter des Führers in erster Linie entscheidet, ob er überhaupt ein „Führer" ist und welchen Führungsstil er bevorzugt, sollte keine Mühe gescheut werden, *vor* der Beförderung eines bewährten Mitarbeiters in eine Führungsfunktion seinen Charakter offenzulegen. Das ist mit Hilfe tiefenpsychologischer Tests wie des beschriebenen Gießen-Tests möglich. Im übrigen frage ich Bewerber, die sich um eine Position ab Abteilungsleiter aufwärts bewerben, ob sie sich freiwillig einem derartigen Test unterwerfen würden. Wenn sich von, sagen wir, drei Bewerbern einer weigert, scheidet dieser aus (ohne ihm seine Weigerung als Begründung zu nennen). Wer nichts zu verbergen hat, wird sich gegen diesen Test nicht sträuben; außerdem bringt dieser in Jahren immer wieder validisierte und verifizierte Test ein weitgehend zutreffendes Ergebnis, was man von den in der Bundesrepublik so beliebten graphologischen Gutachten in der Regel nicht behaupten kann. Sie werden deshalb in den USA generell abgelehnt. (Tests s. S. 57–58).

2.4 Vernetztes Denken im offenen System

Die Amerikaner manifestieren sich immer wieder als ein Paradoxon – auf den verschiedensten Gebieten! So weist diese Nation ohne Zweifel die besten Psychologen der Welt auf. Aber niemand versteht es weniger, sich in die Mentalität fremder Völker, ethnisch anders gearteter Menschen oder in ganz gewöhnliche Mitarbeiter einzufühlen! Trotz vereinzelter ausgezeichneter Publikationen über ,,den Manager" und die ,,Chef-Mitarbeiter-Beziehung" kann man in US-Unternehmen wie in deren ausländischen Töchtern ein Mismanagement erleben, daß sich einem die Haare sträuben. Ähnliche Überraschungen erlebt man, wenn man US-Management-Literatur gezielt ,,abklopft", um Antworten auf spezielle Führungsfragen zu erhalten.

Bei meinen Recherchen zum Thema ,,Führungsstil" stieß ich im ,,Harvard manager", Band 1 (manager magazin verlag, Hamburg 1988) auf einen ,,Harvard Classic" vom März/April 1958, der wegen seiner Bedeutung jetzt nochmals veröffentlicht wurde. Autoren sind zwei Professoren der ,,Graduate School of Management der University of California", Los Angeles, namens ROBERT TANNENBAUM und WARREN H. SCHMIDT. Und was liest man da? Daß beim ,,Kontinuum des Führungsverhaltens" die Persönlichkeitsstruktur des Managers keine Rolle spiele. Die bei-

GT-Profilblatt

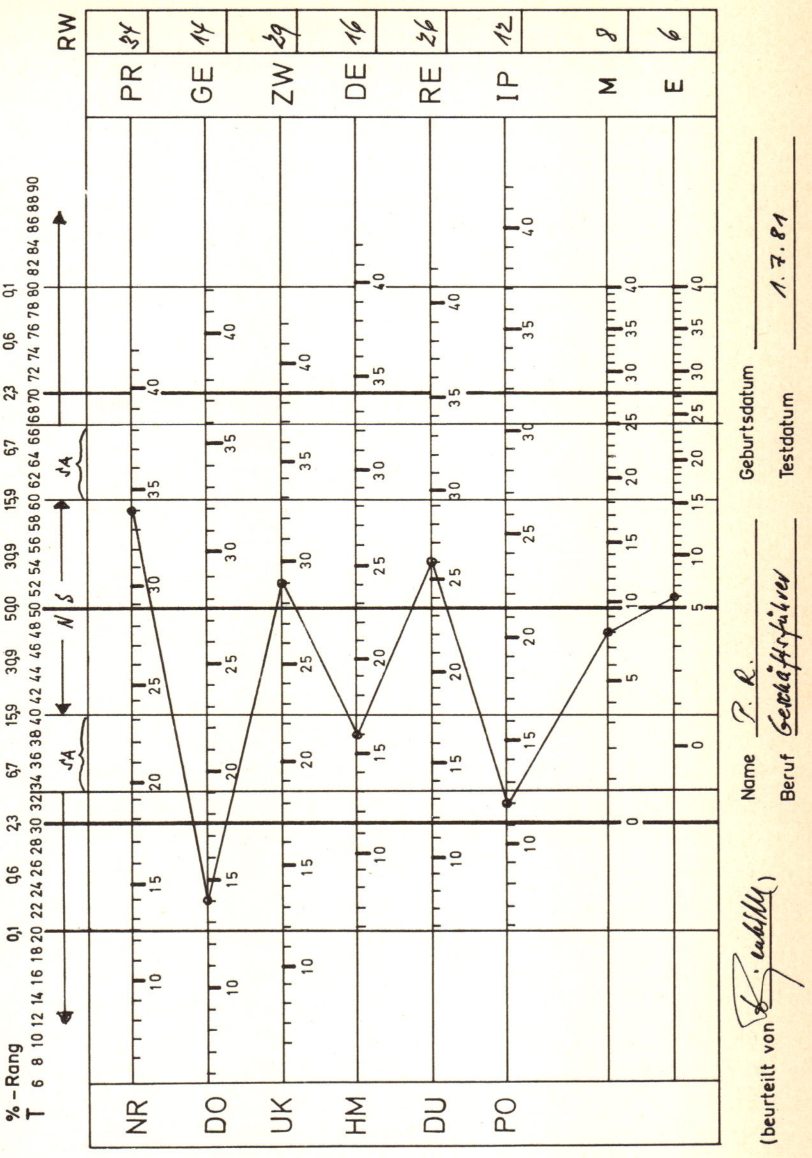

GT-Profilblatt

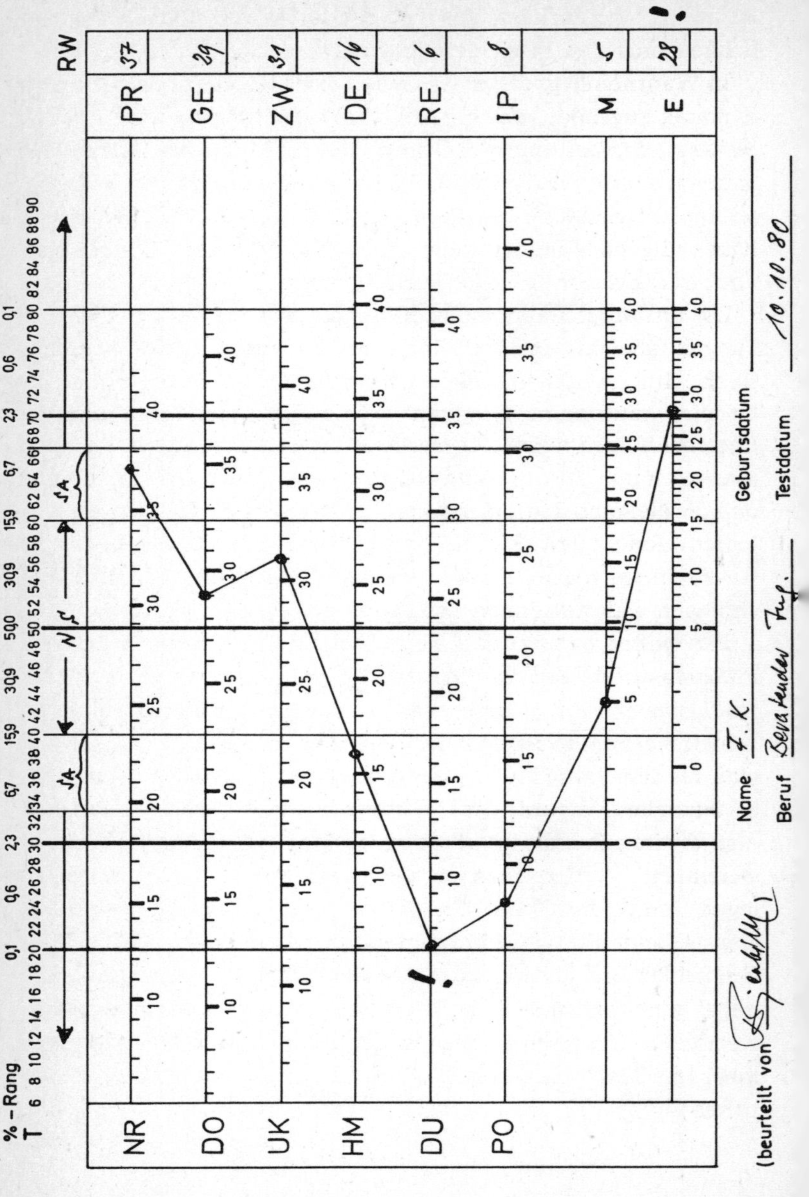

den Autoren berichten, daß bei Trainingsseminaren in ,,Human Relations" herauskam, der Typ der effektiven Führungspersönlichkeit müsse in Frage gestellt werden.

In Wahrheit liegt dieser Anschauung das Konzept der Gruppendynamik zugrunde, *das die Mitglieder der Gruppe in den Mittelpunkt rückt,* statt nur den Gruppenführer herauszustreichen. Mit anderen Worten: Es wird die Wichtigkeit herausgestellt, Mitarbeiter am Entscheidungsprozeß direkt zu beteiligen. Und gleichzeitig haben angeblich immer mehr Untersuchungen die Effizienz einer hochgradig autoritären Führung bestritten.

Die unsinnige Behauptung, Gruppen würden bessere Entscheidungen fällen als einzelne Führer, habe ich bereits 1974 in meinem Buch ,,Im Zweifelsfall allein entscheiden" widerlegt, ebenso die Utopie, ,,autonome Gruppen" ohne Führer könnten effektive Entscheidungen fällen. Ich werde auf diese Problematik im 7. Kapitel nochmals zurückkommen. Zunächst sei lediglich angemerkt, daß die Neigung der Amerikaner, sich innerhalb festgefügter Verhaltensmodelle und Rituale zu bewegen, im Falle des Führungsstil-Problems wieder einmal verhindert, die Erkenntnisse der Psychologen wahrzunehmen und zu akzeptieren.

Zusammenfassung: Die Tatsache, daß in einem realistischen Führungsstil-Modell der Charakter des Führers die wichtigste Rolle spielen muß, wurde nahezu ignoriert. Immerhin gaben die beiden Autoren in einem Nachtrag zu ihrem Artikel, einem Nachtrag aus dem Jahre 1979 – der uns jetzt vom ,,manager magazin" als Neuigkeit verkauft wird – immerhin zu Protokoll, ,,daß es einige Kräfte gäbe, die im Manager wirkten"; und zwar: ,,Wertvorstellungen", ,,Vertrauen in die Untergebenen", ,,Führungsanlagen" und ,,das Gefühl der Sicherheit in einer unsicheren Situation". Beim Punkt ,,Führungsanlagen" reden die Autoren um den heißen Brei herum, indem sie feststellen, daß es einige (!) Manager gäbe, denen es liege, Probleme selbst zu lösen und Befehle zu erteilen. Doch sei es anderen Managern offensichtlich angenehmer, im Team zu arbeiten. (,,Hört, hört!" kann man da nur rufen.)

Fazit: Wenn ich in einem Fachwerk über ,,Führung" nachschlage, oder ein Management-Seminar besuche, möchte ich nicht mit solch unzutreffenden Umschreibungen des Problems bedient werden! Aber: dieser Schwachsinn hat Methode! Denn jeder Unternehmensberater, der sein Metier kennt, jeder Management-Trainer, der – wenigstens gegenüber sich selbst – ehrlich ist, und jeder erfahrene Personalchef weiß natürlich so gut wie ich, daß es nur etwa zwei Prozent wirkliche Führer gibt. Doch das kann man nicht aussprechen! In einem Lande wie den USA, wo jeder seinen HENRY-FORD-Marschallstab im Gepäck hat! Das käme ja einer totalen Demotivation aller jungen Menschen gleich, die im Land der unbegrenzten Möglichkeiten das Pyramidenklettern vorhaben. Und bei unseren heimischen Multis findet das gleiche Täuschungsmanöver statt: Jedem Beginner, der frisch von der Hochschule kommt, wird erzählt, daß alleine er bestimme, bis in welche Höhen der Hierarchie er sich hinaufarbeiten könne. Natürlich bekomme er von der Firma jede Unterstützung in Form von Seminaren. Und weil man ,,höheren Orts" weiß, wie wenige Führer es gibt, forciert und lobt man a priori das Teamwork. Auf diese Weise ,,motiviert" man Zehntausende junger Leute, die alle nach Macht, Geld und Status lechzen, sich ein Vierteljahrhundert lang zu verschleißen, bis sie mit fünfzig ausgebrannt in einer Sonderdeponie für gescheiterte Manager landen. Aber, wird jeder ,,echte" Unternehmer einwenden, sie haben es ja so gewollt!

Ich werde später, im Zusammenhang mit dem Entscheidungsprozeß und der Gruppendynamik, nochmals darauf zurückkommen, wie wesentlich die Persönlichkeitsstruktur des Führers ist. Zunächst wollen wir uns, und zwar in allgemeiner Form, der Problematik des ,,geschlossenen" beziehungsweise des ,,offenen Systems" zuwenden.

Ein Unternehmen ist zunächst einmal, bei seiner Gründung, ein quasi ,,geschlossenes" System. Alle Abteilungen sind in erster Linie damit beschäftigt, sich selbst zu organisieren und die Kommunikation mit den Nachbarabteilungen aufzunehmen. Dabei finden zahlreiche Austauschvorgänge statt, zum Beispiel von Ideen, Energien und Materialien. Diese Austauschoperationen nennt man in der Systemtheorie „Fluktuationen", das sind „Fließzustände". Ist nun, als Gedankenexperiment, ein Unternehmen nach außen völlig abgeschlossen, so sprechen wir von einem *geschlossenen System.* Die Folge davon ist, daß die diversen Fluktuationen wegen Verbrauchs des im Gesamtsystem vorrätigen Energiebetrages immer weniger und immer schwächer ausfallen, bis das System stirbt.

Fazit: Geschlossene Systeme sind zwar sehr stabil, aber letztlich immer zum Sterben verurteilt. Diese den Physikern ganz geläufige Beobachtung kann man ohne weiteres auf gesellschaftliche Phänomene übertragen, etwa auf das Leben einer nach außen weitgehend abgeschotteten Diktatur; oder auf ein autoritär geführtes Unternehmen, in dem sich beispielsweise der oberste Boß nicht nur alle Entscheidungen vorbehält, sondern auch den Informationsfluß von außen in das Unternehmen überwacht und selektiert, was ins Innere gelangen darf.

Im Gegensatz dazu lebt das *offene System* vom ständigen Austausch mit seiner Umgebung, wobei der Energie- und Informationsaustausch die Hauptrolle spielen. Das führt dazu, daß durch die beiden geschilderten äußeren Einflüsse eine Vielzahl zusätzlicher Fluktuationen im System entstehen, die alte Strukturen durcheinanderwirbeln und aufbrechen, wodurch immer wieder neue Strukturen im Rahmen des Systems entstehen – aber auf einer höheren Ebene! *Das System hat sich, infolge der von PRIGOGINE so genannten „dissipativen", das heißt energieaufnehmenden Prozesse zu einer neuen Gesamtstruktur entwickelt.*

Da die „Systemtheorie" heute eine so überragende Rolle für unser gesamtes Denken und Handeln spielt und für Wirtschaftsunternehmen oder politische Organisationen genauso gültig ist wie für irgendwelche physikalischen Abläufe, wollen wir uns hier kurz mit einigen Grundphänomenen beschäftigen.

Ein System muß zunächst einmal drei Prämissen genügen:

- Es muß aus mehreren Teilen bestehen.
- Diese Teile müssen voneinander verschieden sein, und
- diese Teile müssen einen geordneten Haufen bilden, das heißt miteinander *vernetzt* sein.

Aufgrund dieser Definition ist beispielsweise ein Haufen Sand kein System. Und wenn man Teile davon wegnimmt oder weitere Teile hinzufügt, bleibt es immer noch ein Haufen Sand. Nimmt man hingegen von einem (vernetzten) System etwas weg, hat dies zur Folge, daß sich die Beziehungen aller Teile zueinander verändern – und sich damit der Gesamtcharakter des Systems verändert! Das bedeutet aber nichts anderes, als daß ein System, obwohl es aus vielen Teilen besteht, ein *Individuum* ist.

Nehmen wir einmal an, fünf junge Leute, drei Männer und zwei Frauen, würden sich zu einer Wohngemeinschaft zusammenschließen. In der ersten Zeit wären die fünf damit beschäftigt, sich zu „etablieren", was bedeutet, daß gewisse Spielregeln für das Zusammenleben erdacht und von allen akzeptiert werden müßten. Stößt nun ein neues Mitglied dazu, beispielsweise eine junge Frau mit Kind, wird das ganze System durch diese Veränderung in Mitleidenschaft gezogen. Hat sich diese Wohngemeinschaft in einem einzelnen Haus eingerichtet, bildet sie gewissermaßen ein „geschlossenes" System. Ist diese Gemeinschaft aber in einem Wohnblock gegründet worden, in dessen anderen Wohnungen weitere „Kommunen" leben, so wird unsere Ursprungsgemeinschaft vermutlich in einen regen Informationsaustausch mit den anderen Gemeinschaften treten – aus dem geschlossenen System ist ein offenes System geworden. Nun ist ohne weiteres vorstellbar, daß die verschiedenen Systeme nicht nur Informationen, sondern auch Materialien austauschen, zum Beispiel Bio-Gemüse; und daß Angehörige eines Systems selbstgefertigten Schmuck an die Angehörigen eines anderen Systems verkaufen. Mit der Zeit spielt sich dieser Austausch von Informationen, Waren (und Ideen) so ein, daß Beziehungen entstehen, die sich nach dem Modell der *Regelkreise* selbst steuern. Dieser Regelkreismechanismus beweist seine existentielle Notwendigkeit zum Beispiel dann, wenn das System durch Ideen von außen erschüttert wird: Ohne dieses Regelsystem würde das System, vielleicht aufgrund eines Gerüchtes, sofort zusammenbrechen. Aber die eingespielten Beziehungen und das Vorhandensein einiger „kühler" Typen in den einzelnen Kommunen wird einen plötzlichen Zusammenbruch verhindern.

Eine totale Veränderung dieses (beispielhaften) Kommunensystems kann, ebenso wie dies bei physikalischen Systemen der Fall ist, in zwei extremen Variationen vor sich gehen: Entweder das System schließt sich weitgehend von der Außenwelt ab und geht allmählich ein, weil der ,,Stoffwechsel" mit der Umgebung erlöscht. Oder das System wird, in unserem Beispiel, von einer weiteren, aber gewalttätigen Hausbesetzergruppe mit einem starken Anführer überwältigt. Als Folge entsteht vielleicht ein völlig neues Gebilde, das in einem großen Häuserblock lebt und mit der Erst-Kommune nichts mehr gemein hat – nicht einmal die ursprüngliche Idee einer besonderen Art des Miteinanderlebens.

Ich fasse zusammen, was für die Entstehung und Steuerung von Systemen gilt:

- Geschlossene Systeme sind sehr stabil, aber letztlich immer zum Sterben verurteilt.
- Das offene System lebt vom ständigen Austausch mit seiner Umgebung, wobei der Energie- und Informationsaustausch die Hauptrolle spielen.
- Wird dem offenen System viel Energie von außen zugeführt, führt dies zu einer Vielzahl zusätzlicher Fluktuationen, die das System schließlich zu einer Neuordnung auf einer höheren Ebene führen können. (Das sind PRIGOGINEs ,,dissipative Strukturen".)
- Die wichtigste Eigenschaft eines jeden Systems ist dessen *Vernetzung*. Diese Vernetzung macht den Unterschied zwischen einem Sandhaufen und einem System aus.
- Jedes System ist, auch wenn es aus noch so vielen Teilen besteht, ein *Individuum*. Das bedeutet, daß jede Veränderung an irgendeinem Teil Auswirkungen auf alle anderen Teile des Systems hat.
- Ein System baut immer *Regelkreise* auf.

2.5 System-Denken als Entscheidungshilfe

Alle Theorien taugen nichts, wenn sie nicht im Hinblick auf das eigene Unternehmen konzipiert werden. Ich lege Ihnen deshalb jetzt ohne weiteren Kommentar eine Grafik vor: ,,Die Vernetzung eines Unternehmens" (siehe Seite 65). Setzen Sie sie so um, daß letztlich *Ihr Unternehmen* in dieser Vernetzung transparent wird. Studieren Sie im Anschluß diesen ,,Entwurf" (den ich 1980 für ein Unternehmer-Seminar entworfen habe). Er hat sich als ,,Starthilfe" bei einigen mittelständischen Unternehmen bewährt – vielleicht können auch Sie Nutzen daraus ziehen.

Bessere Entscheidungen durch System-Denken

Anmerkung: In vielen Firmen entstehen Leerlauf, Streß, Demotivation der Mitarbeiter und finanzielle Verluste, weil getroffene Entscheidungen infolge Vernachlässigung wesentlicher Gesichtspunkte nicht optimal waren. Oder weil die Entscheidung an sich, bezogen auf den Markt, zwar richtig war, aber die Realisierung dieser Entscheidung Schwierigkeiten bereitet; einfach deshalb, weil wesentliche Punkte ,,vergessen" wurden.

Hier soll das ,,System-Denken" Abhilfe schaffen. In der folgenden Matrix wird an einem praxisorientierten Beispiel demonstriert, welche ,,Denkwege" unbedingt berücksichtigt werden sollten, um sowohl den Entscheidungsprozeß an sich als auch dessen Umsetzung in die Praxis optimal durchführen zu können.

Problem: In einer Firma, die Computer-Software vertreibt, soll ein neues Produkt (Kleincomputer) aufgenommen werden. Welche Auswirkungen könnte die angestrebte Entscheidung haben?

Die Vernetzung eines Unternehmens

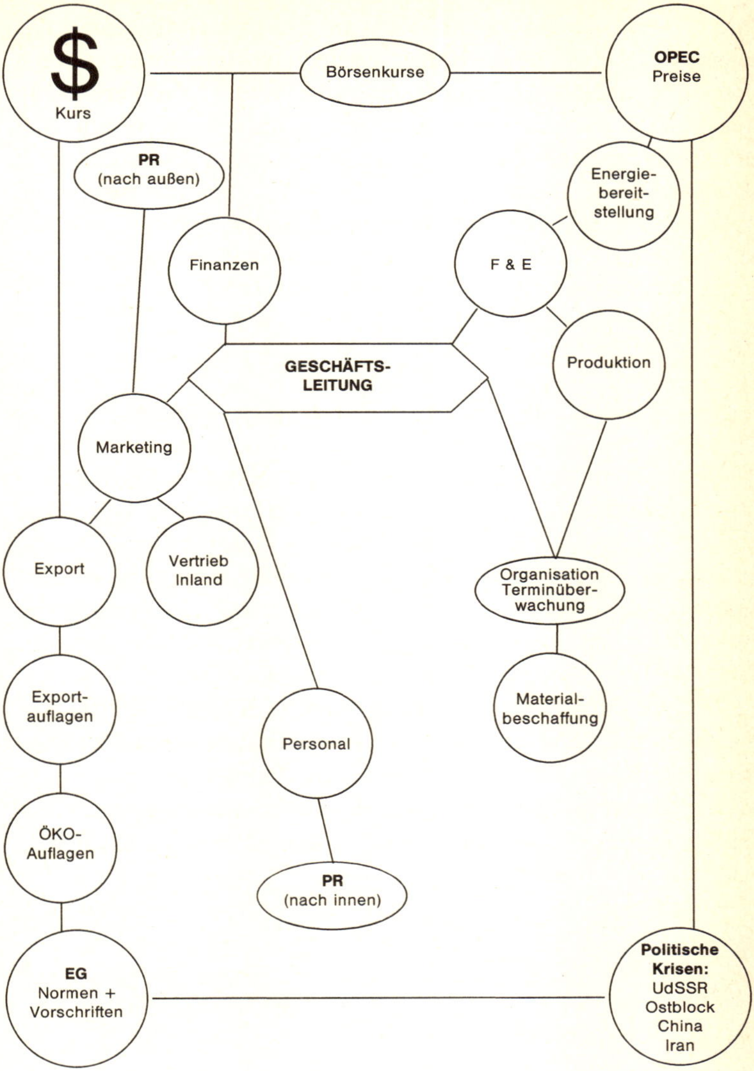

1. Änderung der Firmenpolitik

1.1 Wie ist die gegenwärtige Firmensituation? (Finanzen; Anteil am Markt; mögliche Chancen oder Risiken für die Firma bei Marktänderungen beziehungsweise bei Änderung der gesamtwirtschaftlichen Lage/Szenario)

1.2 Hat die Firma bereits ein Image aufgebaut, das eine Produkt-Diversifikation ganz allgemein erleichtert?

1.3 Was spricht, vom Markt her gesehen, für oder gegen die Aufnahme des neuen Produktes?

1.4 Wie ist die Konkurrenzsituation auf jenem Sektor, auf den man sich begeben will? Wer ist der Marktführer? Wie stark ist er?

1.5 Muß die bisherige Vertriebspolitik geändert werden? (Zum Beispiel Einführung eines mehrgleisigen Vertriebes an Großkunden, Großhandel, Einzelhandel, Endabnehmer.) Welche Vertriebsideen kann man von der Konkurrenz übernehmen?

1.6 Welche neuen Aufgaben ergeben sich für Marketing und Werbung? (Zum Beispiel Direct mailing, Anzeigen, Bildschirmtext, etc.)

2. Organisationsänderung

2.1 Wieviele Abteilungen des Hauses sind von der Aufnahme des neuen Produktes betroffen? Sind Widerstände zu erwarten? Welche?

2.2 Genügt die bestehende Außendienst-Organisation?

2.3 Wenn ja: Muß umgeschult werden?

2.4 Wenn nein: Wieviele neue Mitarbeiter müssen eingestellt werden? Wie muß deren Qualifikation sein? Wer bildet sie aus?

2.5 Muß das Lager vergrößert werden?

2.6 Wie soll der zusätzliche Verwaltungsaufwand bewältigt werden? (Disposition; Abwicklung?) Sind neue Mitarbeiter notwendig?

2.7 Wie soll der Service gehandhabt werden?

3. Psychologische Auswirkungen

3.1 Wie soll die Neuorganisation den Mitarbeitern „verkauft" werden? Welche Führungskräfte sollen an der Entscheidungsvorbereitung beteiligt werden?

3.2 Sehen die langjährigen Mitarbeiter in der Neuorganisation für sich selbst Chancen oder Gefahren?

3.3 Wie verkraftet der einzelne Mitarbeiter notwendige Umstellungen wie zum Beispiel: Versetzung in andere Abteilungen, Häufung von Überstunden in der Initialphase, mehr Reisetätigkeit als bisher, Umzug?

3.4 Müssen neue Führungspositionen geschaffen werden?

3.5 Wie verändern sich möglicherweise gruppendynamische Prozesse beziehungsweise das gesamte Betriebsklima?

3.6 Wie wird sich der Betriebsrat verhalten?

4. Gesamtwirtschaftliche Auswirkungen

4.1 Hat die Einführung des neuen Produktes bzw. dessen Vertriebsform Auswirkungen auf den gesamten Markt?

4.2 Mit welchen möglichen Reaktionen ist zu rechnen?

4.3 Sind von den Gewerkschaften Schwierigkeiten zu erwarten?

5. Umwelt

5.1 Sind durch den Einsatz des neuen Produktes mögliche Schädigungen beim Benutzer zu erwarten?

5.2 Falls ja: Wie könnte dem entgegengewirkt werden?

5.3 Sind Umweltschäden durch Reparaturen beziehungsweise die dafür benötigten Stoffe zu erwarten?

5.4 Wenn ja: Was wäre vorsorglich zu tun?

6. Kosten/Gewinn

6.1 Zu erwartende Erhöhung der Personalkosten
6.2 Zu erwartende Erhöhung der Gemeinkosten
6.3 Erwartete Einführungskosten (Marketing, Umschulung, etc.)
6.4 Erwarteter Umsatz 1. Jahr DM . . . .
6.5 Erwarteter Gewinn 1. Jahr DM . . . .
6.6 Wenn im ersten Jahr kein Gewinn erwartet werden kann: Wann muß Break-even erreicht sein?

. . . .

Entscheidung

Für Einführung des neuen Produktes aufgrund der Überlegungen anhand obiger Punkte 1 – 6:

JA/NEIN

Statistische Entscheidungsmatrix

Wertung eintragen, aufgrund der Denkergebnisse von Formular 1.

1. Firmenpolitik	positiv			negativ		
	1	3	5	1	3	5
1.1 1.2 1.3 1.4 1.5 1.6						
Summe:						

Statistische Entscheidungsmatrix (Fortsetzung)

2. Organisation	positiv			negativ		
	1	3	5	1	3	5
2.1 2.2 2.3 2.4 2.5 2.6 2.7						
Summe:						
3. Motivation						
3.1 3.2 3.3 3.4 3.5 3.6						
Summe:						
4. Gesamtwirtschaft						
4.1 4.2 4.3						
Summe:						

(Fortsetzung auf Seite 70)

Statistische Entscheidungsmatrix (Fortsetzung)

5. Umwelt	positiv			negativ		
	1	3	5	1	3	5
5.1 5.2 5.3 5.4						
Summe:						
6. Kosten/Gewinn						
6.1 6.2 6.3 6.4 6.5 6.6						
Summe:						

Die Summe der Summen kann zwischen 32 und 160 liegen. Die Differenz der beiden Gesamtsummen (positiv und negativ) muß einen positiven Wert ergeben, wenn ein neues Projekt gestartet werden soll!

Kompetenz-Matrix
(siehe auch Seite 72)

1. Firmen- bzw. Vertriebspolitik	Name	Bericht an I
Marktanalyse Konkurrenzsituation Vertriebspolitik Marketing/Werbung		
2. Organisation:		
Außendienst Innendienst Umschulung Neueinstellungen Service		
3. Motivation:		
Teamarbeit E-Vorbereitung Info Belegschaft Einzelmotivationen Neue Führungspositionen Unterrichtung Betriebsrat		
4. Gesamtwirtschaft:		
Auswirkungen auf den Markt Gespräch mit der Gewerkschaft		
5. Umwelt:		
Mögliche Umweltschäden Vorsorgliche Maßnahmen		
Kosten/Gewinn:		

Kompetenz-Matrix

I. *Wer ist für die Durchführung der neuen Maßnahmen federführend?*

Herr/Frau ....

II. *Vorgesehene Termine:*

Planung + Organisation: ....

Einführung im Markt: ....

Wer überwacht die Termineinhaltung, zum Beispiel durch Netzplan?

Herr/Frau ....

III. *Wer ist für die genannten Teilbereiche verantwortlich?*

2.6 Was tut ein Manager wirklich?

HENRY MINTZBERG wirft unter anderem die Frage auf, ob Top-Manager in Unternehmen, ein Bischof, ein Eishockey-Trainer oder ein Werkmeister etwas *gemeinsam* haben. Unumwunden erklär er: Die Frage muß bejaht werden, *weil jeder von ihnen mit formeller Autorität über eine organisatorische Einheit betraut ist.* Aus formeller Autorität entspringt *Status,* der zu verschiedenen interpersonellen Beziehungen führt, die ihrerseits Zugang zu Informationen schaffen. Informationen aber sind es, die den Manager in die Lage versetzen, für den von ihm geleiteten Bereich Entscheidungen zu fällen und Strategien zu entwickeln.

Wenn man den Aufsatz von MINTZBERG analysiert, stellt sich heraus, daß ein Manager, nach Meinung des Autors, zehn ,,Rollen" spielt und im wesentlichen wie folgt tätig wird:

- Er ist *Repräsentationsfigur* und verbringt mit Kontaktaufnahmen und Repräsentieren zwölf Prozent seiner Zeit.
- Er ist, weil er einer großen organisatorischen Einheit vorsteht, *Führer,* hat ein entsprechendes *Machtpotential* übertragen bekommen und ist vor allem *Motivator.*
- Er ist *Verbindungsmann,* der Kontakte außerhalb seiner vertikalen Kommandokette knüpft. Der Manager nützt seine Kontakte mit Außenstehenden, für die er 41 Prozent seiner Zeit aufwendet, in erster Linie, um sich ein *externes Informationssystem* aufzubauen.
- Er ist ein ausgesprochener *Kommunikations-Mensch,* der sein Umfeld unaufhörlich auf Informationen abhört und diese an Mitarbeiter weitergibt. Insofern fungiert er als *Nachrichtenstation.*
- Er ist in erster Linie *Entscheider.* Als solcher sucht er ständig nach neuen Ideen und initiiert Entwicklungsprojekte.
- Er ist häufig ,,trouble shooter", der auf Sachzwänge reagieren muß, die sich seiner Kontrolle entziehen. *Er muß handeln, weil es die Situation vorschreibt.* Fazit: Auch fähige Manager können unmöglich alle Konsequenzen ihres Handelns vorhersehen.

- *Er verteilt Ressourcen:* Geld und – oft von Kritikern nicht richtig bewertet – seine Zeit. Das heißt, ein Manager fällt laufend Vorentscheidungen, indem er bestimmten Mitarbeitern kein Gehör schenkt!
- Er beherrscht die „Kunst des Managens“ um so besser, je „holistischer“ oder „vernetzter“ er denkt. Insofern vollbringt er eine Integrationsleistung seiner diversen Rollen, deren Ergebnis von Psychologen als „Gestalt“ bezeichnet wird.

MINTZBERG präsentiert seinen lesenden Managern einen Fragenkatalog, den sie, im Sinne der Wahrhaftigkeit sich selbst gegenüber, beantworten sollen. Die vierzehn „Stichworte“ dieses Kataloges lauten:

1. Wo beschaffe ich mir meine Informationen?
2. Welche Informationen verbreite ich innerhalb meiner Organisation?
3. Stehen Sammeln von Informationen und Handeln bei mir in einem ausgewogenen Verhältnis?
4. Welches Tempo der Veränderung kann ich meiner Organisation abverlangen?
5. Bin ich ausreichend informiert, um Vorschläge, die mir von Untergebenen vorgelegt werden, beurteilen zu können?
6. Wie sehe ich die zukünftige Richtung der Organisation?
7. Wie reagieren Untergebene auf meinen Führungsstil?
8. Welche externen Beziehungen unterhalte ich?
9. Erfolgt meine Zeiteinteilung nach einem System, oder reagiere ich immer nur auf die Erfordernisse und Zwänge des Augenblicks?
10. Bürde ich mir zuviel Arbeit auf?
11. Handle ich zu oberflächlich?
12. Orientiere ich mich zu sehr an gegenwärtigen, greifbaren Aktivitäten?
13. Setze ich die unterschiedlichen Medien angemessen ein?
14. Wie mische ich meine persönlichen Rechte und Pflichten?

3. Kapitel: Die Kunst des Motivierens

3.1 Wenn der Fisch am Kopf stinkt, erübrigt sich jede Motivation

Ich erlaube mir, den Top-Managern unter meinen Lesern einige ganz simple Verhaltensgrundsätze in Erinnerung zu bringen. Gerade die Führungskräfte aus dem Top sind ja in der Regel der Meinung, daß sie bereits alles wüßten, was mit Menschenführung zu tun hat – deshalb sind sie nur unter größten Schwierigkeiten in ein ,,Führungs-Seminar" zu bekommen. Lassen Sie mich deshalb an einem (leider nicht erfundenen Beispiel) erläutern, worum es mir geht:

In einer mittelständischen Baufirma, die seit nunmehr achtzig Jahren floriert, befinden sich unter dem 68jährigen Chef (und Alleininhaber) zwei Prokuristen: einer, Herr ALBERS (52), ist für die Produktion zuständig, der andere, Herr BECKERS (38), für die Finanzen. Da die Firma Hoch-, Tief- und Straßenbau ausführt, und zwar im In- und Ausland (mit Schwerpunkten in Arabien und Afrika), ist der Firmenboß, ,,der Alte", meistens unterwegs. Der Alte ist allgemein beliebt, ein typischer ,,Patriarch", ,,streng, aber gerecht" – und sparsam! Und da er so viel fort ist und die von ihm kreierte – und schriftlich fixierte! – Firmenphilosophie allen klar und bekannt ist, kümmert er sich nicht weiter um die ,,innere Führung". Die überläßt er seinen Prokuristen.

Herr ALBERS ist zwar ein ,,Mann der alten Schule" mit eisernen Grundsätzen hinsichtlich Selbstdisziplin und Pflichterfüllung, aber er hat auch Humor und läßt mit sich reden, wenn man ihm nur richtig kommt. In seiner kargen Freizeit spielt er Klavier und liest Philosophen, was ihm, in Verbindung mit seinem stets freundlichen Lächeln, den Spitznamen ,,Konfuzius" eingetragen hat. Anders ist die Situation bei Herrn BECKERS, den man im Betrieb nur den ,,Eisheiligen" nennt: Ihm würde nie ein Lächeln über die Lippen kommen. Er ist ein typischer ,,Aufsteiger", Sohn eines Werkmeisters, hochintelligent, aber introvertiert und immer mürrisch. Morgens geht er durch das Großraumbüro im Parterre, wo etwa sechzig Mitarbeiter sitzen, überwiegend Damen, und käme nicht auf die Idee, zur Begrüßung auch nur mit dem Kopf zu nicken. Offensichtlich existieren diese ,,kleinen Leute" für ihn gar nicht . . . Dabei sagen vor allem die Damen, die mit ihm arbeiten müssen, als Finanzchef der Firma sei er ein Ass und praktisch unersetzlich. Aber menschlich sei er ,,unter aller Sau" . . .

Und die ,,Moral von der Geschicht?" Wenn die Geschäftsleitung der Belegschaft ständig signalisiert, daß sie für die Mitarbeiter keinerlei Wertschätzung hegt, sondern sie nur als einen lästigen ,,Kostenfaktor" betrachtet, dann kann all das Gerede ,,an die lieben Mitarbeiter", etwa bei Betriebsversammlungen, nur als Hohn wirken und genau das Gegenteil erzielen: eine außerordentlich wirksame Demotivation. Falls Sie zum Typ ,,harter Unternehmer" gehören, sei Ihnen das unbenommen. Aber unterlassen Sie dann bitte alle scheinheiligen Motivationssprüche!

3.2 Vor der Motivation rangiert die Kommunikation

Im Lateinischen heißt *communicatio* ,,die Mitteilung". Unser Lehnwort *Kommunikation* bedeutet (nach WAHRIG): ,,Verkehr, Umgang, Verständigung (zwischen den Menschen)". Das heißt im Hinblick auf unser Thema: wem es nicht gelingt, eine zwischenmenschliche Beziehung mit anderen Menschen herzustellen, der kann diese auch nicht motivieren. Also ergibt sich die Frage: Welche Prämissen müssen erfüllt sein, damit eine gedeihliche Kommunikation zustande kommt?

Zunächst wollen wir ein paar ,,Grundtatsachen" jeder Kommunikation ansprechen, wie zum Beispiel diese: *Kommunikation findet immer dann statt, wenn ein Mensch das Verhalten eines anderen beeinflußt – und zwar auch, wenn nichts gesprochen wird!*

Am eindringlichsten hat uns diesen Tatbestand PAUL WATZLAWICK mit seinen ,,Pragmatischen Axiomen" vor Augen geführt.

Diese ,,Praxisbezogenen Grundsätze" müssen beachtet werden, wenn eine Kommunikation störungsfrei verlaufen soll. Das erste Axiom ist eine Binsenwahrheit, deshalb wird es immer übersehen beziehungsweise nicht beachtet: *Man kann nicht nicht kommunizieren.* Die Betonung liegt auf dem zweiten nicht! Beispiel:

Im Wartezimmer eines Zahnarztes sitzt mutterseelenallein ein Mann und wartet. Er hat sich bequem in den einzigen Sessel mit Armlehnen gesetzt und bohrt gedankenversunken in der Nase. Da geht die Türe auf und ein zweiter Patient erscheint. Es ist ein Stoffel, der nicht einmal ,,Guten Tag!" sagt. Nach einem uninteressierten Blick auf den bereits Wartenden setzt er sich, ein Lesezirkelheft haschend, schweigend auf einen anderen Stuhl. Was ist passiert? Der erste Patient hat sich rasch ,,anständig" in seinen Sessel gesetzt und das Nasenbohren eingestellt. Im Klartext: *Das Erscheinen des zweiten Patienten hat das Verhalten des ersten verändert –, und es ist kein Wort gesprochen worden! Kommunikation beginnt vor dem Sprechen! Also stimmt WATZLAWICKs Behauptung:* Man kann nicht *nicht* kommunizieren!

Weil dieser Tatbestand so ungeheuer wichtig für die Kommunikation ist, wird er von WATZLAWICK an einem weiteren Beispiel demonstriert:

Auf einer Party treffen zwei Damen aufeinander, die sich nicht kennen, Frau A und Frau B. Frau B trägt ein elegantes Kleid mit einer Perlenkette über der Brust. Sagt Frau A zur Frau B: ,,Sind die Perlen echt?"

Selbst wenn sich Frau B entschließt, diese impertinente Frage einfach zu überhören, ist das auch eine Stellungnahme! Keine Antwort ist auch eine Antwort. Was zu beweisen war: Man kann nicht nicht kommunizieren!

Doch dieses Beispiel gibt noch mehr her. Denn die Art und Weise, wie Frau A ihre Frage artikuliert und intoniert, und welche Wörter sie in diesem Satz betont, vermittelt Frau B genau, welche Art von Antwort Frau A erwartet: Ob sie Frau B für eine Hungerleiderin hält, die derartige ,,Perlen" bei Woolworth gekauft hat; ob sie sie für eine raffinierte Frau hält, die sich Schmuck von einem betuchten Liebhaber schenken läßt; oder ob sie sie für eine clevere Frau hält, die geschäftlich erfolgreich ist und sich eine Perlenkette selbst kaufen kann. Deshalb sagt WATZLAWICK (als Zusatz in seinem ersten Pragmatischen Axiom): *Wann immer ich mit einem anderen Menschen spreche, definiere ich damit zugleich meine Einstellung zu ihm!* Fazit für Ihre Alltagspraxis als Manager: Achten Sie künftig bei Ihren Gesprächen mit Mitarbeitern oder Kunden nicht nur darauf, *was* Sie sagen, sondern vor allem darauf, *wie* Sie etwas sagen! Das ist nämlich viel wichtiger! Wichtiger warum? Weil beim Umgang mit anderen, sei es als elterlicher Erzieher, als Lehrer oder als Vorgesetzter, Ihr Gesprächspartner stets *spürt,* was Sie von ihm halten! Ihre Stimme und Ihre Körpersprache verraten dem anderen, ob Sie ihn beispielsweise für einen erfolgreichen Menschen oder für einen Versager halten! Oder ob Sie ihm, wenn Sie sein Chef sind, die Bewältigung einer Aufgabe zutrauen. Diese Tatsache bezeichnete der amerikanische Professor für Sozialpsychologie ROBERT ROSENTHAL von der Harvard University als „Pygmalion-Effekt". Dieser Terminus besagt: Die Macht der Erwartungen, die wir an einen anderen Menschen stellen, ist so groß, daß durch sie alleine dessen Verhalten beeinflußt werden kann. Wir nennen dies eine sich selbst erfüllende Prophezeiung: *Was wir einem Menschen zutrauen, entscheidet manchmal auch über seinen Werdegang.*

Aus dieser Feststellung ROSENTHALs wird deutlich, wie sehr Kommunikation und Motivation zusammenhängen! Letztlich ist es wohl so, daß eine Beeinflussung des anderen aufgrund sprachlicher Äußerungen im Sinne einer positiven oder negativen gefühlsmäßigen „Anmutung", vielleicht sogar einer Motivation, *gar nicht zu vermeiden ist!* In „Seminardeutsch" würde ich dies so formulieren: *Sprechen heißt wirken!*

Wir sind immer noch bei den „Grundtatsachen" der Kommunikation. Um die nächste zu erläutern, seien ein paar theoretische Anmerkungen vorweggeschickt: Man bezeichnet in der Informationstheorie zwei Menschen, die miteinander sprechen, übereinkommensgemäß mit A und B. *A* heißt der *Sender*, *B* der *Empfänger*. Graphisch sieht das so aus:

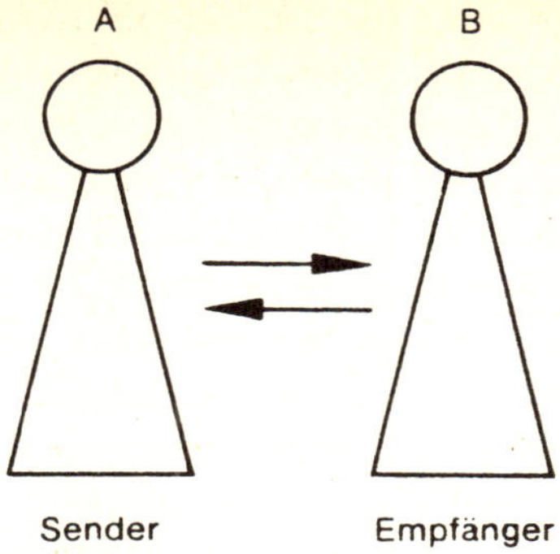

Wesentlich in der Zeichnung ist der Doppelpfeil: Er deutet nämlich an, daß man von Kommunikation im Sinne des Wortes erst dann sprechen kann, wenn der Empfänger Gelegenheit hat, sich zur Nachricht des Senders zu äußern *(Feedback)*. Der ganze Prozeß kann, dies sei hier nochmals betont, auch non-verbal erfolgen, also ohne daß ein Wort gesprochen wird. Diese Situation wird treffend durch einen alten Witz demonstriert:

„Wenn ich so mit dem Finger winke," sagte eine Dame zu ihrem neuen Dienstmädchen, „dann kommen Sie her zu mir!"

„Und wenn ich den Kopf schüttle", erwiderte das Mädchen, „komme ich nicht!"

Wir können nunmehr, die obige Zeichnung vor Augen, das Grundgesetz jeder (verbalen) Kommunikation formulieren:

Wahr ist nicht, was A sagt, sondern was B versteht.

Die Nichtbeachtung dieses Gesetzes ist die Fehlerquelle Nr. 1 bei allen Kommunikationsschwierigkeiten, weil jeder Mensch aufgrund seiner Programmierung „Brillen" aufhat und diese Brillen (Wertsysteme, Vorurteile, Ressentiments etc.) die Verarbeitung einer Nachricht beim Empfänger beeinflussen. Genauso wird die Antwort des Empfängers (sein Feedback) beim Sender wiederum durch dessen Brillen eingefärbt. Außerdem weckt, aufgrund früherer Erfahrungen, jede Nachricht beim Empfänger Gefühle. Dieses bedeutungsvolle Phänomen der ,,Einfärbung" jeder Nachricht durch alte Programme, Erfahrungen und die dadurch entstehenden Gefühle nennt man in der Psychotherapie ,,Übertragung". Sie gehört dort zu den Schlüsselbegriffen überhaupt.

Ich möchte deshalb ,,meinen Managern", die dieses Buch lesen, dringend empfehlen, sich die aus obigem Grundgesetz resultierende Wahrheit *jeden Tag aufs neue* vor Augen zu halten:

Kein Mensch empfindet und erfaßt als ,,Empfänger" den Inhalt einer Nachricht genau so, wie dies der ,,Sender" beabsichtigte – auch wenn dieser sich ,,glasklar" ausdrückt!

Einzige Ausnahme von dieser Regel: die Übermittlung mathematischer Formeln. Hier ist wegen der digitalen Modalität der Übermittlung ein Übertragungsirrtum ausgeschlossen – sofern der ,,Empfänger" die notwendigen mathematischen Kenntnisse mitbringt, versteht sich!

Aus dem ,,Grundgesetz Nr. 1" ergibt sich zwangsläufig das ,,Grundgesetz Nr. 2" für effektive Kommunikation:

Wenn B eine Nachricht des A falsch interpretiert, ist immer A schuld! Das heißt: beim ,,Sender" liegt die Verantwortung für exakte Kommunikation!

Mit anderen Worten: Wer immer einem anderen etwas mitteilt oder ihm etwas anschafft, *muß* sich davon überzeugen, daß ihn der ,,Empfänger" richtig verstanden hat. Unterläßt der Sender diese Feedback-Anforderung, kann er den Empfänger nicht für falsches Verhalten verantwortlich machen! Können Sie diese Botschaft akzeptieren?

Betrachten wir nunmehr, als Abschluß des Themas ,,Kommunikation", WATZLAWICKS 2. Pragmatisches Axiom, das meines Erachtens für die tägliche (Führungs-)Praxis am wichtigsten ist. Im ,,Originalton" hört sich das so an: ,,Jede Kommunikation hat einen Inhalts- und einen Beziehungsaspekt derart, daß letzterer den ersteren bestimmt."

Das ist typisches ,,Soziologen-Deutsch". Einfacher läßt sich WATZLAWICKs These so formulieren:

Jede Kommunikation findet auf zwei Ebenen gleichzeitig statt, einer Inhalts- und einer Beziehungsebene, wobei die Beziehungsebene die Inhaltsebene bestimmt. Das heißt: Die Beziehungsebene ist die wichtigere von den beiden!

Graphisch sieht das so aus:

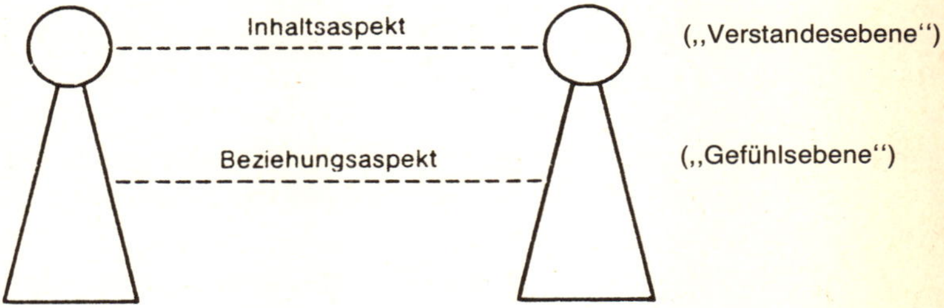

Vielleicht merken Sie sich für den Rest Ihres Lebens, vor allem für Ihre Berufspraxis: Wenn es Ihnen nicht gelingt, zu einem Gesprächspartner zunächst die Beziehungsebene zu etablieren, also gefühlsmäßig eine harmonische Atmosphäre herzustellen, können Sie sich das Vorbringen sachlicher Argumente auf der Inhaltsebene sparen –, Sie werden vom Empfänger nicht akzeptiert werden. Oder, wiederum in ,,Seminar-Deutsch" formuliert:

Mit Argumenten allein kann man keinen Menschen überzeugen!

Ich bin der Meinung, daß Sie über das Thema ,,Kommunikation" nicht mehr zu wissen brauchen. Wenn Sie sich an die besprochenen vier Thesen halten – nämlich an die beiden Grundtatsachen beziehungsweise Grundgesetze und die ersten beiden Pragmatischen Axiome WATZLAWICKs –, dann wird die Kommunikation mit Ihren Mitarbeitern immer störungsfrei verlaufen!

3.3 Corporate Identity oder: „Oh, wie gut, daß jeder weiß, daß ich Rumpelstilzchen heiß!“

„Nomen est omen!“ pflegten die alten Römer zu sagen. Auf gut deutsch: Der Name sagt etwas über die Eigenschaften seines Trägers. Aus diesem Grunde erfand 1882 in den USA ein Mensch namens DORMAN EADON die *Public relations*, was man frei mit „Publikumsbeziehungen“ übersetzen könnte. Die *Public relations* bemühen sich, in einer gezielten und fortgesetzten Aktion eine psychologische Atmosphäre des gegenseitigen Verständnisses und Vertrauens zu schaffen. Die beiden Partner sind eine soziale Körperschaft (ein Unternehmen, eine Organisation, eine Partei, eine Dienststelle usw.) einerseits, ihr jeweiliges Publikum oder das Publikum überhaupt andererseits.

Nun ändern sich, wie uns OVID in wundervollem Versmaß übermittelt hat, die Zeiten, und wir ändern uns mit ihnen. Das haben die pragmatischen Amerikaner auch erkannt, und deshalb haben sie neuerdings die guten alten „Public relations“ gegen die „Corporate Identity“ ausgewechselt. An der Substanz, falls jemals eine dahintersteckte, hat sich nichts geändert. Das ist genau so, wie wenn eine deutsche Fernsehanstalt, von H. M. ENZENSBERGER als „Null-Medium“ apostrophiert, ihren Namen ändern würde: das „Programm“ bliebe das gleiche . . .

Wenn man sich durch deutsche Fachzeitschriften liest, um zu einem möglichst vollständigen Bild dessen zu gelangen, was so unter „PR“ gehandelt wird, muß man zunächst feststellen, daß die ehrwürdige Dame „Public relations“ jetzt unter dem Namen „Corporate Identity“ gehandelt wird. In Bayern sagt man zu diesem Ettikettenwechsel: „Ein neuer Name für einen alten Hut.“ Diese Corporate Identity, abgekürzt „CI“, manifestiert sich als das Bestreben, das Erscheinungsbild eines Konzerns unverwechselbar darzustellen – sowohl nach außen, also der Kundschaft, den Lieferanten und ganz allgemein der Öffentlichkeit gegenüber, als auch nach innen zur Motivierung der Belegschaft. Corporate Identity soll mithelfen, jenen Korpsgeist zu erzeugen, der Bestandteil jedes Multis ist, von SIEMENS bis IBM. Und dieses Erscheinungsbild, heutzutage von wendigen Werbeleuten als ,,Firmenlogo" auch optisch unübersehbar präsent gemacht, soll nicht nur den Bekanntheitsgrad einer Firma erhöhen und quasi ,,zementieren", sondern auch dafür sorgen, daß das Logo und ein überzeugender Slogan (,,Aus Erfahrung gut") einen positiven ,,semantischen Hof" ergeben. So weit, so gut . . .

Nun sollte man meinen, eine so wichtige Aufgabe wie die positive Darstellung des Unternehmens sei eine essentielle Aufgabe des Top-Managements. In den USA ist dies auch der Fall. Anders in der Bundesrepublik Deutschland. Geschäftsführer oder Vorsitzende des Vorstandes haben nach meiner Erfahrung nicht nur ein gestörtes Verhältnis zur Psychologie, sondern gar keines! Begriffe wie ,,Firmenphilosophie" oder ,,Corporate Identity" sind jenen Spitzenleuten ausgesprochen verdächtig, und sie wissen damit in aller Regel nichts anzufangen. Was also passiert, wenn überhaupt etwas passiert? Man vertraut diese wichtige Aufgabe geschäftstüchtigen Werbeagenturen an, die heutzutage alle auch eine ,,Abteilung Unternehmensberatung" ihr eigen nennen. Und diese ,,Kreativen" geben dem Kunden-Konzern erst einmal eine einheitliche Farbe: eine auffallende Kombination, zum Beispiel pink/azurblau, ,,schmückt" hinfort alle Produkte des Hauses – vom Briefbogen bis zum Verpackungsetikett. Und ein berühmter Komponist und Preisträger im internationalen Chanson-Wettbewerb wird mit dem Auftrag einer hinreißenden Komposition betraut, die den unbedarften Bürger dann jahrelang per Rundfunk- und Fernsehwerbung verfolgt. Imagepflege? Positiver semantischer Hof? Ich habe da so meine Bedenken . . .

Spaß beiseite: Public relations bedeutet nichts anderes, als eine Firmenphilosophie zu besitzen, die von den Spitzenleuten des Unternehmens *täglich vorgelebt* wird! Das bedeutet, daß beispielsweise ein Vorstandsmitglied regelmäßig die Abteilungen seines Bereichs besucht und den Mitarbeitern vor Ort predigt: ,,Wir stellen auf dem Sektor X die besten Geräte her, die weltweit zu haben sind –, und so soll es auch bleiben! Ich appelliere nicht nur an eure Innovationskraft, sondern auch an eure Bereitschaft, neue Ideen in die Tat umzusetzen! Nur keine Routine –, die würde uns töten! Und es ist selbstverständlich, daß alle Mitarbeiter entsprechend ihrem persönlichen Beitrag zum Firmenerfolg belohnt werden! Und wenn 1992 der Europamarkt Realität wird, dann wollen wir uns doch nicht von Unternehmen der Nachbarländer auf eine „Schlußlicht-Position" verweisen lassen! Oder?

Ich betone nochmals, daß in meinen Augen die PR zur Motivation der Mitarbeiter viel wichtiger ist als zur Information beziehungsweise Beeinflussung der Kunden. Nur Mitarbeiter, die für ihr Unternehmen „durch dick und dünn gehen", können Ursache jenes Effektes sein, den JOHN KENNETH GALBRAITH als „bimodale Symmetrie" bezeichnet hat. Nur die innere Geschlossenheit eines Unternehmens ermöglicht es ihm, in fremde Märkte einzubrechen und Konkurrenten regelrecht hinwegzufegen. Auch in dieser Beziehung können wir von den Japanern lernen.

Entsprechend der Doppelfunktion der PR muß auch „der Markt" darüber aufgeklärt werden, welches Wertsystem der Philosophie eines Unternehmens zugrunde liegt. Das heißt im Klartext: Die Kunden müssen wissen, was sie von einem Unternehmen zu halten beziehungsweise zu erwarten haben. Deshalb plakatieren psychologisch gut geführte Firmen ihre Intentionen dort, wo sie die Kunden auch lesen. Beispiel: In allen MÖVENPICK-Restaurants hängt irgendwo in Eingangsnähe eine Kupfertafel, auf der die Grundsätze der Firmenphilosophie verkündet werden, was nichts anderes bedeutet als: Meßt uns an diesen Grundsätzen!

Führungskräfte, die dieses Buch lesen, sind sich hoffentlich darüber im klaren, daß heutzutage die PR nichts anderes als ein Machtinstrument ist. PR dient *ausschließlich* dazu, in fremde Märkte einzudringen und die Bevölkerung ganzer Länder für den Konsum der eigenen Produkte „reifzuschießen". Wobei die Kunst, wie bereits angedeutet, darin besteht, daß den manipulierten Völkern es auch noch als Wohltat erscheint, wenn sie beispielsweise in Jeans herumlaufen, Hamburger verzehren und dazu das „Kulturgetränk" Coca Cola genießen. Um dies zu erreichen, leiten die internationalen Konzerne beträchtliche Summen in die Medien, speziell in das Fernsehen, und versorgen deren Redakteure mit „Informationen". Insofern entspricht dieses Gebaren der

Multis genau jener Usance, die sich in deutschen Sendeanstalten seit der „Wende“ breitgemacht hat: Redakteure und Sendungen werden allein nach parteipolitischen Gesichtspunkten eingesetzt beziehungsweise „abgeschossen“. Das bedeutet indessen in letzter Konsequenz: Unsere „Informationsgesellschaft“ hat es verstanden, die von jedem Menschen erfahrene Konditionierung durch Elternhaus und Schule erfolgreich weiterzuführen. Meinungs- und Informationsfreiheit? Sie steht zwar in der Verfassung, aber: „Die Verhältnisse, die sind nicht so.“ Wie recht BERT BRECHT doch gehabt hat!

Amerikaner verblüffen einen ja immer wieder durch jene Ehrlichkeit, die wir „die Katze aus dem Sack lassen“ nennen. So sagte ein Referent in einem Seminar, in dem ich als einziger Ausländer saß, wörtlich: *Es erübrigt sich beinahe, noch hinzuzufügen, daß das letzte Ziel dieser Kommunikationsaktivität die Kontrolle über Ressourcen und Märkte ist, die Profit versprechen. Zuweilen wird dieses einfache, aber alles andere überschattende Ziel übersehen.*

Das Fazit aus meiner jahrzehntelangen persönlichen Erfahrung mit der PR:

Offizielle Texte, die beispielsweise von Konzernen an die Presse gegeben werden, bemühen sich, die Public relations in den Rahmen der objektiven Information einzuordnen. Demnach hätten die für die PR verantwortlichen Organe nicht die Absicht, zu verkaufen. *Das ist die „Basis-Lüge“ der gesamten PR.*

Es lohnt sich im übrigen, einmal über die Beziehungen zwischen Public relations und Werbung nachzudenken, wie dies ROGER MUCCHIELLI in vorbildlicher Weise getan hat. Danach ist das Ziel der Bemühungen auf beiden Gebieten eine Umsatzförderung. Aber:

- Das durch eine PR-Aktion angesprochene Publikum wird sorgsam ausgewählt. (Die Werbung streut und wendet sich an das Publikum schlechthin, an eine anonyme Masse.)
- Bei PR-Aktionen spielen die Massenmedien oft nicht die ausschlaggebende Rolle, sondern persönliche Kontakte und Veranstaltungen mit „Human touch“.

○ Deshalb ist die Vorgehensweise bei PR-Aktionen quasi „sozial"; sie versucht, „Atmosphäre" zu schaffen, persönliche Bindungen herzustellen und vermeidet um jeden Preis den Eindruck eines kommerziellen Hintergrundes.

Nun gibt es eine „PR nach außen" und eine „PR nach innen". Letztere wird meist nicht angewandt, da es unseren Geschäftsleitungen nicht klar ist, wie wichtig eine gezielte, planmäßig verlaufende und *ständige* Beeinflussung der Belegschaft ist. Analytisch betrachtet, kann man die PR hinsichtlich ihrer Zielsetzung in drei Sektoren einteilen:

1. Psychologische Wirksamkeit innerhalb des Betriebes: für Aktionäre und die Administratoren und für das Personal.
2. Psychologische Wirksamkeit beim Empfang von Besuchern oder Mitarbeitern: Empfang neuer Mitarbeiter; Klarstellung ihres Images vom Betrieb her und des Images ihrer Funktion im ganzen System; dadurch wird ihre Integration erleichtert und ihre Haltung im positiven Sinne beeinflußt; Empfang von Gästen, Technikern aus anderen Betrieben, Regierungsvertretern und all jenen, für die Führungen und Empfänge vorgesehen sind.
3. Psychologische Wirksamkeit außerhalb des Unternehmens: großangelegte äußere Propaganda mit Ausrichtung auf das breite Publikum und die „Opinion-Leaders" sowie auf alle Milieus, deren Prestige oder soziale Rolle es geraten sein läßt, sie in einer propagandistischen Operation zu gewinnen.

Resümee des Vergleichs von PR und Werbung: Der PR-Mann hat in der Regel ein weiteres Betätigungsfeld als der Werbemann, der an die Ausführung klar gestellter Aufgaben gebunden ist. Außerdem läßt sich der Erfolg von Werbemaßnahmen direkt an Zahlen messen, während die Image-Pflege nur indirekt und über längere Zeiträume Erfolge ahnen läßt.

Wirkliche Experten wie beispielsweise der Franzose ROGER MUCCHIELLI geben sich keinen Illusionen über den heutigen Stand der Public relations und deren Entwicklung hin. Sie beobachten mit Sorge den Trend zur Monopolisierung der großen öffentlichen Rundfunk- und Fernsehanstalten; ein Trend, der letztlich zur Konzentration von immer mehr Macht in immer weniger Händen führt. Daraus folgt: *Die Zeit für den naiven Glauben an die Neutralität der Presse und Sendestationen ist vorbei.*

3.4 Schlüssel zum betrieblichen Erfolg: die Firmenphilosophie

Bei Beratungen auf Geschäftsleitungsebene stelle ich irgendwann immer die simple Frage: „Gibt es in Ihrem Hause eine Firmenphilosophie?"

Die gibt es in den meisten deutschen Firmen nicht. Also versuche ich meinen oft etwas betretenen Gesprächspartnern zu erläutern, was es mit der Firmenphilosophie, die anderswo „Corporate Identity" heißt, auf sich hat: *Die Firmenphilosophie beinhaltet die Ethik, die dem Denken und Handeln einer Geschäftsleitung zugrunde liegt.* So wie kein intelligenter Mensch auf Dauer ohne ein persönliches Wertsystem auskommt, das für ihn verbindlich und zur Richtschnur seines Lebens geworden ist, so kommt keine gut geleitete Firma ohne ein Wertsystem aus. Deshalb beinhaltet eine Firmenphilosophie (oder das „Leitbild") jene Grundsätze, nach denen in dieser Firma gelebt und gearbeitet wird.

Nehmen wir als *Beispiel* eine Firma an, die elektrische Haushaltsgeräte produziert. Das Konstruktions-Kriterium für alle Produkte heißt: Jedes Gerät muß einen Elektromotor aufweisen. Dann könnte jenes von der Geschäftsleitung und der nächsten Hierarchieebene gemeinsam auszuarbeitende Papier so aussehen:

Firmenphilosophie

- Wir fertigen nur Produkte, die das Prädikat ,,erstklassig" verdienen.
- Wir orientieren uns bei der Fertigungsplanung in erster Linie an den Erfordernissen des Marktes.
- Wir pflegen das permanente Gespräch mit unseren Kunden, um deren Bedürfnisse erkennen und bestmöglich befriedigen zu können.
- Wir organisieren den Fertigungsablauf grundsätzlich so, daß Umweltschäden vermieden werden.
- Wir integrieren jene Mitarbeiter, die bereit sind, von der Produktplanung bis zur Endkontrolle mit ihrer Kreativität den Fertigungsablauf zu verbessern.
- Wir unterstellen, daß Mitarbeiter Höchstleistungen erbringen wollen, da sie in der Arbeit und deren Anerkennung den Sinn ihres Lebens suchen.
- Wir übernehmen jeden Mitarbeiter, gleich welchen Geschlechts oder welcher Nationalität, in Führungspositionen, wenn er dies anstrebt und dafür geeignet erscheint. Mit der Aufgabe delegieren wir Verantwortung so weit wie möglich nach unten.
- Wir beteiligen Mitarbeiter, entsprechend ihren Leistungen, in angemessenen Quoten am Ertrag des Unternehmens.
- Wir suchen bei allen Neuentwicklungen die Nähe zum Kunden und ziehen zu Produktplanungen von Anfang an die Vertriebsleitung hinzu.
- Der Angelpunkt unserer Marketing-Strategie heißt: Niemals mehr versprechen als wir zu halten in der Lage sind!
- Verkauf eines Produktes und Folgeservice sind uns gleich wichtig.
- Wir gehören international zu den ersten Adressen für Qualitätserzeugnisse –, daran wird sich nichts ändern!

Um noch ein Beispiel aus der Praxis anzuführen, möchte ich auf die MÖVENPICK-Hotel- und Restaurationskette hinweisen. In jedem MÖVENPICK-Betrieb hängt bereits seit vielen Jahren folgende Firmenphilosophie in Form einer Kupferplatte, gut sichtbar in der Nähe des Eingangs:

Die zehn Mövenpick-Grundsätze

1. In der Forderung nach höchster Qualität der Waren, die wir kaufen und verkaufen, sind wir kompromißlos.
2. Unser vielseitiges, wohlausgewogenes Angebot ist Ausdruck echter Lebensfreude.
3. An Sauberkeit und Hygiene stellen wir hohe Ansprüche.
4. Die Atmosphäre in unseren Restaurants ist angenehm und entspannend.
5. Was wir durch unsere gute Organisation einsparen können, soll dem Gast durch Preiswürdigkeit zugute kommen.
6. Auf alles, was wir dem Gast anbieten, wollen wir selbst stolz sein dürfen.
7. Wir wollen unser Geschäft sauber und korrekt führen.
8. Wir wollen unsere Gäste gut und zuvorkommend bedienen.
9. Wir möchten, daß unser Personal wohlgelaunt und liebenswürdig ist und sich durch Kameradschaftlichkeit untereinander auszeichnet.
10. Alles, was wir unternehmen, soll den Stempel tragen *jung, frisch, gut*.

Wenn eine derartige Firmenphilosophie beschlossen wurde, so ist, *um sie in die Tat umzusetzen,* auf folgendes zu achten:

1. Die Philosophie muß vom Chef des Unternehmens *vorgelebt* werden – Tag für Tag aufs neue!
2. Die Philosophie muß sich im *Führungsstil* niederschlagen. Nur so werden die Mitarbeiter im Sinne dieser Philosophie motiviert.

3. Zunächst muß die Philosophie *im Innern des Unternehmens* immer wieder „belebt" werden – dann erst wird sie nach außen getragen.
4. Die Philosophie muß allen Kunden nach folgendem Slogan „verkauft" werden: Das sind die Grundsätze, nach denen wir arbeiten –, meßt uns daran!

Nur wenn eine Geschäftsleitung bei der Kreation und Einführung einer Firmenphilosophie so vorgeht wie beschrieben, kann dieses Unterfangen erfolgreich sein. Voraussetzung für das Gelingen der Motivation der gesamten Belegschaft ist *der ehrliche Wille der Geschäftsleitung,* die neue Philosophie auch in die Tat umzusetzen, ihre Einführung kräftig voranzutreiben und zu erwartende psychologische Schwierigkeiten souverän zu meistern – und zwar im folgenden Sinne: Wir bemühen uns, durch die neue Philosophie die Zusammenarbeit für *alle* Mitarbeiter angenehmer und letztlich auch finanziell ertragreicher zu machen. *Wir sagen das nicht nur – wir halten uns auch daran!*

3.5 Das Motivations-ABC

Ausgehend von der Annahme, daß Sie in diversen Seminaren im Laufe der Jahre genug über die Grundlagen der Motivation, etwa über ABRAHAM MASLOWs Bedürfnispyramide, gehört haben, beschränke ich mich darauf, Ihnen die wirklich wichtigsten Spielregeln der Motivation in einer Kurzfassung vor Augen zu führen. Dabei setze ich die Schwerpunkte derartiger Aktionen anders, als die meisten Autoren. Beginnen wir mit dem „A" unseres Motivations-ABCs. JESUS hat gesagt: „Ich bin das Alpha und das Omega", „der Anfang und das Ende." Das gleiche gilt für unser „Motivations-A": Es ist nicht nur der Anfang jeder Motivationsaktion, sondern kann zugleich ihr Ende bedeuten. Also:

A Wenn ich einen Menschen motivieren will, muß ich seine Wünsche, Hoffnungen, Erwartungen und Ängste kennen. Diese bestimmen sein Verhalten. Will ich das Verhalten ändern, muß ich diese Bedürfnisse berücksichtigen. Tue ich dies nicht, ist mein Motivationsversuch a priori gescheitert: Alpha = Omega. Im Klartext: Anfang und Ende der (mißglückten) Motivation fallen zusammen!

Beispiele derartiger zum Scheitern verurteilter Motivationsversuche:

Vater: ,,Ich erwarte, daß du das Abitur mit 1,2 machst und Medizin studierst, um einmal meine Praxis zu übernehmen."

Geschäftsführer auf einer Betriebsversammlung: ,,Die Konzernleitung hat beschlossen, den Umsatz im kommenden Geschäftsjahr um fünf Prozent zu steigern, damit wir in die skandinavischen Märkte expandieren können. Sie erwartet deshalb, daß jeder von Ihnen sein Möglichstes tut, um dieses Ziel zu erreichen!"

Nota bene: Die ,,Kunst der Motivation" besteht darin, die geschäftlichen Bedürfnisse der Firma mit den persönlichen Bedürfnissen der Mitarbeiter zu ,,verknüpfen". Beispiel: ,,Wir hoffen, mit Ihrer Hilfe das Ziel von fünf Prozent mehr Umsatz zu erreichen – einfach deshalb, um die Anzahl unserer Mitarbeiter im kommenden Geschäftsjahr nicht reduzieren zu müssen. Vergessen Sie bitte nie: Wenn es der Firma gut geht, geht es Ihnen auch gut – und umgekehrt, selbstverständlich!"

B Der Mensch wird in erster Linie von seinen Bedürfnissen gesteuert. Wobei wir mit ,,Bedürfnis" (Wunsch, Trieb, Motiv, Bedarf und so weiter) eine im Gehirn lokalisierte *Kraft* bezeichnen, die subjektiv als Antrieb oder Zwang zum Handeln erlebt wird. Ziel der Bedürfnisbefriedigung ist immer entweder ein Nützlichkeits- oder Lustgewinn.

Nun glauben viele psychologische ,,Experten" (und etliche Management-Trainer), die sich nur oberflächlich an MASLOWS Pyramide orientiert haben, daß die verschiedenen Bedürfnisse isoliert auf den fünf Stufen lokalisiert sind. Gegen diese Auslegung seiner Bedürfnishierarchie hat sich MASLOW vehement gewehrt. So weist er in seinem 1954 erschienenen Standardwerk ,,Motivation und Persönlichkeit" darauf hin, daß es falsch sei, „atomistische" Kataloge von Trieben oder Bedürfnissen anzulegen, denn so ein Katalog setzt eine Gleichheit der verschiedenen katalogisierten Triebe, eine Gleichheit ihrer Mächtigkeit und der Wahrscheinlichkeit ihres Auftretens voraus – davon kann keine Rede sein!

Ein solcher Katalog bedeutet zweitens die *Isolierung* aller katalogisierten Triebe voneinander – gerade dies trifft in keiner Weise zu. Auch die Triebe und Bedürfnisse eines Menschen sind „vernetzt" und bilden eine psychologische „Gestalt". Deshalb bringt MASLOW das Bild einer großen Zahl von Hölzchen, die *nicht* Seite an Seite liegen, sondern eher in einem „Nest von Schachteln" verstaut sind. Darin enthält jede Schachtel drei weitere, von denen jede wiederum zehn weitere birgt, und so fort.

Schließlich fordert MASLOW, daß wir unsere Bedürfnisse grundsätzlich als *Ensembles* verstehen sollten – als Kollektion von Bedürfnissen. So scheinen alle Triebkataloge, die je publiziert wurden, zu implizieren, daß sich die verschiedenen Triebe wechselseitig ausschließen. Doch es gibt keine gegenseitige Ausschließlichkeit. *Im Regelfall überlappen die Triebe einander dermaßen, daß es fast unmöglich ist, sie klar und scharf voneinander zu unterscheiden.* (Siehe Abb. 93.)

Aus der wissenschaftlichen Diktion in die Umgangssprache übertragen, sagt MASLOW sinngemäß: Wir werden nicht von einzelnen Bedürfnissen motiviert, sondern *immer* von einem Motivbündel. Zur Zeit einer geschäftlichen Verhandlung beispielsweise, in einer ganz bestimmten und abgegrenzten Situation, ist *ein* Bedürfnis erkennbar dominierend –, aber etliche andere wirken (unerkannt) aus dem Hintergrund und beeinflussen auf subtile Art das Verhalten der Gesprächspartner.

Außerdem sind viele Menschen aufgrund eines traumatischen Kindheitserlebnisses auf ein bestimmtes Bedürfnis fixiert, und dies wird zum *Leitmotiv* ihres Lebens. Wer zum Beispiel in ghettoähnlichen Verhältnissen aufgewachsen ist, strebt während seines gesamten Lebens nach Status – je höher desto besser! Wenn er aus einer „Hungerleiderfamilie" kommt, strebt er nach Sicherheit. Oder, wenn er als Kind von der Umwelt gedemütigt worden

Wir sollten beim Versuch ihrer Beschreibung Bedürfnisse stets als Ensembles, als Kollektion von Bedürfnissen verstehen. Im Regelfall überlappen sich die Triebe dermaßen, daß es fast unmöglich ist, sie klar und scharf voneinander zu unterscheiden (A. MASLOW).

ist, wird er möglicherweise nach Macht streben nach dem Motto: ,,Euch werd ich's zeigen!"

C Schließlich ist beim Versuch, einen anderen Menschen zu motivieren, noch dessen ,,Programmierung" zu beachten: Welche Charaktereigenschaften weist er auf? – Wie werden sie sich einem Motivierungs- oder Manipulierungsversuch gegenüber möglicherweise auswirken, zustimmend oder ablehnend?

Als *Resümee* jeglicher Art von Motivation, das Sie stets vor Augen haben sollten, wenn Sie – beispielsweise als Chef – Mitarbeiter in einem von Ihnen gewünschten Sinne beeinflussen wollen folgt nun mein

Motivations-ABC

A: Wer erfolgreich motivieren will, muß die Bedürfnisse des anderen kennen und berücksichtigen.

B: Der Mensch wird niemals von einem isolierten Bedürfnis angetrieben, sondern stets von einem Motiv-Ensemble. Innerhalb dieses Ensembles gibt es meist ein ,,dominierendes Motiv", das das Verhalten eines Menschen zu bestimmen scheint. Zusätzlich kann der Mensch, zum Beispiel als Folge einer Demütigung in der Kindheit, von einem Leitmotiv beherrscht werden, wie etwa vom Machttrieb oder vom Geltungsbedürfnis. Will ich effektiv motivieren, sollte ich sowohl das Leitmotiv als auch das momentan dominierende Motiv des anderen kennen. Gelingt es mir nicht, hinter das dominierende Motiv zu kommen, kann ich gelegentlich trotzdem Motivations-Zufallstreffer erzielen.

C: Inwieweit Bedürfnisse ausgelebt oder auf deren Befriedigung verzichtet wird, hängt vom Charakter ab. Dieser ist in erster Linie das Ergebnis der Programmierung im Elternhaus. Bei jedem Motivationsversuch muß ich also zwei Gegebenheiten berücksichtigen: die Bedürfnissituation und den Charakter des zu Motivierenden.

Wer sich an dieses „Motivations-ABC“ hält, kann keine schweren Pannen erleiden!

3.6 „Am Gelde hängt doch alles . . .“

Aus GOETHEs „Faust. Ein Fragment“ (Erste Ausgabe, Leipzig 1790) stammt Margarethes Seufzer: „Nach Golde drängt, am Golde hängt doch Alles!“

Obwohl viele Manager GOETHEs Faust nie gelesen haben, sind sie von der „Spruchweisheit“ überzeugt, daß alles am Gelde hängt. Anders formuliert: Geld ist der „Motivator Nr. 1“. – Wirklich?

Lassen Sie uns diese Ansicht einmal ein bißchen analysieren, und zwar unter psychologischen Gesichtspunkten. Ich werfe dazu die Frage auf: Welche menschlichen Bedürfnisse kann man mit Geld befriedigen?

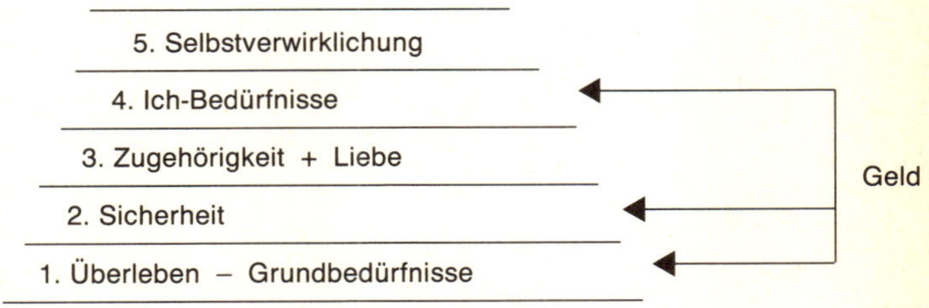

1. Das Überleben — Wer so wenig Geld verdient, daß er nichts oder zu wenig zu beißen und keine schützende Behausung hat, für den ist Geld der Motivator Nr. 1.

2. Sicherheit	Wer nicht genug verdient, um sich und seine Familie gegen die Risiken des Lebens durch Abschluß von Versicherungen wenigstens weitgehend absichern zu können – auch für ihn ist Geld immer noch ein wesentlicher Motivator. Dazu gehört auch das Bedürfnis, etwas gegen unvorhergesehene Notfälle „auf der hohen Kante" zu haben.
4. Ich-Bedürfnisse	Jeder, dessen Selbstwertgefühl – aus welchen Gründen auch immer – geschwächt ist, versucht durch Statussymbole diesen deprimierenden Zustand erträglich zu machen: etwa durch ein großes Auto, ein beeindruckendes Haus, Urlaubsreisen in fernste Länder. Für derartige Statussucher ist Geld ebenfalls ein wesentlicher Motivator.

Was man sich mit Geld *nicht* kaufen kann, ist Liebe. Dies müssen viele Reiche und Neureiche immer wieder zu ihrem großen Schmerz erkennen. Auch die Zugehörigkeit zu einer Gruppe kann man sich letztlich nicht erkaufen. Man wird zwar oft in eine Gruppe aufgenommen, deren „Eintrittspreis" durch einen hohen Geldbetrag abgegolten werden muß –, aber das ist keine Gewähr dafür, daß man als Mitglied einer derartigen Gruppe auch jene Wertschätzung als Mensch erfährt, nach der wir uns alle sehnen.

Auch die *Selbstverwirklichung* kann man sich nicht erkaufen. Man hört allerdings oft die Meinung, daß viel Geld zugleich „Freiheit" bedeute; ich bezweifle dies allerdings aufgrund meiner Lebenserfahrung. Denn zunächst muß man wieder einmal unterscheiden zwischen „Freiheit von . . ." und „Freiheit, zu . . .".

Ohne Zweifel verschafft Geld eine gewisse „Freiheit von . . .". Wer plötzlich eine große Summe erbt oder in der Lotterie gewinnt, kann sich vom Zwang zur täglichen Arbeit als „kleiner Angestellter" befreien. Aber wozu nutzen die Menschen diese Freiheit? Ich habe noch nie von einem Lotto-Millionär gehört, der sein Geld im Sinne der Selbstverwirklichung eingesetzt hätte. Nur ein psychisch gereifter Mensch wird in der Lage sein, einen unerwarteten, hohen Geldbetrag im Sinne einer persönlichen Weiterentwicklung einzusetzen. Aber wie viele sind schon psychisch gereift?

Ich kenne nur *eine* Situation, in der Menschen infolge eines Schocks ihr Leben total im Sinne einer Vermenschlichung geändert haben: nach einem Herzinfarkt. Anscheinend ist nur das Erlebnis der Todesnähe in der Lage, einen Menschen zu echter Umkehr zu bewegen. Doch gilt dies durchaus nicht für alle Infarktpatienten; die meisten leben genauso unvernünftig weiter wie vorher, bis sie der zweite Infarkt endgültig hinwegrafft.

Der unlängst verstorbene Psychoanalytiker ERICH FROMM teilt in seinem weltberühmt gewordenen Buch ,,Haben oder Sein" die Menschen in zwei Gruppen ein: die ,,Haben-Menschen" und die ,,Sein-Menschen". Die erste, bei weitem größere Gruppe, will in erster Linie etwas ,,haben", das heißt besitzen. Besitz – von Grundstücken, Häusern, Geld, Schmuck – verleiht ihnen Sicherheit. Für diese Menschen sind auch zwischenmenschliche Beziehungen ein Besitzverhältnis: ,,Meine Frau" ist auch mein persönlicher Besitz. ,,Haben-Menschen" sind immer mit Geld zu motivieren.

Als *Zwischenbilanz* könnte man vielleicht feststellen: Geld ist für all jene Mitarbeiter der Motivator Nr. 1, die ein Defizit auf den Stufen 1, 2 und 4 nach MASLOW haben. Wenn Unternehmer, um Personalkosten zu sparen, ihre Mitarbeiter finanziell zu kurz halten, bezahlen sie dies mit einer hohen Fluktuation und einer miesen Arbeitsmoral. Unter der Rubrik ,,Kosten sparen" kann man als Berater die tollsten Dinge erleben: So kenne ich Betriebe, wo an Büromaterial so gespart wird, daß manche Mitarbeiter ihre eigenen Kugelschreiber verwenden, weil ihnen die Genehmigungsprozedur peinlich ist. In den gleichen Firmen werden indessen Dienstreisen per Bahn oder Flugzeug ohne Rückfrage genehmigt, obwohl die Klärung eines anstehenden Problems per Telefon oder Telefax genausogut möglich wäre. So etwas nennt man in Fachkreisen ,,angewandte Schizophrenie".

Das ganze Geldproblem liegt aber tiefer, wenn man es aus psychologischer Sicht angeht. Der Psychoanalytiker ERNEST BORNE-

MANN hat in seinem Buch „Psychoanalyse des Geldes" die Zusammenhänge zwischen Persönlichkeit, Gesellschaft und Geld bestechend klar herausgearbeitet. Ich versuche im folgenden, einige wesentliche Erkenntnisse BORNEMANNs zusammenzufassen:

- Der wichtigste historische Prozeß ist die Verdrängung des Gebrauchswerts durch den Tauschwert. Die Keimzelle dieser Verdrängung ist der Warentausch: durch ihn werden Arbeitsprodukte zu Waren.
- Die persönlichen, sinnlichen, konkreten Beschaffenheiten sowohl der Arbeit, die das Ding herstellt, als auch des Gebrauchs, dem das Ding dienen soll, werden ausgelöscht und in ein abstraktes unpersönliches, entsinnlichtes Etwas, den Tauschwert, verwandelt.
- Der Motor der psychischen Prozesse in einer kapitalistischen Gesellschaft ist das Geld, das sowohl abstrakt als auch maßlos ist – maßlos, weil es keinen konkreten, sinnlichen Bedarf befriedigt und sich deshalb der natürlichen Begrenzung aller anderen Bedürfnisse entzieht. Wer genug gegessen hat, ist satt. Wer genug getrunken hat, ist nicht mehr durstig. Auch der Befriedigung sexueller Lust sind körperliche Grenzen gesetzt. Nur die Geldgier ist unbegrenzt.
- BORNEMANN nennt den psychischen Niederschlag dieses sozialen Phänomens den „Midaskomplex". Diese alte Legende erzählt: MIDAS, König von Phrygien, erbat sich von DIONYSOS, den er als Gast gespeist hatte, daß alles, was er anfasse, sich in Gold verwandeln möge. Er entdeckte zu spät, daß er dann weder essen noch trinken, weder lieben noch sich warm halten konnte, da Speise und Trank, Frauen und Kleidung sich bei seiner Berührung in kaltes, starres Gold verwandelten.

Nirgends in der abendländischen Mythologie – schreibt BORNEMANN – ist die Widersinnigkeit, die zerstörende, alles Vitale negierende Wirkung des Geldes so eindringlich demonstriert worden. Hier hat die Verdrängung des Gebrauchswertes durch den

Tauschwert nicht nur den Nutzen der Wesen und Dinge negiert, sondern droht bereits, den Besitzer zu negieren: Er stirbt am Geld, er verhungert, verdurstet, erfriert am Geld.

Nutzanwendung dieser Erkenntnisse für die tägliche Praxis:

Das Denken in Geld gehört zu unserem kapitalistischen System, das ich trotz seiner Schwächen grundsätzlich bejahe; einfach deshalb, weil es dem Menschen einen Freiheitsspielraum ermöglicht, den kein anderes System bietet. Der ,,Reale Sozialismus" durfte soeben, nach siebzig Jahren leidvollen Experimentierens, zum Offenbarungseid antreten: GORBATSCHOW macht's möglich. Und von Utopien, die zu ihrer Realisierung einen ,,neuen Menschen" voraussetzen, wie es HERBERT MARCUSE und JÜRGEN HABERMAS fordern, halte ich nichts (mehr). Wir werden also mit dem kapitalistischen System noch lange leben müssen.

Wenn ein Unternehmen seine Mitarbeiter so schlecht bezahlt, daß beispielsweise ein verheirateter Mann mit seinem Nettoverdienst nicht einmal die Miete, die Grundnahrungsmittel und die Kleidung bezahlen kann – von Auto und Urlaub ganz zu schweigen –, dann stimmt etwas nicht an der Einstellung der Geschäftsleitung zu ihren Mitarbeitern. Wenn man als externer Berater die ewigen Klagen über die Personalkosten hört und andererseits beobachtet, wieviel Geld für repräsentative Dienstautos, Geschäftsreisen ins Ausland, überdimensionierte Computer, ,,Incentive-Veranstaltungen" und ähnliches ,,investiert" wird, dann kann man ruhig von ,,ethischem Mismanagement" sprechen. (Mit dem Thema ,,Ethik im Management" werden wir uns später noch beschäftigen.)

Sehr wohl könnte man Mitarbeiter, wenn sie jenes Einkommen erreicht haben, das in unserer Gesellschaft einen ,,normalen" Lebensstandard ermöglicht, ohne zusätzliche Kapitalinvestitionen *effektiv motivieren,* indem man

- ihr Selbstwertgefühl nicht tagtäglich mit Füßen tritt, sondern sie für gute Leistungen lobt, sie als Person schätzt, ihnen mehr Kompetenz einräumt und mehr Verantwortung überträgt;

- sie zur Festlegung der Unternehmensziele heranzieht, so daß sie sich mit ,,ihrem" Unternehmen identifizieren können, anstatt ihnen Entscheidungen per Ukas zu servieren; Entscheidungen, die sie nicht verstehen und nicht akzeptieren können, weil ihnen Basisinformationen vorenthalten werden – und für deren Nicht-Realisierung sie auch noch bestraft werden.

3.7 Die Motivation der ,,Neuen Generation"

Die Klagen über die mangelnde Leistungsbereitschaft der ,,Neuen Generation", worunter ich die in der Nachkriegszeit geborenen Menschen verstehe, die heute bis zu Mitte Dreißig sind, reißen nicht ab. Beim Versuch, fachlich fundierte Informationen zu diesem Thema zu finden, stieß ich auf den amerikanischen Soziologen DANIEL YANKELOVICH. Er meinte bereits 1977, daß die Unternehmer mit Vorliebe Sprüche dreschen wie beispielsweise: ,,Unsere Menschen sind unsere größten Ressourcen, und wir müssen ihren Bedürfnissen ganz besondere Aufmerksamkeit schenken!" – Im Berufsalltag aber achten sie auf alles, auf Rohstoffvorräte, Managementtechniken, politischen Druck, Kostenkontrolle und den Markt – nur nicht auf die Menschen . . .

Der Autor untersucht zunächst, auf welchen Voraussetzungen das Motivationssystem in den letzten fünfzig Jahren beruhte. Ich gebe seine Erkenntnisse gekürzt wieder:

- Männer waren zufrieden, wenn sie eine Arbeit hatten, die ihnen ein angemessenes Einkommen und wirtschaftliche Sicherheit garantierten; dafür nahmen sie viele Nachteile eines Jobs in Kauf.
- Geld und Statussymbole waren für die meisten Arbeitnehmer hinreichende Motivationsfaktoren.
- Die meisten Menschen haben ihre Identität über ihre Rolle im Arbeitsleben definiert. Sie haben dabei mit dieser Rolle in Kon-

flikt stehende persönliche Wünsche unterdrückt oder untergeordnet.

- Die meisten Menschen fühlten sich aus Loyalität ihren Firmen verpflichtet.
- Ein Job wurde definiert als eine bezahlte Aktivität, die dem *männlichen* Brotverdiener, fulltime und beständig, Arbeit gegeben hat. Mit einem Einkommen, das es möglich machte, für die Notwendigkeiten des Lebens und, mit einigem Glück, sogar für den Luxus einer intakten Kleinfamilie zu sorgen.
- Wenn *Frauen* es sich leisten konnten, zu Hause zu bleiben und nicht aus finanziellen Gründen zu arbeiten, haben sie es getan.

Heute finden Millionen von Menschen, die einer bezahlten Arbeit nachgehen, dieses althergebrachte Motivationssystem so unattraktiv, daß sie nicht länger motiviert sind, hart zu arbeiten. Als Folge ziehen sie nicht nur ihr gefühlsmäßiges Engagement von der Arbeit ab; sie bestehen auch auf ständigen Verbesserungen in der Bezahlung und den Sozialleistungen – als Kompensation für einen unattraktiven Job.

Psychologische Zufriedenheit ist eine komplexe Struktur. Zu den wichtigsten Bausteinen gehören:

- Selbstachtung, deren Basis ein gesundes Selbstwertgefühl ist;
- eine klar umrissene Identität (Wer bin ich?);
- der Glaube, daß das eigene Verhalten anderen Leuten ebenso wie einem selbst sinnvoll erscheint;
- konkrete Ziele und Werte;
- ein Gefühl, daß die eigene Welt relativ stabil ist;
- ein das eigene Leben übergreifende Gefühl von Bedeutung und Kontinuität.

Das neue Wertsystem

Drei der durchschlagendsten Manifestationen der Arbeitswerte der Neuen Generation sind:

1. die wachsende Wichtigkeit der Freizeit;
2. die symbolische Bedeutung, überhaupt eine bezahlte Arbeit zu haben;
3. das Bestehen darauf, daß Jobs weniger ,,entpersönlicht" werden.

Fazit: Einen bezahlten Job zu *haben* erfüllt wesentliche menschliche Bedürfnisse – nach Einkommen, Unabhängigkeit, Selbstrespekt, Zugehörigkeit zur Gesellschaft. Im Grunde genommen kann ein Mensch damit zufrieden sein, einen Job zu haben, *ohne sich wirklich ernsthaft damit zu identifizieren und sich einzusetzen.*

Die vielleicht wichtigste Lehre, die wir aus dem sozialen Wandel ziehen sollten, der von den neuen Werten geformt wird, ist, daß die Sorge für die menschliche Seite eines Unternehmens *nicht mehr länger an die Vorgesetzten der unteren Hierarchieebenen delegiert werden darf.* Ein Desaster droht auf jeden Fall, wenn die ganze Situation weiterhin vorrangig unter einer engen Wirtschafts-Perspektive gesehen wird.

Der deutsche Psychologe PETER WEILER hat unter der Überschrift ,,Wer sind eigentlich die, die weniger leisten wollen?" die von YANKELOVICH genannten (amerikanischen) Zahlen näher untersucht und (in ,,Psychologie heute") interpretiert. Ich unterstelle, daß man die amerikanische Statistik ohne größere Abstriche auf die Bundesrepublik übertragen kann, und verdeutliche (nach WEILER) die von YANKELOVICH genannten Zahlen durch eine Grafik:

Nicht-Motivierbare 27 %	75 % unter 35 Jahren. Niedrigster Bildungsstand. Von Langeweile geplagt, ständig auf der Suche nach neuen Reizen. Anfällig für Ideologien jeder Art. Unkreativ. Eine Gefahr für die Gesellschaft.	27 % Nicht-Motivierbare
Die Engagierten 17 %	75 % unter 35 Jahren. Höchster Bildungsstand. Sehr kreativ und leistungsorientiert. Geld sekundär, wenn Aufgabe befriedigt. Hunger nach Verantwortung, Herausforderung, Autonomie. Zu ihnen gehören die „Selbsterneuerer", die keiner will.	73 % Motivierbare
Junge Dynamische 15 %	Primär motiviert durch Geld und Karriere. Ehrgeizig. Sprechen auf klassische Motivations-Systeme an.	
Positiv Arbeits-orientierte 19 %	Geld ist ihnen nicht wichtig, ihre Arbeit ist ihnen wichtiger. Tendenziell älter, 66 % über 35 Jahre.	
Ältere und Ärmere 22 %	Zumeist Arbeiter. Arbeit ist Gewohnheitssache. Suchen keinen Sinn in der Arbeit. Wollen klare Strukturen, klare Verantwortungen, Arbeitsplatzsicherheit.	

Welches Fazit ergibt sich aus dieser Aufschlüsselung für eine Unternehmensleitung? Meiner persönlichen Meinung nach folgendes:

1. Die nicht Motivierbaren gehören „ausgefiltert" –, denn ein Unternehmen ist kein Wohlfahrtsamt. Vor allem ist mehr Vorsicht bei Einstellungsgesprächen geboten: Der Hang, Unqualifizierte und Unmotivierbare einzustellen, „weil man ja doch keinen besseren findet", wirkt sich in zweifacher Weise negativ aus:

   - Solche „Mitarbeiter" verschlechtern das Betriebsklima und demotivieren die übrigen, die die Arbeit der Lässigen letztlich mitmachen müssen, ohne dafür finanziell entschädigt zu werden.
   - Nach unseren Gesetzen und der Praxis der Gerichte kommt ein Betrieb von derartigen „Flaschen" nur mit größten Schwierigkeiten und einer nicht verdienten „Ablöse" wieder los – dafür sorgen auch die Betriebsräte.

2. Den 73 Prozent Motivierbaren gegenüber muß eine bessere Personalpolitik betrieben werden. *Vor allem muß sich der Führungsstil hinsichtlich mehr Menschlichkeit entscheidend verändern.* Die Manager der operativen Ebene, vor allem die Meister, tun sowieso ihr Bestes! Aber wenn ihnen die Geschäftsleitung, mit der EDV als negativer Verstärkung, ständig in den Rücken fällt, ist auch der oft wirklich selbstlose Einsatz von Meistern und Gruppenleitern vergeblich.

4. Kapitel: Frau und Karriere

4.1 Schon mal von Emanzipation gehört?

Bevor man sich über das Reizwort „Emanzipation" hermacht, sollte man es zunächst einmal definieren – und zwar indem man auf die Wortwurzel zurückgeht. Im Lateinischen bedeutet „emancipare": 1. einen Sohn aus der väterlichen Gewalt entlassen und dadurch für selbständig erklären; 2. im weiteren Sinne, ein Kind aus seiner Gewalt in diejenige eines anderen entlassen (zum Beispiel filium in adoptionem).

Wenn man diese Definition unter einem rein psychologischen Gesichtspunkt betrachtet, bedeutet dies: Ein Kind aus seiner Gewalt entlassen heißt nichts anderes, als ihm auch zu erlauben, sich von den „Programmen" zu distanzieren, die man ihm im Elternhaus vermittelt hat. Oder, anders formuliert: Man erlaubt einem Kind (beziehungsweise einem Erwachsenen), sich aus der Sohnes- oder Tochterrolle zu befreien, in die man es, natürlich „aus Liebe", gezwängt hat – eine Art psychische Abnabelung also.

Der Kern des Wortes „Emanzipation" kann also als „Befreiung aus einer Rolle" aufgefaßt werden. Nun ist dies, der lateinischen Grundbedeutung und der patriarchalischen Tradition unseres Kulturkreises entsprechend, für das Kind ein rein passiver Vorgang: die Eltern müssen es dem Kind *erlauben*, selbständig zu werden, und gerade dagegen sträuben sich viele Eltern.

Die Emanzipation hat sich deshalb, seit etwa hundert Jahren, ein aktives Element „angemaßt": die diskriminierten Betroffenen, in erster Linie die Frauen, fordern seither das Recht, sich aus der ihnen aufgepfropften unwürdigen Rolle zu befreien. Sie wollen sich, was man ihnen nicht freiwillig überläßt, nehmen ...
Für mich bedeutet „Emanzipation" in ihrer allgemeinsten Form *der Versuch eines Menschen, sich aus einem Rollenbild zu befreien, das seinen individuellen Bedürfnissen zuwiderläuft.* Das trifft nicht nur auf Frauen zu, sondern auch auf Männer.

Wenn man der Meinung ist, daß das alte männliche Rollenbild (stark, kühn, erfinderisch) genauso überholt ist wie das weibliche (zart, emotional, hilflos), dann ist die *Emanzipation eine gemeinsame Aufgabe von Mann und Frau!* Eine Aufgabe, die überhaupt nur von Männern *und* Frauen vereinigt gemeistert werden kann, weil jeder in seinem Kampf um Befreiung *allein* scheitern muß! Die bisherige Geschichte der weiblichen Befreiungsversuche – von den Suffragetten bis zu den „Emanzen" – beweist es, wobei zu radikales Verhalten der ganzen Sache mehr geschadet als genutzt hat. Schlimmer noch: einzelne frustrierte Frauen, die sich selbst zu Sprecherinnen der Emanzipation hochstilisiert hatten, haben mit ihren exaltierten Forderungen und ihrem teilweise hysterischen Auftreten die ganze Aktion auch noch der Lächerlichkeit preisgegeben.

4.2 Der „Mythos Mann" – ein Produkt der Angst!

Während meiner Spätpubertät las ich zum ersten Male NIETZSCHEs wohl bekanntestes Werk „Also sprach Zarathustra". Ich begeisterte mich natürlich auch für jenes Aperçu, das ich bereits von meinem Vater gehört hatte: „Du gehst zum Weibe? Vergiß die Peitsche nicht!"

Wie gesagt, ich war damals etwa 17 Jahre alt. Jahre später, als ich die ersten beglückenden Erfahrungen mit Frauen gemacht hatte, kam mir der Verdacht, daß mit dem von mir sonst so verehrten NIETZSCHE in sexueller Hinsicht etwas nicht gestimmt haben könnte. Und als ich mich mit den Biographien gescheiter Weiberhasser beschäftigte, wurde mir zur Gewißheit: All diese „großen" Männer hatten einen gemeinsamen Schwachpunkt: sie kannten „die Frauen" überhaupt nicht und – sie hatten Angst vor ihnen! Angst vor ihrer Emotionalität und – vor allem – ihrer Sexualität.

Die Angst des Mannes, bei der Frau sexuell zu versagen, zieht sich durch die gesamte bekannte Menschheitsgeschichte – bis auf den heutigen Tag! Dagegen mußte von seiten des Mannes natürlich etwas unternommen werden. Die Psychologie lehrt uns, wie dies – zu allen Zeiten! – gemacht wurde: Ich erhöhe mich selbst, indem ich einen anderen erniedrige . . .

CARL VAN BOLEN illustriert diesen Tatbestand an einer Legende aus dem altindischen ,,Anangaranga". Danach gab es einmal eine Frau, die vor Liebe brannte und keinen Mann finden konnte, der imstande war, ihre ungewöhnliche Begierde zu stillen. Was tat sie? Sie riß sich die Kleider vom Leib und gelobte, nackt durch die Welt zu ziehen, bis sie einen Mann finden konnte, der ihr ebenbürtig war. So betrat sie die Empfangshalle des Fürsten, bei dem gerade der als Weiser hochverehrte KOKA PANDIT weilte. Die Frau tanzte nackt und in eindeutig provozierenden Posen vor den versammelten Männern herum und antwortete schließlich auf die Frage, was diese Aufführung bedeute, daß sicherlich auch in diesem Raum kein Mann sei, der ihre sexuelle Begierde stillen könne. Der Fürst und die Höflinge waren baß erstaunt. Aber der weise KOKA PANDIT rieb sich die Hände und bat in aller Ergebenheit um die fürstliche Erlaubnis, die Widerspenstige zu zähmen. Er führte sie sodann in sein Haus und bearbeitete die Frau so gründlich, daß sie, durch die Vielzahl der Orgasmen erschöpft, fast ohnmächtig wurde und um Schonung flehte. Daraufhin stach der männliche PANDIT goldene Nadeln in die Arme und Beine der Frau, führte sie vor den Fürsten und zwang sie, ihre Niederlage einzugestehen und sich sogleich feierlich zu verschleiern. Dann wurde sie des Palastes verwiesen. Die durch PANDITs Männlichkeit überwältigte Frau verschwand aus der Stadt und ward nie mehr gesehen . . .

Ohne Zweifel hat diese Legende psychologischen Wahrheitswert. Sie drückt mit aller Deutlichkeit das Angstverhältnis des Mannes gegenüber der Frau aus und tröstet den Mann zugleich durch das ,,Happy-End", das die schließliche sexuelle Unterwerfung der Frau bringt.

Im christlich-abendländischen Kulturkreis drückte man den Triumph des Mannes über die Frau weniger poetisch aus. Man brachte, gestützt auf die Genesis, einige wenige, aber massive Vorurteile unter das Volk, die bis heute ihre Wirksamkeit kaum eingebüßt haben:

- Der Mann war vor der Frau da.
- Die Frau ist ein minderwertiger Mann, eine mißlungene Nachbildung des Originals.
- Die Männer sind die Norm, die Frauen die Abweichung.
- Die Frau ist nicht nur eine Abweichung von der männlichen Norm, sie ist darüber hinaus ,,minderwertig‘‘.

Diese ,,Erkenntnisse‘‘ wurden in wohlfeile ,,Volksweisheiten‘‘ umgemünzt, zum Beispiel: ,,Lange Haare, kurzer Verstand!‘‘ Entwicklungsgeschichtlich betrachtet ist an diesem ganzen Unsinn kein wahres Wort. Vielmehr ergeben die Forschungsergebnisse aller mit diesem Thema befaßten Wissenschaftsdisziplinen aus heutiger Sicht etwa folgendes Bild:

- Die Frau, als sexuell anders gepolter Mensch, ist älter als der Mann. Dies wird durch die embryonale Entwicklung bestätigt: Jeder Säugetierkeim ist zunächst, bis zu einer bestimmten Stufe der Entwicklung, weiblich determiniert. Erst wenn das Androgen des Keimes wirksam wird, erfolgt die Ausrichtung zum männlichen Geschlecht hin. Hier irrt also die Bibel: Nicht der Mann ist es, aus dessen Rippe das Weib geformt wird, sondern *das Primäre ist das Weibliche*, aus dem erst durch die Einwirkung von Androgen das Männliche wird.
- Der Geschlechtstrieb war stets eine zweiseitige Angelegenheit: Beide Geschlechter verspüren ein Bedürfnis; beide werden getrieben, es zu befriedigen; beide erleben die Kopulation als eine Erfüllung.
- Der männliche Hominide konnte sich überhaupt nicht mit dem Weibchen paaren, ohne daß sie ihn dazu einlud oder zur Mitwirkung bereit war. Beweis dafür ist (auch heute noch) die Affengesellschaft, wo es so etwas wie Vergewaltigung, Prostitution oder auch nur ein passives Gewährenlassen nicht gibt.

- Im Alltagsleben der höheren Primaten wird das Weibchen zum sexuell aggressiven Teil. Jemand muß in der Liebe die Initiative ergreifen, meistens tut dies das Weibchen. (Insofern ist also die Furcht der Männer, den sexuellen Anforderungen der Frauen nicht gerecht werden zu können, berechtigt.)

Schlußfolgerung aus Entwicklungsgeschichte und Verhalten: Einerseits haben sich die meisten Frauen irgendwann einmal über den Ekel der Männer vor ihnen empört, über deren Abscheu vor der ,,Unreinheit'' der Menstruation. Andererseits werden auch die Männer von den Frauen häufig genug schmutzig und viehisch genannt. Beide Geschlechter haben einen Balken im Auge. Es wäre gut, wenn alle Beteiligten ihre Vorurteile loswürden. Ebensogut wäre es, wenn beide Geschlechter in sexueller Hinsicht keine Wunder voneinander erwarteten und im Umgang miteinander mehr Geduld aufbrächten. Denn es ist eine Tatsache, daß einige Elemente dieser wechselseitigen Empfindlichkeit Wurzeln haben, die nicht, wie FREUD glaubte, zwanzig Jahre bis in die Kindheit des einzelnen zurückreichen, sondern fünfzehn Millionen Jahre – bis in die Kindheit des Menschengeschlechts.

4.3 Wie man als Manager Emanzipationshilfe geben kann

Nachdem wir uns einige Ursachen für den ,,Kampf der Geschlechter'' erarbeitet haben, fragt sich, welche Konsequenzen wir daraus für die Arbeitswelt ableiten sollten. Zunächst einmal sollte sich jeder Vorgesetzte zwei Dinge vor Augen halten:

1. Das sexuelle Privatleben eines weiblichen/männlichen Mitarbeiters geht keinen Vorgesetzten etwas an; es sei denn, ein Mitarbeiter stört durch sein Verhalten den Betriebsfrieden. Diese Forderung gilt natürlich auch gegenüber Homosexuellen und Lesbierinnen. Sie leiden durch ihr ,,Anderssein'' genug – da ist jede Diskriminierung durch den Chef fehl am Platze.

2. Männliche Vorgesetzte sollten endlich den arroganten Traum begraben, die ihnen unterstellten Frauen und Mädchen hätten vor allem eine Sehnsucht: mit ihnen ins Bett zu steigen! Das Gegenteil ist der Fall ...

Ich komme immer wieder auf den Ausspruch des westlichen Sufi-Meisters Sir RICHARD BURTON zurück, weil er so grundlegend wahr ist: „Selbstentfaltung, unter Rücksichtnahme auf andere, ist der alleinige und ausreichende Zweck des menschlichen Lebens." Das Schlüsselwort dieses Zitates heißt „unter Rücksichtnahme auf andere". Wenn man nun „Emanzipation" als den Versuch *beider* Geschlechter begreift, sich aus anachronistischen Rollenbildern zu befreien, so bedeutet dies meines Erachtens nicht nur, daß man sich dem anderen Geschlecht gegenüber tolerant verhält – das ist natürlich die conditio sine qua non. Es bedeutet mehr: Man *hilft* dem anderen, sich aus einer (sexuell sehr stark bestimmten) Rolle zu befreien, die seinen Bedürfnissen nicht entspricht und sein Selbstwertgefühl erniedrigt. Ich empfehle deshalb jenen Führungskräften, die für weibliche Mitarbeiter verantwortlich sind, diese Frauen aktiv zu unterstützen, wenn sie versuchen, sich aus ihrer diskriminierenden Situation zu befreien. Was ist zu tun?

- Das allererste, wovon Frauen befreit werden müssen, ist ihre chronische Neigung zu Gefühlen der Schuld und der Unzulänglichkeit. Mit anderen Worten: Man muß ihnen größere Selbstachtung einflößen, indem man ihr Selbstwertgefühl hebt, anstatt es planmäßig mit Füßen zu treten, wie dies seit Jahrtausenden der Fall gewesen ist.
- Man muß den Frauen helfen, wirtschaftlich unabhängig zu werden; zum Beispiel auch dadurch, indem man ihnen gleichen Lohn für gleiche Leistung bezahlt. Dies ergäbe einen doppelten Nutzen: Die Frauen würden sich nicht durch den Mann „versklavt" fühlen, weil er der alleinige Ernährer der Familie ist beziehungsweise viel mehr Geld nach Hause bringt als die Frau. Andererseits hätte der Mann nicht irgendwo im Hinterstübchen den Verdacht, daß sich die Frau durch die Heirat vor allem wirtschaftlich absichern wollte.

- Das Recht der Entscheidung, Kinder zu haben oder nicht, sollte allein den Frauen zustehen. Männer können überhaupt nicht ermessen, was es heißt, schwanger zu sein, eine Geburt durchzustehen und sich hinterher mindestens 15 Jahre um das Kind sorgen zu müssen. Wie immer sich eine Frau entscheidet – für oder gegen Kinder –, den Preis muß sie stets *allein* bezahlen!
- Die ideologisierten und dogmatisierten Abtreibungsgegner beweisen mit ihren emotional geführten Kampagnen zweierlei: daß sie keine Ahnung von psychologischen Basisgesetzen haben und im Grunde jene Menschen verachten, für deren Erhaltung im Uterus sie sich so vehement einsetzen! Denn jeder Mensch sollte das unveräußerliche Recht haben, nicht von einer Mutter geboren zu werden, die ihn nicht haben will. Ungeliebte Kinder erhalten keine Zuwendung und werden als Erwachsene zum großen Teil neurotisch, asozial oder kriminell.
- Frauen, die sich unverheiratet ein Kind wünschen, sollten deswegen auf Ämtern, in Schulen oder im Betrieb nicht diskriminiert werden.

Vielleicht ist der eine oder andere von Ihnen (soweit er männlichen Geschlechts ist) der Meinung, daß hier – in einem Buch über Führungstechnik – etwas zuviel über Sexualität geredet wird. Das Gegenteil ist der Fall – *zuviel* kann man über die Grundlagen der Sexualität nie wissen! Denn das sexuelle Verhalten eines Menschen hängt zunächst einmal davon ab, wie seine Keimdrüsen arbeiten. Wir wissen aus vielen Versuchen, daß schon die Zuführung eines Millionstel Gramms des spezifischen Sexualhormons das sexuelle Verhalten von Mann und Frau entscheidend verändert. Aber nicht nur das sexuelle Verhalten! Da unser gesamter Organismus von kybernetischen Regelkreisen gesteuert wird, wirkt sich die Produktion der Sexualhormone via Feedback auf Hypothalamus (Zwischenhirn) mit limbischem System und Formatio reticularis aus. Die gesamte gefühlsmäßige Einstimmung eines Menschen, vom Himmelhochjauchzen bis zur Depression, ist unter anderem eine Folge der Produktion der

Geschlechtshormone. Und jene ,,Vollmänner", die sich so gerne über das ,,tuntenhafte" Verhalten von Schwulen mokieren, sollten sich lieber einmal mit einem volkstümlichen medizinischen Aufklärungsbuch beschäftigen und sich die Wissensgrundlagen über das hormonale Geschehen in unserem Körper aneignen! Die Unwissenheit über diese Abläufe ist, auch in ,,Akademikerkreisen", trotz Sexwelle erschreckend!

Für die Praxis des Managements, das heißt für die Zusammenarbeit von Mann und Frau im Beruf, sollte man sich, als Vorgesetzter, ständig vor Augen halten:

1. Jeder Zusammenarbeit von Mann und Frau unterliegt, sofern beide ,,normal gepolt" sind, die sexuelle Spannung zwischen den Geschlechtern.

2. Wenn Mann oder Frau mit einem ,,attraktiven" Partner des anderen Geschlechts zusammenarbeiten, sollte man diese sexuelle Spannung nicht negieren, sondern als gegeben akzeptieren.

3. Beide Geschlechter sollten indessen, gewissermaßen durch einen stillschweigenden ,,Contrat social", sich während der Arbeitszeit so verhalten, *als ob* diese Spannung nicht da wäre. Dazu gehört, daß Frauen während der Arbeitszeit ihre sexuelle Ausstrahlung nicht durch hautenge Kleidung erhöhen und daß Männer ihren Arbeitskolleginnen nicht Komplimente in dieser Richtung machen.

4. ,,Betriebsausflüge", verbunden mit reichlichem Alkoholgenuß, sind eine Gefahrenquelle ersten Ranges, weil dabei oft die gebotene Zurückhaltung aufgegeben wird.

5. Die beste Basis für eine gedeihliche Zusammenarbeit, auch zwischen Mitarbeitern verschiedenen Geschlechts, ist die gegenseitige Wertschätzung. Das heißt: Man signalisiert dem anderen durch das eigene Verhalten, daß man ihn als die Persönlichkeit, die er ist, akzeptiert; und daß man nicht versucht, ihn ,,umzumodeln" oder ,,anzumachen".

4.4 Frauen denken anders – auch im Beruf!

Die gescheitesten Bücher zu den Themen „weibliche Psyche" bzw. „Emanzipation" stammen von Frauen. Dies ist eigentlich nur natürlich, denn kein Mann, auch der besten Willens, kann sich wirklich in die weibliche Psyche einfühlen – das verhindern schon seine Androgene! Umgekehrt gelingt es anscheinend den Frauen besser, sich in die männliche Psyche einzufühlen; vielleicht, weil sie in den zurückliegenden Jahrtausenden des Zwanges zur Anpassung und Unterordnung ein besseres Einfühlungsvermögen entwickelt haben als der Mann. Er, als „dominanter Typ", hatte dies ja nicht nötig. Es ist jedenfalls erstaunlich, wie klar und bis zu einem gewissen Grade leidenschaftslos einige um wissenschaftliche Objektivität bemühte Frauen den Mann sehen und beschreiben.

Eines der besten Bücher, das mir bei meiner Suche nach fundierter Information über das Verhalten der Geschlechter zueinander in die Hände gefallen ist, stammt von zwei Frauen, die an der Harvard Business School promoviert haben und, neben Lehraufträgen, als freie Unternehmensberaterinnen tätig sind: Dr. Margaret Henning und Dr. Anne Jardin.

Im folgenden referiere ich einige, von mir subjektiv ausgewählte Erkenntnisse der beiden Autorinnen. Dabei ist es meine erklärte Absicht, wenigstens ein paar „progressive" Manager zu verleiten, sich dieses wirklich wertvolle Buch zuzulegen, um einige der darin enthaltenen Hinweise über weibliches Denken in die Praxis der Mitarbeiterführung einzubeziehen.

- *Frauen entschließen sich viel zu spät, Karriere zu machen.* Oft entscheiden sie sich erst nach zehn Berufsjahren, ein Stück höher zu klettern – dann ist es zu spät für eine geplante Karriere!
- *Die meisten Frauen sind zu passiv.* Sie lassen Dinge geschehen, anstatt zu versuchen, von sich aus etwas zu bewegen.
- *Frauen glauben, ihre persönliche Weiterentwicklung im Sinne von „Selbstverwirklichung" sei auch der entscheidende Faktor für das berufliche Fortkommen.* Infolge dieser „Egozentriert-

heit“ versäumen sie, sich für das viel wesentlichere „Drumherum“ zu interessieren – etwa für das inoffizielle System der Beziehungen und Informationskanäle eines Unternehmens. Sie erkennen und akzeptieren nicht die gegenseitigen Loyalitäten und Abhängigkeiten, die erwiesenen und geschuldeten Gefälligkeiten, den gegenseitigen Nutzen, die Protektion, die Männer immer bis zu einem gewissen Grad einkalkulieren.

- *Frauen begreifen eine Karriere als persönliches Wachstum*, als Selbstverwirklichung. Männer sehen eine fortschreitende Reihe von Jobs vor sich, wenn sie sich ihre Karriere vorstellen.
- Männer beziehen die Arbeiten, die sie verrichten, ausdrücklich auf ihre Vorstellung von Karriere als Aufstieg, als Weiterkommen. *Frauen trennen die beiden Phänomene voneinander:* Eine Arbeit läuft „hier und jetzt“ ab, eine Karriere dagegen ist ein sehr persönliches Ziel, bei dem man nur alleine beurteilen kann, ob man es erreicht hat.
- *Männer rechnen von Anfang an damit, daß sie arbeiten werden, um mindestens sich selbst zu ernähren.* Nur sehr wenige Frauen werden im Kindesalter mit dieser Frage konfrontiert. Die meisten rechnen eben doch damit, jemanden zu finden, der sie ernährt. Der Unterschied in der Geisteshaltung, der sich aus diesen unterschiedlichen Erwartungen aus der Kindheit ergibt, ist enorm.
- Männer sehen die berufliche Karriere als wesentlichen Bestandteil des Lebens. Tauchen private Probleme auf, suchen Männer, sich zwischen „privat“ und „Geschäft“ hindurchzumogeln. Frauen bestehen auf klarer Trennung und entscheiden sich im Konflikt eindeutig für den einen oder anderen Weg.
- Wenn Männer in eine Firma eintreten, haben sie automatisch den „Marschallstab im Tornister“. Deshalb müssen sie, durch wiederholte Fehlleistungen, *ihr Scheitern erst einmal unter Beweis stellen.*
- Frauen hingegen müssen *durch ihre Leistung ständig beweisen, daß sie dazugehören*, obgleich alle Leute a priori annehmen, daß sie nicht dazugehören.

○ Ein weiterer typischer Unterschied betrifft den Begriff der *persönlichen Strategie*. Männer definieren ihn als Gewinnen oder Erreichen eines Ziels. Sie stellen sich bei neuen Aufgaben stets die Frage: „Was ergibt sich für mich?" – Es ist eine entscheidende Frage, *weil sie die Zukunft ins Spiel bringt*.

Das zeitliche Element fehlt in den Überlegungen der Frauen. Sie denken darüber nach, wie sie ein Problem am besten hier und jetzt lösen könnten –, *ohne zu berücksichtigen, ob und wie sich dieser Entschluß auf lange Sicht auswirken könnte*.

○ Jungen lernen schon beim Fußballspielen, *daß man sich in eine Mannschaft integrieren muß*, daß man gewinnen *und* verlieren kann, daß man einzelne Mannschaftsmitglieder *braucht*, auch wenn sie charakterlich mies sind –, denn man braucht elf!

Junge Mädchen sammeln Team-Erfahrungen in der Regel nicht. Wenn sie Sport treiben, bevorzugen die meisten Einzel-Sportarten, wie Reiten oder Tennis. Die meisten jungen Mädchen lernen niemals, was „Mannschaftsgeist" bedeutet, und sie lernen nicht, sich in eine Gruppe zu integrieren und mit Gruppenmitgliedern, die einem nicht liegen, dennoch gemeinsam zu siegen!

○ Ein anderer typischer Unterschied liegt darin, wie Männer und Frauen *Risiken* beurteilen. Was ist ein Risiko? Für Männer bedeutet Risiko Verlust *oder* Gewinn; Siegen *oder* Verlieren; Gefahr *oder* Chance.

Frauen beurteilen ein Risiko grundsätzlich negativ. Für sie heißt es Verlust, Gefahr, Schmerz. Man geht ihm aus dem Wege, so gut man kann.

Im übrigen neigen Frauen, im Gegensatz zu Männern, in ihrem Rollenverhalten meist zu der Ansicht: „So bin ich nun einmal, ob es den anderen gefällt oder nicht!" Das bedeutet, daß es unweigerlich schwerer ist, sich von Chef, Arbeit, der eventuell entstandenen Situation zu distanzieren. *Frauen haben nicht das Gefühl, daß ein Spiel gespielt wird*, daß sie aus Gründen der Selbsterhaltung vorübergehend einen anderen Stil anwenden sollten. Für sie ist alles ernst. Sie investieren etwas ganz Spezifisches von sich, reagieren deshalb empfindlicher auf Kritik und persönliche Verletzungen und glauben weniger daran, daß sie eine Arbeit tun können, die sie noch nicht kennen oder nie gemacht haben.

Die beiden Autorinnen fassen schließlich jene Erkenntnisse, die ihnen am wesentlichsten erscheinen, zusammen. Der „kleine Unterschied“ bedingt, daß Jungen in einem Ausmaß lernen, miteinander zurechtzukommen, wie es Mädchen nur selten für nötig halten. Später, vor einem Hintergrund gemeinsamer Erwartungen und früherer Erfahrungen, lernen Männer, bei Besprechungen zu sitzen und miteinander zurechtzukommen, einander zu tolerieren und einander zu benutzen –, was Frauen oft unbegreiflich finden.

Das Gruppenverhalten von Männern ist in der Tat ein Phänomen, das Frauen häufig zur Sprache bringen: „Wie können zwei Männer, die sich absolut nicht mögen, bei einer Besprechung sitzen und so tun, als nähmen sie Rücksicht aufeinander und hülfen sich gegenseitig, wo alle anderen wissen, wie es in Wirklichkeit steht, und trotzdem so tun, als kauften sie es ihnen ab? Wie können sie bloß solche Heuchler sein?“

Es ist eine aufschlußreiche Frage. Firmenverhalten ist das Verhalten einer Gesellschaft, deren Mitgliedern es im einen Extrem ums Gewinnen und im anderen ums reine Überleben geht, und die jeweilige Position im Verhältnis zu den beiden Extremen definiert meist den Status eines Mitglieds. Bis man gewonnen hat, ist Besonnenheit am Platze. Warum sollte man sich absichtlich Feinde machen, wenn es einen weiterbringt, Freunde zu gewinnen? Kleine Jungen wissen schon mit zwölf Jahren, daß sie zehn andere brauchen, um eine Mannschaft zu bilden, und daß sie die anderen vielleicht alle mögen –, vielleicht aber auch nicht.

Frauen bringen die Verhaltensweisen einer anderen Gesellschaft mit, deren Mitgliedern es um das Aufrechterhalten von Beziehungen geht, weil Beziehungen einen Menschen selbst am unmittelbarsten definieren. Beziehungen sind für Frauen meist ein Selbstzweck, und in der traditionellen weiblichen Erfahrung gibt es kaum etwas, was dem widerspricht. Aus diesem Grund (und ohne es zu wissen) tappen Frauen so oft in die Falle „Intoleranz“: Ich mag ihn/sie nicht und kann nicht mit ihm/ihr arbeiten.“

Versuchen wir einmal, von der Theorie in die Praxis zu springen: Angenommen, eine junge Mitarbeiterin würde sich nach einem „Karriere-Gespräch" mit ihrem Chef entschließen, den Marsch zum Gipfel anzutreten. Wie müßte der Chef – wenn er die junge Dame für begabt hält – in den nächsten Monaten vorgehen? Er sollte, meines Erachtens, schrittweise folgendes tun:

1. Er sollte ihr nacheinander verschiedenartige Aufgaben übertragen, um festzustellen, wo ihre Stärken liegen: im Planen, im Organisieren, im Budgetieren, im Verhandeln, beim Entwickeln neuer Ideen und so weiter.
2. Er sollte sie mit „besonders wichtigen" Aufgaben unter Zeitdruck setzen: um festzustellen, wie sie auf Belastungen reagiert und ob sie bereit ist, in solchen Fällen Überstunden zu machen und ihre privaten Interessen zugunsten der Firma hinten anzustellen.
3. Wenn sie versagt, sollte er mit ihr gemeinsam klären, *warum* sie versagt hat. Vielleicht fehlten ihr einfach noch die Kenntnisse und Fertigkeiten für diese spezielle Aufgabe? Im übrigen sollte er ihre guten Leistungen loben und regelmäßig ihre Leistungen mit ihr besprechen, damit sie stets weiß, woran sie ist.
4. Er sollte ihr, besonders gegenüber den männlichen Konkurrenten, den Rücken stärken und eines ganz klar herausstellen: Solange diese Mitarbeiterin gute Leistungen erbringt, wird er sie als Chef stützen.
5. Er sollte, besonders den weiblichen Konkurrentinnen gegenüber, klarmachen, daß er diese Mitarbeiterin wegen ihrer guten Leistungen fördert – *und nur deshalb!*
6. Er sollte ihr zur Vorbereitung ihres Aufstiegs in das Middle-Management Gelegenheit geben, Seminare zu besuchen, wo sie lernt, Entscheidungen lege artis zu fällen, die Bedeutung der inoffiziellen Organisation zu erkennen, eine Besprechung zu leiten und Kritikgespräche mit unterstellten Mitarbeitern zu führen.
7. Er sollte schließlich, nach etwa einem „Jahr der Bewährung", wiederum ein Gespräch mit ihr führen, um ihr zu helfen, sich

endgültig über ihre Zielsetzung klarzuwerden: Was will sie im Unternehmen letztlich erreichen? Will sie in die Personalabteilung? In den Vertrieb? In die Marketing-Abteilung?

8. Das bedingt jedoch, daß sich dieser Chef vorher selbst über folgende Fragen klargeworden ist: Was habe *ich* mit dieser Mitarbeiterin im Sinn? Möchte ich sie *bei meinem eigenen Aufstieg mitnehmen*, vielleicht bis in die Vorstandsetage? Dann muß ich ihr Zug um Zug jene Aufgaben zuweisen, die als ,,Vorübung" für das Aufgabengebiet der nächsten Stufe zu sehen sind. Oder habe ich schon eine Position ins Auge gefaßt, in der beispielsweise der jetzige Chef bald in Pension geht, und will dann dessen Sekretärin übernehmen, die den für mich neuen Laden kennt?

An dieser Stelle ist eine allgemeine Anmerkung über die Förderung von neuen Mitarbeitern angebracht. In vielen Unternehmen stoße ich auf die sattsam bekannte Einstellung, daß Chefs (aller Ebenen) begabte und ehrgeizige Mitarbeiter nicht fördern, sondern sie aus der Firma ekeln –, weil sie einen persönlichen Rivalen befürchten, der ,,an ihrem Stuhl sägt". Diese kurzsichtige Einstellung schadet nicht nur dem Unternehmen, sondern auch so einem Chef selbst. Warum?

Nehmen wir einmal an, ein Abteilungsleiter hätte so einen ,,kommenden jungen Mann" in seiner Abteilung. Dieser Abteilungsleiter erkennt, daß der junge Mann im Grunde zu schade ist, um ewig hier sitzen zu bleiben. Also fördert er ihn planmäßig und empfiehlt ihn eines Tages für die freiwerdende Position eines Gruppenleiters.

Nehmen wir weiterhin an, dieser junge Mann wäre wirklich sehr begabt und macht eine rasche Karriere. Vielleicht ist er in zwei Jahren Abteilungsleiter und zwei Jahre später schon Haupt-Abteilungsleiter: Jetzt hat er also seinen ehemaligen Chef überrundet. Ist das ein Manko? Im Gegenteil! Sein ehemaliger Chef hat jetzt, eine Etage höher, einen *Freund* sitzen, der ihm seinen Aufstieg mitverdankt.

Nehmen wir schließlich an, unser Abteilungsleiter würde diese Art der ,,Förderungspolitik" konsequent über Jahre betreiben.

Dann hätte er eines Tages, ganz egal, ob er selbst Karriere macht oder nicht, überall im Unternehmen Freunde sitzen, die ihren Aufstieg ihm mitverdanken. Das heißt, den Nutzen aus einer derartigen Personalpolitik hätte er mindestens genauso stark wie das Unternehmen.

Fazit: Die Förderung begabter und ehrgeiziger Mitarbeiter, ganz gleich welchen Geschlechts, *zahlt sich immer aus!*

Deshalb behaupten Management-Fachleute international:

> *Künftig rangiert die Fähigkeit, Mitarbeiter zu führen,*
> *zu fördern und zu begeistern eindeutig*
> *vor dem fachlichen Können.*

4.5 Warum es einzelne Frauen geschafft haben, bis in die Geschäftsleitung vorzustoßen

Die beiden Autorinnen HENNING und JARDIN haben in den USA fünfundzwanzig erfolgreiche Aufsteigerinnen, die es bis zum Vize-Präsidenten großer Unternehmen gebracht haben, eingehend interviewt: *Warum* haben es diese Frauen geschafft? Ich will versuchen, die wichtigsten Erkenntnisse aus dieser – weltweit einzigartigen – Studie zusammenfassend zu referieren.

1. Von den 25 Aufsteigerinnen waren 20 das einzige oder älteste Kind; die restlichen fünf gelangten durch Veränderung der Situation (Scheidung der Eltern, Tod älterer Geschwister) im Laufe der Kindheit ebenfalls in die Position der Erstgeborenen.

2. Alle 25 haben ein extrem gutes Verhältnis zu ihrem Vater gehabt und zusammen mit ihm an einer ungewöhnlich breiten Skala traditionell männlicher Aktivitäten teilgenommen, und das schon ab einem sehr frühen Alter.

3. Alle Aufsteigerinnen wurden in aufstrebenden Mittelschichtfamilien an der amerikanischen Ostküste geboren. Die Väter von 22 der 25 Frauen bekleideten leitende Posten in der Wirtschaft. Die anderen drei waren College-Direktoren. 24 der 25 Mütter waren Hausfrauen. Eine Mutter arbeitete als Lehrerin. Das Bildungsniveau von 23 Müttern war mindestens so hoch wie das der Väter.

4. Von entscheidender Bedeutung ist offenbar, ob einem Kind die besondere Behandlung zuteil wird, die man traditioneller Weise dem *ersten* Kind vorbehält, denn dieses Gefühl der Besonderheit prägt die Kindheitserfahrungen weitgehend. Alle 25 Frauen erinnerten sich, daß ihre Kindheit glücklich gewesen war, und daß sie in den Augen ihrer Eltern eine besondere Rolle spielten.

5. Die Vater-Tochter-Beziehung gab der Kindheit dieser Frauen eine besondere Dimension. Sie schenkte ihnen Aufmerksamkeit, Anerkennung, Belohnung und Bestätigung. Sie war eine zusätzliche Quelle des frühen Lernens, ein sehr frühes Mittel zur Erweiterung ihrer Erfahrungen. Alle 25 Frauen erklärten, ihr Vater habe zu ihrer Selbstdefinition als Mensch beigetragen. Für ihre Väter waren sie Mädchen. Sie waren jedoch Mädchen, die viel mehr konnten als gewöhnliche Mädchen.

6. Väter und Töchter teilten Interessen, von denen man traditionell annimmt, sie eigneten sich nur für Väter und Söhne: Körperliche Betätigung, harte, sportliche Wettkämpfe, ein aggressiver Leistungsdrang und die Bereitschaft zum Wettkampf – mit dem festen Vorsatz zu gewinnen.

7. Alle Aufsteigerinnen hatten bereits sehr früh von ihren Vätern gelernt, Risiken nüchtern abzuwägen, das heißt mit Hilfe ihres Verstandes die Chancen für Gewinn oder Verlust zu taxieren. Dadurch unterschieden sich diese 25 Frauen grundsätzlich von der Mehrzahl aller anderen Frauen, für die Risiko Verlust bedeutet und die deshalb einem Risiko aus dem Wege gehen.

8. Alle 25 Frauen waren in der Grundschule Klassenbeste und soziale Anführer – von der Klassensprecherin bis zur Führerin bei den Pfadfindern.

9. Zu den grundlegenden Voraussetzungen *jedes* Erfolges gehören Leistungsstreben, Aufgabenorientierung, der Wunsch, aufgrund seines Könnens geachtet zu werden, die Freude am Wettbewerb und die Fähigkeit, Risiken einzugehen. All diese Eigenschaften besaßen die 25 Aufsteigerinnen bereits als kleine Mädchen, als Ergebnis der Erziehung (vor allem durch den Vater) – und alle fanden in der Retrospektive die dazu aufgewendeten Anstrengungen lohnend, weil sie ihnen die Bestätigung und Wertschätzung ihrer Eltern, besonders aber des Vaters, eingebracht hatten.

10. Die Normalität der Frau ist nach ihrer Distanz von der männlichen Norm definiert worden. Je größer diese Distanz, desto „normaler" die Frau. Aufgrund dieses Maßstabes erwartet die Gesellschaft, daß die Frau eine Rolle übernimmt, die passiv, submissiv, verharrend, sicherheitsorientiert, schwach und nehmend ist.

    Die Gruppe der 25 gab aber während der Pubertät weder ihre Wertbegriffe noch ihre frühere Orientierung auf, und ihr Verhalten unterschied sich infolgedessen radikal von dem, was bei heranwachsenden Mädchen von jeher als „normal" gilt. Das heißt: In der Pubertätszeit hatten diese jungen Mädchen laufend Konflikte mit Lehrern und Klassenkameraden. Das war der Preis, den sie nachträglich für eine Erziehung bezahlen mußten, die eigenständige, nonkonformistische Persönlichkeiten aus ihnen gemacht hatte.

11. In die Zeit der Pubertät fiel, ebenfalls bei allen 25 Frauen, die Verschlechterung des Verhältnisses zur Mutter. Sie verurteilten jetzt ihre Mütter, die sich – ihrer Meinung nach – zu „fraulich" verhielten und sich praktisch dem Vater und den Zwängen der Gesellschaft unterwarfen. Mit anderen Worten: Was all diese Mädchen zurückwiesen, war die Rollendefinition der Weiblichkeit, die die Mutter ihnen aufzuzwingen ver-

suchte. Sie erhielten sich ihre Ideale von Unabhängigkeit und Leistung. Sie verließen sich auf ihre eigene Stärke, hielten an ihren Zielen fest, ein College zu besuchen, berufstätig zu werden und erst später zu heiraten –, wobei sie sich auch auf die Unterstützung ihrer Väter verließen.

12. Alle 25 Frauen arbeiteten auf dem College hart. Semester für Semester standen sie auf der Liste der besten Studenten, und einige von ihnen graduierten mit der höchsten Auszeichnung. Die Strategie, die sie für sich entwickelten, bestand darin, daß sie Ziele setzten, planten, Prioritäten und Unterziele setzten, einen Kurs einschlugen, bei dem ablenkende Umwege erkannt und vermieden wurden. Mit anderen Worten: Sie verhielten sich damals schon genauso wie ein erfolgreich aufstrebender Manager in der Industrie. Mit Männern verplemperten sie nicht viel Zeit, und im übrigen klassifizierten sie sie nach zwei Typen: Helfer wie ihre Väter – und die anderen.
13. Alle 25 Frauen beschlossen in einem sehr frühen Stadium ihrer Berufslaufbahn, es auf Gedeih und Verderb in *einem* Unternehmen zu versuchen. Alle sagten (in der Retrospektive), sie seien sehr früh zu dem Schluß gekommen, eine Frau könne nur dann gehobene und höhere Führungspositionen erreichen, wenn sie ihre gegenwärtige Arbeit, eine Stufe tiefer und eine Stufe höher, besser beherrsche als jeder verfügbare Mann.
14. Alle Aufsteigerinnen sahen ihre Anfangsfunktion als erste Sprosse auf der Leiter nach oben. Alle hatten sehr schnell einen anderen, über Erfolg oder Mißerfolg entscheidenden Faktor erkannt: den guten Chef.
15. Im genauen Bewußtsein ihrer Rolle als Frauen in Männerorganisationen und der Notwendigkeit, sich bei ihrem Aufstieg von den unteren Verwaltungsrängen – wo Frauen vorherrschten – zum mittleren Management, wo sie die einzigen weiblichen Angestellten waren, in diesem Rahmen zu etablieren, waren sie der Ansicht, die Entwicklung guter Arbeitsbeziehungen zu Männern hänge davon ab, die Bedeutung des

sexuellen Unterschieds auf ein Minimum zu reduzieren; und dafür zu sorgen, daß die Kommunikation sich auf die Funktion oder Aufgabe konzentrierte. Das heißt: *Sie spielten herunter, daß sie Frauen waren, und benutzten Kompetenz als wichtigste Selbstdefinition.*

16. Alle Frauen legten Wert auf die Feststellung, daß sie in diesem Abschnitt ihrer Berufstätigkeit nie eine sexuelle Beziehung zu Männern eingingen, die in ihrer Firma arbeiteten oder mit denen sie beruflich zu tun hatten. Etliche sagten, sie hätten schon damals eine wichtige Lektion über Sex und Arbeit gelernt: „Sag nie ja, sag nie nein, sag immer vielleicht."

    Sie glaubten, Männer betrachteten Frauen – mit wenigen bemerkenswerten Ausnahmen – im Grunde als Sexualobjekte, und deshalb fanden sie, es sei zur Aufrechterhaltung ihrer Beziehungen wichtig, den Eindruck zu erwecken, Sex sei nicht völlig ausgeschlossen – er sei nur sehr schwierig. Sie dachten, wenn sie eine sexuelle Beziehung entstehen ließen, würde es sich herumsprechen, und der Mann würde Schuldgefühle entwickeln und sie zurückweisen. Andererseits fürchteten sie, wenn sie von vornherein klarstellten, eine sexuelle Beziehung komme nicht in Frage, würde man sie als unweiblich ablehnen.

17. Zu dem Mann dagegen, für den sie arbeiteten, entwickelte sich eine gute und beständige Freundschaft. Sie begannen ausnahmslos als seine Sekretärin oder Assistentin, und als er die Sprossen der Hierarchie erkletterte, kletterten sie mit ihm – immer auf seine Bitte.

    Als die Frauen ihren Chef und ihr Verhältnis zu ihm beschreiben sollten, verglichen sie ihn mit ihrem Vater und schilderten ihre Beziehungen zu ihm entsprechend. Er half ihr, ermutigte sie, er war ihr Lehrer und ihre Stütze in der Firma. Er bewunderte ihre Tüchtigkeit und ihren Erfolgswillen. Sie war wiederum seine Schülerin, seine Bewunderin und seine Stütze. Er fand, Frauen sollten in der Privatwirtschaft vorankommen, und vertrat diese Ansicht ihr, den anderen Männern in der Firma und Kunden oder Klienten gegenüber.

18. Im übrigen bestand die Strategie aller 25 Aufsteigerinnen darin, die Anforderungen einer bestimmten Position in überdurchschnittlichem Maß zu erfüllen und sich dann auf die nächsthöhere Position vorzubereiten, indem sie zu Hause lernten und abends Kurse besuchten. Am Ende eines Funktionsabschnitts angekommen, waren sie für die betreffende Aufgabe bereits überqualifiziert und imstande, einen Posten auf der nächsten Sprosse der Hierarchie auszufüllen. Wenn ihr Chef befördert wurde, standen sie bereit, ihn zu begleiten.
19. Als diese Frauen irgendwann Abteilungsleiter wurden und Männer unter sich hatten, lösten sie auch dieses Problem. Eine der 25 berichtete: ,,Ich kam zu dem Schluß, ich müsse versuchen, das Mann-Frau-Problem zu übersehen, und mich darauf konzentrieren, meine Abteilung zu einer Ausbildungsstätte zu machen, von der sich bald herumspricht, daß sie der Ort sei, wo Männer gut arbeiten, gut lernen und gut vorankommen könnten. Das war meine Methode, Männer zu veranlassen, daß sie für mich arbeiten wollten. Und es funktionierte sehr gut . . . "

Fazit: Alle 25 interviewten Frauen, die beruflich außerordentlich erfolgreich waren und bis in das Top-Management aufstiegen, erzielten ihre Erfolge aufgrund folgender Faktoren:

- Alle waren bereits in der Kindheit ,,auf Erfolg programmiert" worden, und zwar von ihren Vätern. Begriffe wie Leistungsorientiertheit, Freude am Wettbewerb, das Akzeptieren von Risiken und der Wille zu gewinnen, wurden zur verinnerlichten Richtschnur ihres Handelns.
- Alle 25 Aufsteigerinnen haben hart gearbeitet und gehörten, von der Leistung her gesehen, immer zu den Besten: in der Grundschule, im College, im Unternehmen.
- Alle 25 hatten, von der Pubertät an, Schwierigkeiten mit ihrer Geschlechtlichkeit. Einerseits bejahten sie es durchaus, Frauen zu sein, und während der ersten Berufsjahre dachten sie durchaus noch daran, irgendwann zu heiraten und Kinder zu haben.

Andererseits fühlten sie sich von den meisten Männern als Sexualobjekt betrachtet und spielten deshalb planmäßig und konsequent ihre Rolle als Frau herunter. Sie bemühten sich (mit Erfolg), aufgrund ihrer überdurchschnittlichen Leistung respektiert zu werden und das Verhältnis zu Männern ausschließlich als Funktion ihrer Aufgabe erscheinen zu lassen.

4.6 Der Preis, den Frauen für ihre Karriere bezahlen

Wie mittlerweile jeder ständige Illustrierten-Leser weiß, ist das sexuelle Verhalten eines Menschen zunächst einmal von der Arbeit seiner Keimdrüsen abhängig. Das heißt, jede Frau ist irgendwo zwischen Frigidität und Nymphomanie angesiedelt (wie jeder Mann zwischen Impotenz und Satyriasis). Mit anderen Worten: Eine Frau bleibt, soweit sie organisch gesund (und nicht „falsch gepolt") ist, immer und in erster Linie eine Frau (Das gleiche gilt natürlich für den Mann). Das Problem der berufstätigen Frau beginnt nun damit, daß sich die meisten Frauen, vor allem zu Beginn ihres Berufslebens, über zwei Fragen nicht im klaren sind:

1. Wollen sie nur arbeiten, um Geld zu verdienen, oder Karriere machen?
2. Sollen sie im Berufsleben ihre Weiblichkeit akzeptieren und auch nach außen demonstrieren – oder sollen sie sie verstecken?

Das sind die „Gretchenfragen" jeder berufstätigen Frau. Von ihrer Beantwortung hängt es für alle Frauen ab, ob sie sich im Beruf glücklich oder unglücklich, zufrieden oder „ausgebeutet" vorkommen. Die Klagen über „undankbare Firmen", die treue Mitarbeiterinnen nach jahrzehntelanger Arbeit „ins Abseits" stellen, reißen nicht ab. Was ist an diesen Klagen dran?

Nach den Erkenntnissen von HENNING und JARDIN ergibt sich nach etwa zehn Berufsjahren für die Frau eine Zäsur: Man hat seine Tüchtigkeit bewiesen, ist (oftmals) via Sekretärin ins Middle-

Management aufgestiegen und mittlerweile 30–35 Jahre alt geworden. Meistens haben die Frauen aber keine Karriere gemacht, sondern lediglich tüchtig und zuverlässig als Sekretärin oder Sachbearbeiterin gearbeitet. Wir haben also zwei Frauengruppen vor uns, die wir getrennt analysieren müssen.

Die *Gruppe I* umfaßt jene Frauen, die keine Karriere machten (ob sie nicht wollten oder nicht konnten, sei dahingestellt). Die meisten von ihnen haben irgendwann zwischen fünfundzwanzig und dreißig geheiratet, gehen aber weiterhin in die Arbeit. Das sind jene (schon erwähnten) Frauen, die Beruf und Privatleben strikt trennen. Das bedeutet aber, daß sie ein äußerst anstrengendes *Doppelleben* führen: im Beruf wollen sie sich nichts nachsagen lassen und arbeiten zuweilen bis an die Grenze des Zusammenbruchs. Zu Hause müssen sie sich um die Kinder kümmern und oftmals noch den Mann bedienen, der wie ein Pascha vor dem Fernseher sitzt und meckert, wenn ihm das Bier zu warm serviert wurde. Da eine derartige Dauerbelastung nicht einmal eine Maschine durchhält (die wird in der Regel viel sorgfältiger gewartet und gepflegt), kommt irgendwann der Zeitpunkt, wo die Leistung der Frau in beiden Bereichen nachläßt. Im Büro heißt es dann: „Na ja, die Frau X ist auch nicht mehr, was sie einmal war!" Zu Hause fühlen sich die heranwachsenden Kinder vernachlässigt und natürlich der Mann, der sich zu dieser Zeit gelegentlich nach einer Geliebten umsieht –, solange „das Lämpchen noch glüht". Wenn die Frau dann glücklich mehr als zwei Jahrzehnte im Beruf war und mittlerweile jenes Alter erreicht hat, ab dem Geburtstage nicht mehr offiziell gefeiert werden, hat sich ihre Situation abermals geändert: Die Kinder sind aus dem Haus, das Eheleben ist zu einem zweitklassigen Ritual abgesackt, und im Büro läuft alles routinemäßig, man kennt seine Arbeit aus dem Effeff. Wenn der Mann allein nicht soviel verdient, daß der für angemessen erachtete Lebensstandard bestritten werden kann, geht die Frau noch weitere fünfzehn Jahre ins Büro. Ihr Chef ist froh, daß er eine zuverlässige Kraft hat –, im übrigen hält er sie kurz, vor allem finanziell. Und irgendwann sagt dann so eine Frau, nicht einmal völlig unberechtigt, daß sie ein Leben lang für die Firma gearbeitet, viel weniger verdient hat als die jungen Kolleginnen und immer häufiger behandelt wird, als ob sie bereits zum alten Eisen gehöre. Und da sie immer wenig verdient hat, mag sie an die läppische Rente gar nicht denken, die sie demnächst von „Vater Staat" erhalten wird . . .

Die *Gruppe II* hat Karriere gemacht. Nach zehn Berufsjahren haben diese Frauen eine Position als Abteilungsleiterin erreicht, ihre Tüchtigkeit wird allseits respektiert, und die Kollegen stellen aus einer Mischung von Bewunderung und Neid fest: „Die ist genauso tüchtig wie ein Mann!" Und genau hier liegt der Hund begraben. All diese Aufsteigerinnen haben sich wie ein Mann verhalten und dabei ihre Weiblichkeit – auch vor sich selbst! – verleugnet. Sie gaben sich stets etwas unterkühlt, kleideten sich korrekt, und einige faßten es sogar als Beleidigung auf, wenn ihnen ein Mann ein Kompliment wegen ihres guten Aussehens machte. Solche „Spielverderber" mußte man sich vom Leibe halten!

Alle von HENNING und JARDIN untersuchten Aufsteigerinnen hatten um die fünfundvierzig ein schockartiges Erlebnis: Plötzlich wurde ihnen klar, *daß sie ein Leben als Frau verpaßt hatten*. Kein Mann, keine Kinder, kein Familienleben, keine sexuellen Erlebnisse, überhaupt – ein Leben ohne emotionale Höhepunkte, ein Leben als „geschlechtslose Arbeitsbiene". Sollte das alles gewesen sein? War das der Sinn des Lebens?

Alle 25 reagierten nach diesem Erlebnis gleich: Sie verordneten sich ein „Karriere-Moratorium", traten beruflich kürzer und dachten erst einmal – etwa ein Jahr lang – über sich nach. Und bei all diesen 25 intelligenten Frauen führte dieser Denkprozeß zum gleichen Ergebnis: Sie beschlossen, fortan „Frau zu sein" und sich auch entsprechend zu verhalten. Sie akzeptierten sich – zum ersten Male in ihrem Leben! – als Frauen und stellten sich radikal um.

15 dieser 25 Frauen heirateten etwas überstürzt, meist Männer, die mindestens zehn Jahre älter waren als sie, um wenigstens spät noch etwas „Familienleben" mitzubekommen. Die restlichen zehn blieben allein. Aber *alle* 25 Aufsteigerinnen gaben sich plötzlich als Frauen! Sie besuchten Schönheitssalons, verwendeten

Kosmetik, kleideten sich modisch und betont weiblich und getrauten sich – zur freudigen Überraschung ihrer männlichen Umwelt – Gefühle zu zeigen! Dadurch verbesserte sich ihre Kommunikationsfähigkeit schlagartig, sie wurden beliebter, und alle Männer ihres beruflichen Umfeldes sagten mit Überzeugung: „So gefallen Sie uns viel besser!“

Die beruflichen Folgen dieser Umstellung waren erstaunlich: Nach und nach fingen diese Frauen an zu delegieren; sie erarbeiteten Entscheidungen *mit* jenen Männern, die ihre Untergebenen waren. Sie kümmerten sich nicht mehr um jede Kleinigkeit selbst, bekamen dadurch den Kopf frei und begannen, planmäßig ihre Karriere fortzusetzen – bis in die Geschäftsleitung! Sie hatten sich vom leistungsbesessenen Spezialisten zur Führungskraft gewandelt; und alles nur, weil sie – seit jener Denkpause – sich selbst als Frau bejahen konnten und ihre *Identität* gefunden hatten. Keine dieser 25, nunmehr auch im psychologischen Sinne erfolgreichen Frauen, hat die Hilfe eines Psychotherapeuten in Anspruch genommen.

Man kann sich, wenn man intelligent ist, durchaus selbst aus jedem Konflikt befreien, wenn man sich nur zu einem Vorgehen ernsthaft entschließt und es dann auch durchhält, die eigene Situation rücksichtslos zu analysieren, ohne Ausflüchte, ohne Rationalisierungen, ohne sich, wie in den Jahrzehnten vorher, „in die eigene Tasche zu lügen“. Wer dies schafft, findet *immer* eine Lösung für sein Problem – und zwar eine bessere Lösung, als sie jemals ein Dritter offerieren könnte! Das gilt natürlich nicht nur für Frauen. *„Menschsein“ ist eine Sache der eigenen Entscheidung – und niemals eine Sache der Fremdbestimmung!*

Meines Erachtens wird sich das Dilemma der berufstätigen Frau auch in den kommenden zwanzig Jahren nicht entscheidend ändern. Das liegt nicht an den Frauen, sondern an den Männern. Wenn es der Frau gelingen soll, gleichzeitig eine gute Mitarbeiterin/Chefin *und* eine attraktive Frau zu sein, dann muß ihr der (Ehe-)Mann einen Teil ihrer Hausarbeit und der Kindererziehung abnehmen. Nachdem die Frau nun einmal dazu bestimmt ist, Kinder auf die Welt zu bringen – und die meisten Frauen wollen dies ja auch –, darf man ihr deshalb nicht die Chance verwehren, sich im Sinne einer Selbstverwirklichung nach eigener Vorstellung als Persönlichkeit weiterzuentwickeln. Dazu kann berufliche Arbeit (einschließlich des Karrieremachens) oder ein Studium hervorragend beitragen. Aber –, dabei muß ihr der Mann helfen. Ich sehe in den immer häufiger werdenden Versuchen, die Ehe als echte Partnerschaft zu führen, in der der Mann bis zu einem gewissen Grade „Hausmann" ist, ein ermutigendes Zeichen. Alles läuft letztlich auf das hinaus, was ich zu Anfang dieses Kapitels feststellte: Emanzipation ist eine Aufgabe, die nur von Männern und Frauen *gemeinsam* gemeistert werden kann!

Ich möchte der Vollständigkeit halber noch einen anderen Typ erfolgreicher Frauen erwähnen, die es sich leisten können, Chef zu sein, ohne ihre Weiblichkeit zu verdrängen: die selbständigen Unternehmerinnen. Ich habe als Berater einige dieser Frauen kennengelernt, die ich bewundere. Sie haben indessen alle einen anderen Einstieg in die Chefposition gehabt: Entweder gründeten sie selbst eine Firma und brachten sie hoch; oder sie erbten eine und führten sie erfolgreich weiter. Doch diese Unternehmerinnen hatten, gegenüber den Karrierefrauen, die ich oben beschrieb, einen gewaltigen Vorteil: Sie hatten es nicht nötig, sich in einer (mehr oder weniger) feindlichen Männerwelt „durchzuboxen". Sie waren vom ersten Tag an „der Chef" –, und deshalb konnten sie es sich leisten, *Chef und Frau* zu sein, ohne sich etwas zu vergeben. Deshalb werde ich nicht müde, tüchtigen Frauen immer wieder die gleiche Empfehlung zu geben: *Machen Sie sich selbständig!* Das Dienstleistungsgewerbe bietet nicht nur genügend, sondern immer mehr Chancen, unsere oft geschmähte kapitalistische Gesellschaft hat einen ungeheuren Vorzug: Jeder, der fleißig und leistungsorientiert ist, kann sich auch ohne Kapital selbständig machen und erfolgreich sein!

5. Kapitel: Zur Dialektik von Macht und Ethik

5.1 Gedanken über Macht und Spiele

JOHAN HUIZINGA erfand 1938 den „Homo ludens", demzufolge der Mensch a priori ein Spieler ist. Fazit des HUIZINGA-Denkens:

Die menschliche Kultur kommt im Spiel auf und entfaltet sich in ihm. Dabei spielen drei Gegebenheiten eine Rolle:

1. Das Spiel ist älter als die Kultur und hat einen sehr selbständigen Charakter.
2. Es gibt eine verwirrende Unauflöslichkeit zwischen Spiel und Ernst.
3. Das Spiel ist an sich weder gut noch böse.

Auch THOMAS SZASZ weist in seinem Weltbestseller „Die Fabrikation des Wahnsinns" darauf hin, daß man die Art und Weise, wie die Gesellschaft ihre Angelegenheiten und wie der einzelne die seinen wahrnimmt und regelt, als Spielablauf bezeichnen kann. Religion, Gesetze und Sitten der Gesellschaft stellen die Regeln auf, nach denen die Menschen spielen müssen; denn tun sie es nicht, werden sie so oder so bestraft.

THOMAS SZASZ geht sogar so weit zu behaupten, daß die Menschen in diesem Leben weder Reichtum noch Komfort, noch Wertschätzung wirklich brauchen, sondern *spielenswerte Spiele*. Wer keine spielenswerten Spiele finden kann, läuft Gefahr, der Lähmung seines Willens, einem Zustand allgemeiner Langeweile und völliger Frustration anheimzufallen.

Der amerikanische Psychotherapeut ROBERT S. DE ROPP stößt (in seinem bemerkenswerten Buch „Das Meister-Spiel") ins gleiche Horn. Was ist der Rat des Propheten für den modernen Menschen? Suchen Sie zuerst nach einem spielenswerten Spiel! Haben Sie das Spiel gefunden, spielen Sie es intensiv; spielen Sie es, als ob Ihr Leben und Ihr klarer Verstand davon abhingen. Falls das Leben kein lebenswertes Spiel anbieten sollte, erfinden Sie eines!

Denn es muß selbst dem vernebeltsten Hirn klar sein, *daß jedes beliebige Spiel besser ist als kein Spiel.*

Nach THOMAS SZASZ können wir die Lebensspiele in *Objekt-Spiele und Meta-Spiele* unterteilen. Objekt-Spiele kann man als Spiele zum Erreichen materieller Werte betrachten – hauptsächlich Geld und das, was man dafür kaufen kann. Meta-Spiele spielt man für weniger Greifbares, beispielsweise für Wissen oder die Errettung der Seele. In unserem Kulturkreis herrschen die Objekt-Spiele vor. In früheren Kulturen herrschten die Meta-Spiele vor. Die gesamte Menschheit kann grob in zwei Gruppen unterteilt werden: in Meta-Spieler (M) und in Objekt-Spieler (O). Die beiden Gruppen haben sich nie verstanden – und werden sich mit Sicherheit auch nie verstehen.

ROBERT DE ROPP gibt folgende Aufgliederung der wichtigsten Spiele des Lebens:

Spiel	**Ziel**	**Art**
Meisterspiel	Erwachen	M
Religionsspiel	Erlösung	M
Wissenschaftsspiel	Wissen	M
Kunstspiel	Schönheit	M
Haushälterspiel	Familie aufbringen	
Kein Spiel	Kein Ziel	
Schwein am Futtertrog	Reichtum	O
Hahn auf dem Misthaufen	Berühmtheit	O
Molochspiel	Ruhm oder Sieg	O

Lassen Sie uns im Rahmen unserer Gesamtthematik nur einen kurzen Blick auf die (aus ethischer Sicht) „niederen Spiele“ werfen:

Schwein am Futtertrog: Objekt-Spiel in reinster Form, dessen Ziel es ist, die Nase so tief wie möglich in den Trog zu bekommen, soviel wie möglich hinunterzuschlingen und die anderen Schweine so kräftig wie möglich mit den Ellbogen zur Seite zu stoßen. Die Charakteristik eines starken Schweins in diesem Trogspiel kann durch folgende Begriffe umschrieben werden: *unersättliche Gier, Rücksichtslosigkeit, Verschlagenheit, Selbstsucht.*

Hahn auf dem Misthaufen wird zwecks Erlangen von Berühmtheit gespielt. Es dient in erster Linie zum Aufblasen des falschen Ego und zur Aufrechterhaltung dieses Zustandes. Spieler dieses Spiels dürsten danach, weitbekannt zu werden und, daß man über sie spricht. Das Glück des passionierten Hahn-auf-dem-Misthaufen-Spielers *hängt ausschließlich von der Häufigkeit ab, mit der er in den Medien genannt wird.* Er möchte lieber ein bekannter Halunke sein als völlig unbekannt.

Das Molochspiel ist das tödlichste aller Spiele. Hier geht es um „Ruhm" und „Sieg". Es wird von den verschiedenen Berufskillern gespielt, die darauf trainiert sind, sich solches Töten als Ehre anzurechnen, vorausgesetzt, daß ihre Opfer eine andere Religion oder ein anderes politisches System bevorzugen und somit generell als „der Feind" angesprochen werden können.

5.2 Das Macht-Spiel als Lustgewinn

Die Einteilung der Autoren Szasz und De Ropp in Objekt- und Meta-Spiele wird nicht allen Möglichkeiten gerecht. Denn während die niederen Spiele als Ziel in erster Linie Reichtum und Berühmtheit haben und die höheren Spiele nach dem Erlangen geistiger, kultureller oder religiöser Werte streben, gibt es noch eine Spielart, bei der es um *Machtausübung um der schieren Lust willen* geht. Ich möchte diese Art von Machtausübung, die sicherlich auch sado-masochistische Züge aufweist, als „voluptatische Macht" bezeichnen (vom lateinischen „voluptas" = „reine Lust"). Damit will ich sagen, daß es einem Machthaber nicht nur auf die *erklärten* Ziele seiner Herrschaft ankommt, zum Beispiel ein Land zu regieren oder einen Konzern zu leiten, sondern daß er in seinem tiefsten Innern ein Lustgefühl von unglaublicher Intensität verspürt; ein Lustgefühl, das ihm durch keine andere Tätigkeit zuteil werden könnte.

Den Beweis für die Richtigkeit dieser Feststellung liefert jeder Berufspolitiker, der die Partei wechselt, um eine bestimmte Machtposition zu ergattern oder sie sich für die Zukunft zu sichern; oder ein Spitzen-Manager, der in ein Unternehmen einer ganz anderen Branche wechselt, um dort eine Machtposition von noch größerem Umfang einnehmen zu können, als er sie bisher innehatte. Denn eines ist durch zahlreiche psychologische Feldforschungen einwandfrei erwiesen:

Den Top-Leuten, ob in Politik oder Wirtschaft, kommt es in erster Linie auf Machtausübung an, nicht etwa auf das Geldverdienen.

Die Tatsache, daß Vorstandsvorsitzende von Konzernen oder Großbanken ihre Macht immer abstreiten oder herunterspielen, ist geradezu der Beweis für das Gegenteil ihrer Beteuerungen . . .

5.3 MACHIAVELLI immortalis

MACHIAVELLI war Politiker, und deshalb galten seine (posthum veröffentlichten) Ratschläge den Fürsten. Doch gibt es keinen Zweifel darüber, daß diese Ratschläge zur Ausübung absoluter Macht auch noch heute ihre Gültigkeit haben. Dies wird durch eine ziemlich umfangreiche Literatur bestätigt, die sich mit dem Transfer MACHIAVELLIscher Gedankengänge auf die Führung moderner Großunternehmen beschäftigt. Worum ging es MACHIAVELLI?

MACHIAVELLI ist der Erfinder der „Staatsraison" und erhob die Beachtung dieses Prinzips zum Grundgesetz der modernen europäischen Staatenwelt. MACHIAVELLIs einzigartige Stellung und Bedeutung als politischer Autor ergibt sich aus der Aufrichtigkeit, mit der er seine Ansichten verkündete. So meinte er in schöner Offenheit, daß in der Politik das Gesetz des Handelns Vorrang vor moralischen oder religiösen Erwägungen hätte.

Im übrigen war er der Meinung, daß zum entschlossenen Handeln nur „Führernaturen“ befähigt seien. Diese Führernaturen müßten „virtù“ besitzen, ein symbolisches Wort für die ordnende Kraft im Kosmos, die sich zu gewissen, nicht vorhersehbaren Zeiten in gewissen Personen konkretisiere.

MACHIAVELLI war ein gewiefter Menschenkenner – nicht nur aus der praktischen Beobachtung heraus, sondern auch auf der Grundlage einer ausgefeilten anthropologischen Analyse-Methode, die sich bis auf HESIOD (8. Jahrhundert vor Christus) zurückverfolgen läßt. So vertrat MACHIAVELLI die Ansicht, daß es dreierlei Arten von Verstand beziehungsweise Mensch gebe: Die einen verstehen von selbst, die zweiten können beurteilen, was andere verstehen, die dritten verstehen weder von selbst noch mit Hilfe anderer. Die ersten sind ausgezeichnet, die zweiten gut, die dritten unbrauchbar.

Nun sollte man zwei Gesichtspunkte berücksichtigen, bevor man MACHIAVELLI be- oder verurteilt. Zum einen ist er ein Kind seiner Zeit, nämlich chaotischer politischer Verhältnisse. Zum anderen war er, da er die Menschen kannte, zu einem unverbesserlichen Pessimisten geworden. Vor diesem historischen und persönlichen Hintergrund ist es sogar verständlich, daß MACHIAVELLI voller Überzeugung meinte, ein Mensch, der immer nur das Gute tun wollte, müßte zugrunde gehen unter so vielen, die nicht gut sind. Daraus zog er die Konsequenz: Man müsse sich merken – empfahl er seinen fürstlichen Lesern –, daß man Menschen entweder mit Freundlichkeit behandeln oder sie unschädlich machen müsse; denn wegen geringfügiger Kränkungen nähmen sie Rache, wegen schwerer Schädigungen könnten sie es nicht. Wenn man also jemanden schlecht behandelt, dann müsse dies in einer Weise geschehen, daß man Rache nicht zu fürchten brauche.

5.4 Das „Brevier für Könige“

Zu den großen Werbefachleuten Deutschlands zählte vor dem letzten Kriege Hans Domizlaff in Hamburg. Er war seinerzeit *der* Markenartikler Europas und im übrigen ein wirklicher Fachmann für Massenpsychologie. Er war einer der wenigen, der psychologische Erkenntnisse konsequent in Werbebotschaften umsetzte und auf diese Weise einmalig erfolgreich geworden ist. Im übrigen arbeitete er als Unternehmensberater und beriet die Inhaber beziehungsweise Vorstandsvorsitzenden weltberühmter deutscher Unternehmen. Deshalb wohl hat er sein Buch dem seinerzeit bereits verstorbenen Carl Friedrich von Siemens in memoriam und seinem Sohne Ernst von Siemens gewidmet.

Domizlaff war eine „gespaltene Seele“: Einerseits fühlte er sich einer sehr anspruchsvollen Ethik verpflichtet; andererseits erkannte er aufgrund seiner engen Zusammenarbeit mit den Chefs von Großunternehmen, daß solch ein Chef mit seiner Firma zugrunde gehen müßte, wenn er sich an eine allgemein verbindliche Ethik hielte. Aus diesem Dilemma heraus schrieb er 1942 sein Buch „Brevier für Könige“, das allerdings wegen der Kriegs- und Nachkriegsereignisse zum ersten Male 1950 (in einem „Dorfverlag“) erschien. Eine zweite Auflage erschien 1968 – und dann nichts mehr.

Ziel und Zweck dieses Buches war es, einigen ausgewählten Chefs großer Unternehmen aufzuzeigen, welche nicht-ethischen Verhaltensweisen für einen derartigen Chef, den er in seinem Text „König“ nannte, notwendig seien, um nicht mit seinem Unternehmen unterzugehen. Der Text blieb, wie alle Texte über Ethik, die sich an Wirtschaftsführer richten, ohne Resonanz. Wenn ich mich entschlossen habe, Passagen aus Domizlaffs „Brevier“ aufzunehmen, so deshalb, weil ich der Meinung bin, daß die im „Brevier“ gemachten Aussagen den Nagel auf den Kopf treffen und heute noch uneingeschränkt gültig sind. Das heißt, Domizlaff war mit seinen Anschauungen und Erkenntnissen seiner Zeit weit voraus. So vertrat er unter anderem die Meinung, irdische und himmlische Ziele lägen zu weit auseinander. Deshalb müsse ein Erfolg in der einen Richtung zwangsläufig mit einem Verlust in der anderen Richtung erkauft werden. Ausdrücklich warnte er vor Moralpredigern, denn jeder Versuch einer Überbrückung der Gegensätze führe zu Lüge und Selbstbetrug.

Im übrigen formulierte DOMIZLAFF philosophisch-psychologische Tatsachen in geradezu genialer Einfachheit. Etwa: ,,Die moralische Anerkennung der Könige wird nur vom Erfolg bestimmt.“ So treffend kann es nur ein Werbefachmann sagen . . .

DOMIZLAFF liebte es, Könige als die großen Egoisten mit Raubtieren zu vergleichen. So wie es viele Arten von Raubtieren gebe, so gebe es unter den Beherrschern der Menschen viele Arten egoistischer Ziele. Gleichartig sei jedoch die Tatsache, daß der Egoismus in seiner vergleichsweise extremsten Form das Kennzeichen der Könige (sprich: Unternehmer) sei.

Und schließlich vertritt DOMIZLAFF, wobei man immer wieder an die ungeschminkten Äußerungen HENRY KISSINGERS erinnert wird, den Standpunkt, daß es den Königen stets um die radikale Aberkennung der Gleichberechtigung anderer Menschen und ihrer Ideen gehe. Für den großen Egoisten hätten Menschen keinen anderen Zweck, als unterworfen und zur Erhöhung der Macht in das eigene Königreich organhaft eingebaut zu werden.

Soweit, als Abschluß der Reflexion ,,Zur Dialektik von Macht und Ethik“, die Gedanken zweier sachkundiger Autoren aus verschiedenen Jahrhunderten, die nicht nur aufzeigen, daß man als nicht-ethischer Machthaber erfolgreich sein kann –, sondern *die beide davor warnen. Ideale oder ethische Prinzipien zu berücksichtigen* würde mit Sicherheit jedes ,,Königreich“, sprich Unternehmen, zugrunde richten.

5.5 Die bimodale Symmetrie

FRIEDRICH DER GROSSE hat in seinem Testament gefordert, daß Offiziere ihre Truppe mit größter Härte ausbilden müßten, weil so eine Truppe sonst nicht in der Lage wäre, gegen dreihundert feuernde Geschütze vorzurücken. Bereits vorher hatte der ALTE

DESSAUER als Leitlinie der ,,inneren Führung“ die Parole ausgegeben: ,,Der Soldat muß seinen Unteroffizier mehr fürchten als den Feind!“

Das Ergebnis dieser schikanösen Dressur auf der Basis repressiver Macht war eine Armee, deren innere Geschlossenheit unter keinen Umständen zu erschüttern war. Fazit: Je besser die innere Unterordnung einer Armee ist, desto größer ist ihre Schlagkraft nach außen. Wobei es im Endeffekt nahezu gleichgültig ist, ob diese innere Unterordnung durch repressiven Druck (Beispiel ,,Fremdenlegion“) oder durch motivierenden Enthusiasmus erreicht wird!

Ähnliches meint JOHN KENNETH GALBRAITH in seinem jüngsten Buche ,,Anatomie der Macht“. Bezogen auf einen Konzern, sagt der amerikanische Wirtschaftsjournalist und Diplomat, daß eine Organisation externe Unterordnung Dritter unter ihre Ziele nur dann erreiche, wenn die interne Unterordnung funktioniere. Er nennt diesen Zustand *bimodale Symmetrie* und sagt, sie sei die offenkundigste und wichtigste Eigenschaft einer Organisation. So erklärt GALBRAITH (am Beispiel einer Gewerkschaft), wie sich der einzelne den allgemeinen Zielen der Organisation unterwerfe und wie nun aus dieser internen Machtausübung die Fähigkeit der Organisation erwachse, ihren Willen auch extern durchzusetzen. Das eine hängt vom anderen ab. Ausnahmslos *alle* Formen organisierter Machtausübung haben dieses Merkmal gemeinsam.

Übertragen auf einen Konzern besagt also die These von der bimodalen (= zweigleisig-parallelen) Symmetrie:

Wenn ein Konzern nicht eine klare Linie, sprich *Firmenphilosophie*, aufweist, auf die alle Mitarbeiter – wie auch immer – *eingeschworen* sind, verliert er nach außen an Schlagkraft. Das gleiche gilt für kirchliche oder politische Organisationen (im Prinzip dasselbe). Der Volksmund hat diese Tatsache seit jeher ganz simpel formuliert: ,,Einigkeit macht stark!“

5.6 Eigenschaften erfolgreicher Manager

Eine weitere Binsenwahrheit besagt, daß eine Firma so gut ist wie ihr Management. Deshalb führte VANCE PACKARD bereits 1966 in seinem Buch „Die Pyramidenkletterer" als Eigenschaften erfolgreicher Manager (sinngemäß) auf:

- Sie sind durchschnittlich intelligent.
- Sie haben ein zeitsparendes „Brotstudium" hinter sich gebracht, ohne in andere Disziplinen hineingehorcht zu haben, und sind am Ende des Studiums diplomierte Fachidioten mit einem unglaublich begrenzten geistigen Horizont.
- Sie beherzigen stets das „Karrieregesetz Nr. 1": Sich anpassen! Nur nicht vorschnell eigene Ideen äußern oder Initiative entwickeln, die nicht abgesegnet ist! Und niemals Kritik am System üben!
- Sie sind, sobald sie „ihre Seele der Company verkauft" haben, absolut loyal. Ihr künftiges Verhalten ist vorhersehbar.
- Moralische Skrupel sind ihnen unbekannt.
- Sie lesen nie etwas jenseits ihres Aufgabengebietes und können pauschal als entsetzlich ungebildet bezeichnet werden. Vor allem hüten sie sich wegen ihrer konservativen Einstellung vor Büchern, die ihnen Denkanstöße „aufzwingen" könnten.
- Sie haben rhetorisches Talent und verstehen es, Enthusiasmus zu verbreiten und ihren Stab zu Höchstleistungen zu motivieren.
- Sie können sich selbst und ihre Arbeit organisieren.
- Sie stecken Kritik weg, ohne persönlich betroffen zu sein, und haben ein überdurchschnittliches Stehvermögen.
- Sie sind sich über den Preis für ihre Karriere im klaren und haben ihn akzeptiert: emotionale Verkümmerung mit allen Konsequenzen wie kaputte Ehe, gestörtes Verhältnis zu den Kindern, keine echten Freunde, streßbedingte, psychosomatische „Unpäßlichkeiten", die man mit Alkohol und Drogen überspielt ...

Ich habe bisher nur über amerikanische Manager gesprochen. Allerdings bin ich der Ansicht, daß die von PACKARD aufgezählten Eigenschaften durch die Bank auch auf (erfolgreiche!) deutsche Manager zutreffen. Zwei der PACKARDschen Punkte würde ich allerdings nicht ohne weiteres auf deutsche Verhältnisse übertragen:

- Deutsche Manager haben, nach meiner persönlichen Erfahrung, *kein* rhetorisches Talent; sie sind auch nicht in der Lage, ihren Stab zu Höchstleistungen zu motivieren. *Das Motivieren ist der schwächste Punkt deutscher Führungskräfte überhaupt.*
- Es trifft meines Erachtens nicht zu, daß sich deutsche Manager über den Preis ihrer Karriere im klaren sind; ganz im Gegenteil, dieser Tatbestand wird bei uns, unter Zuhilfenahme von Rationalisierungen, gekonnt *verdrängt*.

Hinzu kommt bei deutschen Managern diese furchtbare, historisch bedingte *Unterwürfigkeit* und *das Fehlen jeglicher Zivilcourage*.

Nun ist GALBRAITH immer für Überraschungen gut. Und so erfahren wir (aus seiner „Anatomie der Macht"), daß es ein neues Phänomen gebe, nämlich das der *synthetischen oder aufgebauten Persönlichkeit*. Ursache dieses Phänomens ist, daß man den führenden Köpfen von Organisationen Persönlichkeitsmerkmale *zuschreibt*, die man je nach Art und Ausmaß der ausgeübten Macht für passend hält. Diese Schimäre wird dann mit Beharrlichkeit und professioneller Perfektion aufrechterhalten – ihr dient ein großer Teil des PR-Aufwandes. Minister, andere hohe Staatsbedienstete und die Vorstände von Konzernen sind Beispiele für weitgehend synthetisierte Persönlichkeiten. Das wird jeweils am Tage nach dem Ausscheiden aus der Funktion offenkundig: Wenn sich derartige Führungskräfte von der Organisation trennen, löst sich ihre synthetische Persönlichkeit auf, und das dahinterstehende Individuum verschwindet in jener harmlosen Obskurität, die ihm von seiner eigenen Persönlichkeit her vorbestimmt war.

Besinnliche Anmerkung: Wenn man also akzeptiert, wie im 1. Kapitel dargelegt, daß die wirklich aktiven Manager, die „Macher“, höchstens zwei Prozent der Belegschaft ausmachen, so ist damit noch nicht gewährleistet, daß diese machthungrigen Pyramidenkletterer menschlich wertvolle oder bewunderungswürdige Typen sind: Menschen mit Voraussicht und Mut, die die „holistisch verfilzten“ Probleme unserer Welt angehen wollen und können. Und jetzt wird auch klar, wie recht NICHOLAS HAYEK mit seiner Ansicht hat, daß in Deutschland Unternehmer-Figuren fehlten. Das gilt nicht nur für die Unternehmer selbst, sondern auch für das Top-Management – ihm fehlt die unternehmerische Einstellung! HAYEK wörtlich: „Viele Manager verhalten sich wie Beamte.“

5.7 Keine Alternative zu den Multis

Wer in unserer Zeit nicht nur intelligent, sondern auch bereit ist, mit dieser Intelligenz Zukunftsprognosen aufzunehmen und zu reflektieren, der wird irgendwann aus dieser Gedankenarbeit Konsequenzen ziehen müssen. Nehmen wir einmal an, ein jüngerer Akademiker, in seiner ersten beruflichen Position, liest die folgende (in der amerikanischen Zeitschrift *The Futurist* erschienene) Prognose über die „Probleme der 90er Jahre“:

- Wir werden weiterhin mit den Problemen der 80er Jahre leben müssen wie: Haushaltdefizite, Währungsschwankungen, Zwang zur Schaffung neuer Arbeitsplätze, Rohstoff-Preisunsicherheiten, Diskriminierung von Minderheiten, Konflikte im mittleren Osten und in Mittelamerika, saurer Regen, Verschmutzung des Grundwassers, Verdrängung von Menschen durch Maschinen, Angst vor Atomwaffen und Atomkraftwerken, Drogen, unvollkommene Erziehungssysteme, Kriminalität und ähnliches.
- China wird eine Wirtschaftsmacht; Ende des 20. Jahrhunderts könnte das Land als Markt und als Anbieter der wichtigste Wirtschaftspartner sein. Wenn es innenpolitisch keine Rückschläge gibt, werden wir ein spektakuläres Wirtschaftswunder erleben.

- ○ Schneller Anstieg der Kosten des Gesundheitswesens.
- ○ Erneute Studentenunruhen; Vorboten sind die Proteste gegen Südafrika.
- ○ Problemgebiet Afrika: Hunger, Ausbreitung der Wüstenzonen, schnelles Bevölkerungswachstum (mit gleichzeitiger Zunahme der AIDS-Infizierten), Verfall der Infrastrukturen, unvorstellbare Korruption und Unwirtschaftlichkeit werden in weiten Teilen des Kontinents zunehmen.
- ○ Verteilung der Wertschöpfung der Maschinen: Je mehr Roboter und Computer menschliche Arbeitsplätze vernichten beziehungsweise höhere Produktivität ermöglichen, desto intensiver wird man diskutieren, die maschinelle Wertschöpfung zu besteuern.
- ○ Informationsprotektionismus: Der Anteil der Informationen am Welthandel steigt steil an. Regierungen werden versuchen, hier Kontrolle auszuüben.
- ○ Die Rolle des Computers in der Erziehung.
- ○ Das Recht auf Ruhe. Das wird zur Forderung der Umweltbewegung, da es immer schwieriger wird, dem zunehmenden Lärm der technologischen Umwelt zu entfliehen.

Daneben werden Probleme aufkommen, die heute noch nicht absehbar sind. Das könnte eine hohe Inflation sein oder die befürchtete Schuldenkrise; es kann Kriege geben, Militarisierung religiöser Auseinandersetzungen und politische Verschiebungen in China und der UdSSR, wahrscheinlich wird der Terrorismus die dominierende Form der Kriegsführung, technologische Durchbrüche bringen sicherlich Probleme, ebenso wie die absehbare Klimaveränderung und deren Auswirkung auf die Weltmeere. (Quelle: *manager magazin, Trendletter*, Juni 1986).

Wenn man eine derartige, heute (1989) dreijährige Prognose liest, an deren Realitätsbezogenheit nicht zu zweifeln ist, dann gibt es zwei Möglichkeiten: Entweder man vergißt das Gelesene sofort wieder und macht auf ,,heile Welt'' (Patentrezept unserer C-Parteien); oder man überlegt, auf welche Weise unsere Regierung diese Probleme ernsthaft angehen sollte. Dabei wird man mit Entsetzen feststellen müssen, *daß keine derzeitige „westliche" Regierung, aber auch nicht eine einzige, in der Lage sein wird, die anstehenden Probleme realistisch wahrzunehmen – geschweige denn, sie zu bewältigen!*

Versetzen wir uns wieder in die Situation des jungen Akademikers, der diese Prognose gelesen hat. Wo wird er die besten Chancen haben, in dem zu erwartenden Chaos zu überleben, mit einem wenigstens halbwegs sicheren Arbeitsplatz und der Chance zu persönlicher Karriere – Begabung und Fleiß vorausgesetzt? Nur bei einem multinationalen Konzern! Fazit aller derartigen Überlegungen:

Nur multinationale Unternehmen, die mit dem bestqualifizierten Management, das überhaupt aufzutreiben ist, weltweit operieren und sowohl über Kapitalkraft als auch über Innovationspotential verfügen, werden die Probleme unserer Welt in den Griff bekommen!

Einem begabten und ehrgeizigen jüngeren Menschen kann es vollkommen gleichgültig sein, ob die Motivation der Multis in erster Linie auf Machthunger und Profitstreben beruht, da in unseren sogenannten demokratischen Regierungssystemen, wo die wesentlichen Entscheidungen von unqualifizierten und durch die Medien manipulierten Mehrheiten herbeigeführt werden, keine, aber auch gar keine Hoffnung auf Lösung der Weltprobleme zu erwarten ist, sondern uns allen der zumindest ökologische Untergang mit größter Wahrscheinlichkeit bevorsteht. In diesem Falle ist es immer noch besser, bis zum „Zwölf-Uhr-Läuten" in relativer Sicherheit ein erfülltes (Berufs-)Leben zu führen. Nicht, weil die Multis vor Edelmut und Menschlichkeit triefende Institutionen sind –, sondern weil es angesichts der Unfähigkeit unserer Regierungen in der Tat keine Alternative gibt.

5.8 Ethik des Geschäftslebens? – Fehlanzeige!

Es besteht, was manche Unternehmer und Manager nicht wahrhaben wollen, eine Dialektik zwischen Macht und Ethik. Nachdem wir uns bisher vor allem mit der „Macht“ beschäftigt haben, ist nunmehr die Frage zu klären: Was ist „Ethik“?

„Ethik“ kommt vom griechischen „Ethos“, was „Gewohnheit, Herkommen, Sitte“ bedeutet. Daraus entstand als Begriff „die Ethik“, mit der man seit alters jene philosophische Disziplin bezeichnet, die die Frage zu beantworten sucht, an welchen Normen und Zielen beziehungsweise an welchen Zwecken und Werten die Menschen ihr Handeln orientieren sollen. Ein Teil der Freiheit ergibt sich aus der Tatsache, daß sich der Mensch zwischen einer ganzen Reihe von sittlichen und normativen Möglichkeiten entscheiden kann. So kann er beispielsweise wählen, ob er sein Handeln an der „Bergpredigt“ oder an BUDDHAS „Achtfachem Weg“ ausrichten will.

Nun gibt es noch den Begriff „Moral“ – vom Lateinischen „Mores“ = „die Sitten“. „Moral“ ist eine Sammelbezeichnung für die der gesellschaftlichen Praxis zugrunde liegenden sittlichen Normen; und zwar jener Normen, die allgemein akzeptiert und auch eingehalten werden. Das bedeutet also, im „Seminardeutsch“ artikuliert: Ethik ist der Sammelbegriff für Vorschriften, nach denen ich mein Leben führen *sollte.* Da ich indessen ein schwacher Mensch bin, gelingt mir dieses Vorhaben nur als Stückwerk, und wie ich *tatsächlich* lebe – das ergibt meine Moral. Man könnte also, nochmals verkürzt, formulieren: *Moral ist gelebte Ethik.*

Der fähigste Unternehmensberater unserer Zeit, PETER F. DRUCKER, der nicht nur analytisch, sondern auch holistisch denkt, hat das Problem der Ethik im Geschäftsleben bereits 1974 in seinem zweibändigen Werk „Neue Management-Praxis“ abgehandelt. Er meint, die zahllosen über die Ethik des Geschäftslebens gehaltenen und gedruckten Predigten haben nichts mit dem Geschäftsleben und wenig mit Ethik zu tun. Meist geht es um einfache, alltägliche Ehrlichkeit. Geschäftsleute, so erzählt man uns, sollten nicht betrügen, stehlen, lügen, bestechen oder Bestechungen annehmen. Doch das sollte auch sonst niemand. Wegen einer bestimmten Arbeit oder eines Arbeitsplatzes gibt es keine Ausnahmen von den gewöhnlichen Regeln persönlichen Verhaltens. Andererseits hören Berufstätige aller Schattierungen nicht auf, menschliche Wesen zu sein, wenn sie zum Vizepräsidenten, Stadtdirektor und Rektor einer Universität ernannt werden. Und es hat immer, in allen Kreisen, eine Reihe von Leuten gegeben, die betrügen, stehlen, lügen, bestechen oder sich bestechen lassen. Dies ist ein Problem moralischer Werte und moralischer Erziehung des einzelnen, der Familie, der Schule. *Aber (sagt DRUCKER), es gibt weder eine separate Ethik des Geschäftslebens noch wird eine gebraucht.*

Eigenartigerweise hat die Diskussion über Ethik in den vergangenen 15 Jahren nicht ab-, sondern zugenommen. Meiner Ansicht nach hängt dies mit unserer ,,Umbruchszeit'' zusammen, die eine Umwertung aller Werte in Gang gesetzt hat. Vor allem hat die intensive Ökologie- und Atomkraftdiskussion ja nicht nur neue Gesetze zur Folge gehabt, sondern das Thema ,,Ethik'' im Sinne von verantwortlicher Nutzung unseres Planeten erst richtig ,,angeheizt''. Die Folge davon ist eine allgemeine Sensibilisierung für Fragen der ,,öffentlichen Moral'' und der Verantwortung der Unternehmer als ,,Verursacher''.

Alle Kenner – und Anhänger – abendländischer Ethik, also die Epigonen PLATONs und ARISTOTELES', sind sich in einem Punkte völlig einig: *Es gibt nur eine Moral* – einen Satz von Regeln zur Moral, nur einen Kodex, nämlich den des *individuellen Verhaltens*, bei dem dieselben Regeln gleichermaßen für jedermann gelten.

Ein Heide könnte zum Beispiel sagen: ,,Quod licet Jovi, non licet bovi.'' – ,,Was dem Jupiter gestattet ist, ist dem Ochsen nicht erlaubt.'' Er könnte demnach behaupten, daß Verhaltensregeln für Jupiter gelten, die sich von denen des Ochsen unterscheiden. Ein Jude oder Christ müßte eine solche Unterscheidung in der Moral verwerfen, und zwar gerade deshalb, weil alle Erfahrung lehrt, daß sie stets dazu führt, die ,,Jupiters'', die Großen, Mächtigen und Reichen von den Regeln auszunehmen, nach denen sich der ,,Ochs, der Bescheidene und Arme" zu richten hat.

Die Frage, ob Jupiter mehr Rechte für sich beanspruchen kann oder sogar vielleicht mehr Verantwortung für die von ihm Beherrschten übernehmen sollte, ist Inhalt einer philosophischen Denkrichtung, die bei uns im Westen ,,Kasuistik" heißt. Die Kasuistik behauptet, daß Herrscher wegen ihrer Verantwortung ein Gleichgewicht zu finden haben: nämlich zwischen den gewöhnlichen Forderungen der Ethik, die auch für sie als Mensch gelten, und ihrer sozialen Verantwortung gegenüber den von ihnen Beherrschten, sei dies in einem Königreich oder in einem Konzern.

Daß wir, im übrigen, mitten im Prozeß eines moralischen Niedergangs begriffen sind, kann jeder von uns feststellen, wenn er seine Morgenzeitung aufschlägt. Heute herrscht eine Gilde amoralischer Berufspolitiker, deren Horizont nicht über ihren Wahlkreis hinausreicht, und die nur in Zeiträumen von vier Jahren denken können – bis zur nächsten Wahl. Außerdem muß die Frage gestellt werden dürfen, wieviele dieser ehrenwerten ,,Volksvertreter" von einer äußerst agilen Lobby *nicht* mit ,,Aufmerksamkeiten" bedacht werden. Angesichts dieser Realität ist es in der Tat müßig, über die Moralen Jupiters und des Ochsen überhaupt zu diskutieren . . .

5.9 Die ethische Gretchenfrage

Wir haben gehört, daß MACHIAVELLI von den Menschen – weil er sie kannte! – keine hohe Meinung hatte und schließlich resignierend feststellte: ,,Ein Mensch, der immer nur das Gute tun wollte, muß zugrunde gehen unter so vielen, die nicht gut sind."

Im Hinblick auf die Aussage, daß so viele Menschen *nicht gut* sind, ergibt sich die Notwendigkeit, einmal eine Art Zwischenresümee zu ziehen:

Die Behauptung der ethischen Philosophen, von PLATON bis KANT, daß der Mensch ein vernunftbegabtes Wesen und in seinem Verhalten von der Vernunft gesteuert sei, ist schlicht und ergreifend falsch. Der Mensch ist insofern kein vernunftgesteuertes Wesen, als sein Neuhirn mit seinen 14 Milliarden Zellen entwicklungsgeschichtlich noch viel zu jung ist – und dauernd von den alten Hirnteilen manipuliert wird. Unser Althirn, das ,,Reptilienhirn", und das für die Emotionen zuständige Mittelhirn, reagieren blitzschnell auf veränderte Umweltsituationen; und das übertölpelte Neuhirn kann hinterher nur feststellen, daß da ,,etwas passiert ist", und macht sich diese unwürdige Situation durch eine ,,Rationalisierung" erträglicher –, indem es nachträglich einen glaubhaft klingenden Grund für die bereits ausgeführte Handlung ,,nachschiebt". Mit anderen Worten: *Bis auf einige wenige intellektuelle Heroen, die meist zu Lebzeiten ,,übersehen" und, lange nach ihrem Tode erst als ,,Aushängeschilder der Nation" mißbraucht werden, reagiert der Rest der Menschheit als dumpfe, autoritätsverliebte, vom Unbewußten gesteuerte Anhäufung von Körperzellen, die dem Lustprinzip folgt und vor allem drei Triebkräften gehorcht: dem Machttrieb, dem Sexualtrieb und dem Aggressionstrieb.*

Der jüngst verstorbene HOIMAR VON DITFURTH hat in seinem letzten Buch ,,Innenansichten eines Artgenossen" das Leben der Steinzeitmenschen skizziert und aus seinen Erkenntnissen einen *Moralkodex der Steinzeit* entwickelt, den ich wie folgt interpretiere:

1. Wichtigstes Merkmal: die Fremdenangst (,,Xenophobie"); das heißt, jeder auftauchende Fremde wird zunächst als ,,Feind" eingestuft.

2. Bereitschaft zum intraspezifischen Totschlag. Das bedeutet: Schon seit Urzeiten hatten die Menschen keine Hemmungen, ihresgleichen zu töten.

3. Bedingungslose Unterordnung in der Gemeinschaft: sie gab dem einzelnen Schutz und ein ,,Zuhause".

4. Wert und Lebensberechtigung der eigenen Gemeinschaft sind denen aller anderen Gemeinschaften überzuordnen.

DITFURTH erklärt das Verhalten der Deutschen im Dritten Reich damit, daß dieser Moralkodex der Steinzeit in uns allen noch als Programm der älteren Hirnteile vorhanden ist und ungehemmt aktualisiert wird, wenn ihn eine geschickte Propaganda anspricht.

Auch wenn sich einige Unternehmer und deren Top-Manager jetzt „auf den Schlips getreten fühlen", behaupte ich, daß die Steinzeit-Moral (genauso wie für den Staat) auch für das moderne Unternehmen gilt:

- Wert und Lebensberechtigung des eigenen Unternehmens sind dem aller übrigen gesellschaftlichen Vereinigungen übergeordnet.
- Bedingungslose Unterordnung unter die Firmenphilosophie und „Spielregeln" des Unternehmens ist für alle Mitarbeiter die „Conditio sine qua non". Das ist die Voraussetzung der „bimodalen Symmetrie".
- Die Bereitschaft, andere auszutricksen, niederzukämpfen, ist dem modernen „Multi" immanent.
- Die Fremdenangst vor „politisch Unzuverlässigen", Ausländern und Werkspionen ist in Großunternehmen allgegenwärtig.

Deshalb stellte DITFURTH logisch und unwiderlegbar fest, daß der Neandertaler in den Tiefen unserer Seele auch heute noch herumspukt. Letztlich deshalb, weil die Abänderung biologischer Anpassungen unvergleichlich langsamer erfolgt als der Ablauf kultureller Entwicklungsprozesse.

Die unbestreitbare Tatsache unserer „Steuerung aus der Tiefe" hat schon viele intelligente Menschen dem Wahnsinn nahegebracht, wenn sie sich die weitere Entwicklung der Menschheit vorstellten. Deshalb hat, um das berühmteste Beispiel anzuführen, NIETZSCHE seinen Zarathustra ausrufen lassen: „Ich lehre euch den Übermenschen!" Er wollte der Menschheit eine Art Rezept mit auf den weiteren Weg geben. Daß dieses (unausgegorene) Rezept nicht zu realisieren war, steht auf einem anderen Blatt . . .

Wenn man nicht ein wirksam konditionierter ,,Heile Welt"-Denker ist und wenigstens noch so viel Mut besitzt, die Dinge in ,,Glasnost-Manier" zu sehen, dann muß man feststellen:

Ethik findet im Top-Management nicht statt, weder in der Politik noch in der Wirtschaft (und nicht einmal im Vatikan!).

Dies ist eine Feststellung ohne jede moralische Wertung! Nur ausgemachte Simpel operieren mit den Begriffen ,,gut" und ,,böse", wenn es um Machtstrukturen geht. Interessanter, weil möglicherweise aussichtsreicher im Hinblick auf eventuelle Modifikation des ethik-losen Zustandes ist die Frage: Braucht man Ethik überhaupt? Wenn ja: *Wie impft man die großen Machthaber dieser Welt damit?*

Zunächst ist festzustellen, daß das Universum ohne Ethik auskommt. Da verläuft alles nach ehernen Gesetzen – die Begriffe ,,gut" und ,,böse" sind nicht relevant. Auch im Tierreich kann auf Ethik verzichtet werden: Da frißt, entsprechend seiner Erbanlagen, seiner Instinkte und seiner Konditionierung, der Stärkere den Schwächeren. Nur wenn Menschen zusammenleben, ist Ethik notwendig.

Eine der wichtigsten Aktivitäten im Leben der Menschheit ist die *Konditionierung*. Das heißt, wir werden von ganz klein auf regelrecht dressiert, bestimmte Dinge so und nicht anders zu tun, andere zu unterlassen. Auch dazu finden sich scharfsinnige Anmerkungen bei JOHN K. GALBRAITH. Ich subsumiere wieder:

- Die Familie, Schulen und Universitäten tragen in erheblichem Maße zur Förderung und Verbreitung jener Überzeugungen bei, die die Machtausübung erleichtern oder gar überhaupt erst möglich machen. Selbst in Schulen von ansonsten höchst fragwürdiger Kompetenz wird den Kindern (in den USA) vom ersten Tag an beigebracht, daß die Autorität von Eltern und Lehrern respektiert werden muß und daß man den Gesetzen Gehorsam schuldet.

- ○ Und natürlich lernen die Kinder, daß den Entscheidungen einer demokratischen Regierung die Weisheit gleichsam innewohnt, daß es in bezug auf Eigentum, Kleider und persönliche Hygiene so etwas wie allgemeinverbindliche Regeln gibt und daß es durchaus normal und empfehlenswert ist, die Führerschaft anderer zu akzeptieren.
- ○ Der große Wert, den alle mit Ausbildung und Erziehung befaßten Institutionen auf Mannschaftssportarten legen, gründet sich zum Teil darauf, daß diese ein gutes Training für die weitgehend automatische Ersetzung individueller Ziele durch Gruppen- oder Teamziele darstellen und daß der Mitspieler lernt, seine eigenen Präferenzen und Gedanken denen des Trainers oder des Mannschaftskapitäns unterzuordnen.
- ○ Amerikanischen Kindern werden bereits in der Grundschule die Tugenden der freien Marktwirtschaft gepredigt, und aus den Unternehmerverbänden und den Führungsetagen der Konzerne tönt immer wieder die Forderung, dieselben an Schulen und Universitäten sowie ganz allgemein in der Öffentlichkeit mit noch größerem Nachdruck zu propagieren. In dem Maße, in dem dieser Unterricht Erfolg hat, werden die Schüler dazu gebracht, die Interessen der Geschäftswelt mit dem öffentlichen Wohl wie auch mit den eigenen Interessen gleichzusetzen.

Verlassen wir GALBRAITH und stellen, um es kurz zu machen, fest: Jeder ehrliche Psychotherapeut wird zugeben, daß es kaum möglich ist, die Einstellung eines Menschen – trotz jahrelanger Therapie! – zu ändern. In der Regel werden wir in der frühen Kindheit so nachhaltig konditioniert, daß wir aus unserem ,,Lebensskript" nicht mehr herauskommen, bis wir in die Grube fahren. Ich wiederhole deshalb, was ich bereits am Beginn des 1. Kapitels festgestellt habe:

Menschen (in Freiheit) bewegen sich im Rahmen der ihnen von Elternhaus, Schule, Kirche und Staat vermittelten ,,Programme" und ändern als Erwachsene ihr Verhalten nur, wenn sie dadurch einen massiven *Lustgewinn* erzielen, beispielsweise durch

- o Statuserhöhung,
- o Machtzuwachs,
- o Einkommenszuwachs,
- o sexuelle Ausschweifung.

Unternehmer und Top-Manager machen von dieser Regel keine Ausnahme – sie sind auch nur Menschen! Manche halten sich allerdings für etwas Besseres. So sagte einmal ein Unternehmer zu mir: „Einen christlichen Unternehmer erkennt man schon daran, wie er durch den Betrieb geht!"

Weil gerade das Christentum so oft mißbraucht wird, um eine ausbeuterische Einstellung oder Machtmißbrauch zu kaschieren, darf ich hier einige Gedanken aus dem Buch „Jesus Menschensohn" von RUDOLF AUGSTEIN in die Diskussion bringen. AUGSTEIN, im Elternhaus *zu* stramm evangelisch programmiert, beschäftigte sich viele Jahre später mit den historischen Wurzeln des Christentums, wobei er sich mit den Aussagen berühmter Theologen (beider Fakultäten) auseinandersetzte. Ich wähle hier einige Gedankengänge AUGSTEINs aus, die für die Thematik dieses Buches relevant sind.

- o Von einer „neuen Ethik Jesu" kann nicht die Rede sein.
- o Das Gebot der Liebe, das allgemein als die eigentliche christliche Forderung gelte, kommt in den Worten Jesu merkwürdig selten vor.
- o JESUS hat überhaupt keine verbindlichen Theorien über das geliefert, was man tun und lassen soll. In seiner Predigt figurieren Reiche und Mächtige nur bei LUKAS mit Apo-Beigeschmack. JESUS verwirft nicht den Besitz als solchen, noch die Ehe als solche, noch verlangt er geschlechtliche oder sonstige Askese.
- o Die QUMRAM-Rollen haben erwiesen, daß das „Liebet eure Feinde" des MATTHÄUS im Sektenkanon der Essener besagt, man solle keinem seine böse Tat vergelten, sondern ihn nur mit Gutem verfolgen. Denn bei Gott ist das Gericht über alles Lebendige.

- *Die linke Backe darzubieten, wenn die rechte geschlagen worden ist: diese Lebensregel, nach der weder die Essener, noch JESUS, noch die Jünger, noch die ersten Christen handeln konnten, hat nicht MARKUS niedergelegt – sie findet sich erst bei MATTHÄUS und LUKAS.*

Soweit RUDOLF AUGSTEIN. Seine Ausführungen bedeuten, konsequent durchdacht, zweierlei: Die erst bei den späteren Evangelisten auftauchende Forderung von der Darbietung auch der linken Backe ist nichts anderes als eine *Verhaltensregel für die Ur-Christengemeinde*, um ihnen das Beherrschtwerden durch die Mächtigen zu versüßen. Diese Verhaltensregel bedeutet weiterhin, daß JESUS am Gebaren unserer Unternehmer mit Sicherheit keinen Anstoß nehmen würde, wenn er heute wieder erschiene. Mit anderen Worten: Auch in der Bibel findet „Ethik im Management" nicht statt . . .

Ich fasse nunmehr, zum Abschluß der Betrachtungen über „Ethik im Management", *meine (realitätskonformen) Gedanken*, die Sie ja nicht akzeptieren müssen, zusammen:

- Der Mensch folgt in erster Linie dem Moralkodex der Steinzeit.
- Er ist außerordentlich effektiv konditioniert und ändert sein Verhalten in aller Regel nicht.
- Wenn ein Unternehmer (oder Top-Manager) jahrzehntelang nach dem Motto „Sei erfolgreich!" gewirkt hat, kann niemand erwarten oder gar verlangen, daß er sich plötzlich „ethisch" gebärdet.
- Jeder intelligente Mensch, der das Denken gelernt hat, macht sich seine Ethik selbst. So ein Mensch kann auch nur glauben, was er vorher verstandesmäßig akzeptiert hat. Das „Credo, quia absurdum" ist eine Ausrede intellektueller Feiglinge. Ihnen fehlt der Mut, eine Sache konsequent bis zu Ende durchzudenken.
- Welche Art von Ethik sich ein Mensch wählt und ob er dabei mehr christlich, buddhistisch oder islamisch beeinflußt erscheint, ist seine ureigenste Entscheidung. Niemand kann einem anderen vorschreiben, an welche Art Ethik er sich zu

halten hat. Und niemand kann verurteilt werden, weil er sich für eine bestimmte Ethik entschieden hat. Dies gilt auch für Unternehmer (und Top-Manager), da es eine „Geschäftsethik" nicht gibt.

- Wenn ein Unternehmer auf jegliche Ethik pfeift, sich dabei wohl fühlt und erfolgreich wirtschaftet, dann hat niemand das Recht, sich darüber zu mokieren. Er spielt, nach THOMAS SZASZ, sein „spielenswertes Spiel". Davon hängen, wie R. DE ROPP sagt, sein Leben und sein klarer Verstand ab. Schließlich befolgt er damit lediglich die Ratschläge MACHIAVELLIs und DOMIZLAFFs – auch wenn er diese Autoren nie gelesen hat. Unser nicht-ethischer Unternehmer könnte mit einer gewissen Berechtigung fragen: Wozu haben wir gerade den 200. Jahrestag der französischen Revolution gefeiert, wenn uns, zum Beispiel in der Wirtschaft, die Gedanken- und Willensfreiheit verwehrt wird?
- Die vorhin aufgeworfene Frage „Wie impft man einen Unternehmer mit Ethik?" war nur rhetorisch. Solches versuchen nur irrealistische Träumer, die beispielsweise mit einer „Gesellschaft für Ethik, Bildung und Management" die Unternehmer zu Gott wohlgefälligen Philanthropen umerziehen wollen.
- Wenn Unternehmer etwas *nicht* in ihrer Firmenphilosophie festschreiben, so sind dies ethische Postulate. Denn wenn das Profitstreben die „Prima causa" allen unternehmerischen Handelns ist, wird die Ethik auf der Strecke bleiben.

Fazit:
Ethik, so erstrebenswert sie sein mag, ist *kein Muß* in einem kapitalistischen Gesellschaftssystem. Und es besteht auch keine zwingende Notwendigkeit, dieses Gesellschaftssystem moralisch zu beurteilen.

Etwas anderes ist es, wenn Unternehmer die Umwelt zerstören. Hier geht es – letztlich – um das Überleben der gesamten Menschheit.

Da Menschen sich nicht freiwillig ändern, müßte eine, von der Industrie unbeeinflußte Legislative durch eine strengere Gesetzgebung aktiv werden. Und schließlich müßten unsere Gerichte die erlassenen Umweltschutz-Gesetze rigoros ausschöpfen und derartige Verbrechen an der Allgemeinheit nicht nach wie vor als „Kavaliersdelikte" abtun –, „weil man den Unternehmern die hohen Kosten für den Umweltschutz nicht zumuten kann."

Und wenn in unserer prekären ökologischen Situation jemand aus ethischer Sicht zu verurteilen ist, dann sind es jene Berufspolitiker, die sich permanent im Widerspruch zu ihrem Amtseid und ihrem christlichen Gehabe von der Industrielobby schmieren lassen. Ergreifend schlicht formuliert: *Die Korruption ist zu einem essentiellen Problem unseres Staates geworden.*

In eigener Sache: Ich bin, infolge „ethischer Programmierung" im Elternhaus, immer ein „Meta-Spieler" gewesen. Ethik hat einen wesentlichen Stellenwert in meinem Leben –, was mich nicht hindert zu versuchen, die Dinge „objektiv" zu sehen . . .

6. Kapitel: Vom Objekt-Spieler zum Meta-Spieler

6.1 Also sprach ZARATHUSTRA

„*Ich lehre euch den Übermenschen.* Der Mensch ist etwas, das überwunden werden soll. Was habt ihr getan, ihn zu überwinden?

Alle Wesen bisher schufen etwas über sich hinaus: und ihr wollt die Ebbe dieser großen Flut sein und lieber noch zum Tiere zurückgehen, als den Menschen überwinden?"

NIETZSCHE hat sich nie deutlich darüber geäußert, von wem er den Begriff des „Übermenschen" übernommen hat. Er spricht nur einmal sehr vage in seinem „Zarathustra", in dem Kapitel „Von alten und neuen Teufeln", über die Herkunft des Begriffs. Dort erzählt ZARATHUSTRA, wie er „zu den Menschen" kam, sich an ihre große Gräberstraße setzte, zu Aas und Geiern. Dort las er das Wort „Übermensch" vom Wege auf. Und auch die Einsicht, daß der Mensch etwas sei, das überwunden werden müsse, *daß der Mensch eine Brücke sei*, ein Weg zu neuen Morgenröten.

Das historische Genie, an dem NIETZSCHE seine Vorstellung des Übermenschen exemplifiziert, ist NAPOLEON. Er betrachtet ihn als einen letzten Fingerzeig zum anderen Wege! Als jenen einzelnsten und spätgeborensten Menschen, den es jemals gab, diese Synthesis von Unmensch und Übermensch.

NAPOLEON erscheint hier als die politische Gestalt, die den Schritt zum echten Übermenschentum getan und der gegenüber das traditionelle Fürstentum, dessen Ansprüche nur in Tradition und Konvention begründet sind, zur Karikatur verblaßt. Dementsprechend vertritt NIETZSCHE die elitäre Ansicht, das Genie soll Herr sein! Der blödsinnige Fürst von ehedem erschien ihm als Karikatur. Und NIETZSCHE meint weiterhin, daß man große Menschen nicht verstehe: Sie verzeihen sich jedes Verbrechen, aber keine Schwäche. Wie viele bringen sie um! Jedes Genie, was für eine Wüstenei ist um es!

NAPOLEON wurde, in der Vorstellung NIETZSCHEs, nicht durch den Glauben der Menge „ins Übermenschliche hinaufgehoben". Er ist objektiv ein Sonderfall, der über alle anderen Menschen hinausragt. Er ist in seiner Epoche, in der das Menschsein im allgemeinen schon völlig degeneriert ist, eine vollkommen singuläre Ausnahmeerscheinung. Ihre Eigentümlichkeit besteht darin, daß die Spannweite seines Menschseins viel mehr Bereiche als die des gewöhnlichen Menschlichen umfaßt, und zwar sowohl die Bereiche des Übermenschlichen wie des Unmenschlichen miteinbezieht. Eben diese objektive Verwirklichung eines einzigartigen überdimensionalen Menschentums führte nach NIETZSCHEs Meinung dazu, daß ein Wohlgefühl sondergleichen durch Europa ging – das Genie soll Herr sein.

An NAPOLEON wird hier bereits jene wesentliche Konzeption des Übermenschen erhellt, die dann ZARATHUSTRA so nachdrücklich vorträgt, daß nämlich der Übermensch nicht etwa mit dem „besseren" Menschen im christlichen Sinn verwechselt werden darf, sondern *daß der wahrhaft „bessere" Mensch gleichzeitig der „bösere" Mensch ist,* der höher in die Sphäre des Übermenschlichen und tiefer in die Schicht des Untermenschlich-Dämonischen hineingreift, dessen Spannweite die Höhe des Himmels und die Abgründe der Hölle umfaßt.

Was der nietzscheanischen Konzeption des Übermenschen ihren eigenen prophetischen Schwung über alle vorausgehenden Konzeptionen des „großen Menschen", des „Heroen", des „Genies", des „plus-man" gibt, *ist die Vorstellung, daß in allen Wesen ein Drang über sich hinaus wirksam ist und daß sich dieser Drang im gegenwärtigen Menschen nicht etwa erschöpft hat und zu seiner Ruhe gekommen ist, sondern daß auch dem gegenwärtigen Menschen dieser Drang über sich hinaus innewohnt, als ein Trieb, sich in einer höheren Form zu realisieren.*

NIETZSCHE hat bekanntlich die Lehre DARWINs erbittert bekämpft. Er machte eines klar: der Übermensch ist nicht Ziel der Entwicklung des Menschen im Sinne eines Prozesses natürlicher Selektion. *Nietzsche leugnet überhaupt, daß sich etwas Höheres aus etwas Niederem „von selbst" durch einen Prozeß der Selek-*

tion entwickeln kann; vielmehr ist das Ziel, die letzte Stufe, der Übermensch, bereits die Voraussetzung der Stufe des jetzigen Menschen, er gibt den Zweck seines Daseins ab. Damit ist im Grunde der Gedanke ausgesprochen, *daß der Übermensch von Anfang an das Leitbild, das innere Modell der gesamten Entwicklung des Lebens ist, daß er bereits dem Hervortreten des jetzigen Menschen aus dem Regnum animale zugrunde lag, daß der zukünftige Schritt vom Menschen zum Übermenschen bereits von Anfang an als Ziel der Gesamtentwicklung vorschwebte, die vom Tier zum Menschen, zum Übertier, führte. Alle früheren Stufen sind um des Übermenschen willen da.*

Für mich ergibt sich aus der Reflexion über NIETZSCHEs Übermenschen folgendes Fazit:

- Übermenschen sind singuläre Erscheinungen, die alle paar hundert Jahre einmal auftauchen – quasi „aus dem Nichts";
- Übermenschen implizieren eine Wertskala, die vom Teuflisch-Dämonischen bis zum „Guten an sich" reichen kann und sind deshalb „maß-los" im Sinne des Wortes;
- Übermenschen nehmen deshalb für sich in Anspruch, nicht mit „normalen bürgerlichen Maßstäben" gemessen und nicht nach einer „bürgerlichen Moral" oder gar nach dem „gesunden Volksempfinden" beurteilt zu werden.
- Wenn man – wie ich – die Menschen nach jener *Wirkung* beurteilt, die sie erzielt haben, so gehören große Unternehmer, wie etwa ein HENRY FORD, ohne Zweifel auch zu den „Übermenschen".

6.2 Das Testament des HANS DOMIZLAFF

Kehren wir nochmals zu HANS DOMIZLAFF zurück, der einerseits nicht die genialische Größe NIETZSCHEs besaß, andererseits aber als Mensch unserer Zeit die großen Unternehmer – seine „Könige" – kannte: eine Spezies, von der NIETZSCHE keine Ahnung haben konnte.

Ich hatte bereits angemerkt, daß HANS DOMIZLAFF (in meinen Augen) eine „gespaltene Seele“ war: Einerseits fühlte er sich einer sehr anspruchsvollen Ethik verpflichtet, andererseits erkannte er klar die Gefahr für jeden „König“, der sein Unternehmen nach ethischen Prinzipien führen wollte. Nachdem wir zunächst DOMIZLAFFs Ratschläge für eine erfolgreiche, nicht-ethische Unternehmensführung besprochen haben, wollen wir uns jetzt noch kurz dem Ethiker DOMIZLAFF zuwenden.

Zur 1950 erschienenen 1. Auflage von „Das Brevier für Könige“ hat der Verleger HANS DULK das Vorwort geschrieben. Er beschäftigt sich darin ganz allgemein mit der Erziehung der Menschheit und meint, es sei sehr fraglich, ob die Menschheit in den letzten übersehbaren Jahrtausenden auch nur einen einzigen Schritt zur ethischen Vervollkommnung nachweisen könne. Ein Kollektiv läßt sich zwar mit massenpsychologischen Mitteln in den engen Grenzen seiner Naturhaftigkeit lenken, *aber es ist praktisch so gut wie gar nicht in einem ethischen Sinne erziehbar.* Diese Erkenntnis, die sich wie ein roter Faden durch das Brevier verfolgen läßt, sei für viele schmerzhaft, aber der Begriff der Ethik gehört nun einmal ausschließlich in den kleinen Raum individueller Beziehungen und niemals in echte Massenprobleme. Anders ausgedrückt: Mit ethischen Problemen muß man sich an die Elite wenden, nicht an die breite Masse mit ihrer Herdennatur.

Soweit das „Leitmotiv“ des Verlegers. Es folgen einige von mir subjektiv ausgewählte Gedanken aus dem „Brevier“, die DOMIZLAFF als engagierten Ethiker ausweisen:

- *Alles Irdische besteht durch Gegensätzlichkeit, und deshalb kann kein Mensch allein sein.* Ein König ist jedoch in seinem Reiche gänzlich allein. Die fürchterliche Einsamkeit, in der sich der Schöpfer eines Reiches gegenüber seiner Schöpfung befindet, bedingt eine Kälte der Atmosphäre, die kein gewöhnlicher Mensch ertragen kann.
- Ein König kann sich nicht im eigenen Reich ein Ausleben als Mensch suchen, sondern muß als Mensch in einem ihm übergeordneten Großorganismus Untertan sein.

- Kein Reich, mag es noch so groß und mächtig sein, kann sich zu einem Eigenleben entwickeln, es sei denn im Schutze eines ihm übergeordneten Reiches: *So muß denn auch jeder König ein wenig Mensch sein dürfen.*
- *Der letzte Typ einer ,,Großmacht" ist eine Religion, ein moralisches Gesetz oder eine überhaupt alles Irdische umfassende Weltanschauung.* In ihr kann auch der größte Herrscher der Erde mit der Gläubigkeit geistiger Unselbständigkeit seine Krone ablegen, um Mensch unter Menschen zu sein und damit sein Leben zu erhalten.
- *Es ist völlig nebensächlich, unter wessen Schutz sich ein König begibt, wenn die Voraussetzung seiner Gläubigkeit erfüllt wird.* Wer gläubig ist, kann Schutz erlangen.
- *Der Weg zu einer absoluten Ethik ist einem König verschlossen.* Er wäre auch nicht geeignet, ihn vor dem Erfrierungstode zu bewahren, denn die wenigen Menschen, die diesen Weg gehen, sind noch viel einsamer als der einsamste König.
- *Die Fragwürdigkeit der Entstehung eines Gewissens gibt nicht das Recht auf Gewissenlosigkeit.* Ein König darf sein Gewissen nicht gänzlich vergewaltigen, denn es ist lebensnotwendig für alle Menschen.
- Über Zweckethik, Moral und Menschlichkeit gibt es sehr verschiedene Meinungen. Es darf jedoch keine Meinungsverschiedenheiten darüber geben, *daß die Fühlbarkeit eines Gewissens dem Ewig-Absoluten entstammt.* Es ist nicht wichtig, auf welche besonderen Umstände sein Gewissen reagiert. Wichtig ist, daß es überhaupt noch reagiert und für einen König ein Kompaß in der Uferlosigkeit sein kann.

Was ich als ,,Testament des H. DOMIZLAFF" bezeichne, ist ein Nachtrag zur zweiten Auflage seines ,,Breviers". Ein ,,Nachtrag 25 Jahre später", wie ihn DOMIZLAFF bescheiden genannt hatte. Er spiegelt deutlich die Empfindungen eines maßlos enttäuschten Idealisten wider, der am Ende seines Lebens feststellen mußte, *daß der Menschheit letztlich nicht zu helfen ist.* Hier nun noch ein paar Gedanken aus diesem Nachtrag:

- Es gibt keine Idealzustände auf Erden. Es gibt überhaupt keine Zustände im Sinne langfristiger oder sogar paradiesisch andauernder Beharrlichkeit.
- *Es gibt auch keine Fortschritte in der Veredelung des allgemeinen Menschentypus.* Kein Prophet, kein Religionsstifter und kein Philosoph hat irgendwelche Spuren einer Verallgemeinerung ethischen Verhaltens hinterlassen.
- *Es sind immer nur einige wenige gewesen, die seelische Erkenntnisse zur Erziehung ihrer selbst und ihrer Schüler empfangen und weitergereicht haben.* Seit LAOTSE, KONFUZIUS, SOKRATES, ARISTOTELES und vielen gleichgeartet gottbegnadeten Männern hat sich ein ungeheures Wissen angesammelt, ohne daß die Welt irgendwelche Anzeichen einer größeren Friedfertigkeit oder auch einer Verminderung ihrer erbarmungslosen Kampfmethoden erkennen läßt.
- Die Cäsaren und Könige mögen im bürgerlichen Sinne sehr unbehaglich sein, wie der Vergleich mit großen Raubtieren verdeutlichen soll; *aber sie sind sozial unentbehrlich.*
- *Kein Wunschtraum erlöst uns von der Notwendigkeit hierarchisch gestaffelter Anführer und Befehlsempfänger,* auch wenn beide Kategorien den Vorrang der Gemeinschaftsinteressen vorbehaltlos anerkennen.

6.3 Eine bimodale Lebenssymmetrie

Wenn man als denkfähiger Leser und Manager die intellektuellen Anregungen von DOMIZLAFF und GALBRAITH aufgreift und sich dazu „verleiten" läßt, einmal über das eigene Leben – mit Einschluß ethischer Prinzipien – zu reflektieren, so könnte man beispielsweise im ersten Schritt zu folgendem Denkmodell einer allgemeingültigen Weltanschauung gelangen:

Überbau: Das Leben als Meta-Spiel
Basis: Das Leben als Objekt-Spiel

Beschäftigen wir uns, logisch korrekt, zunächst mit der *Basis* unseres Weltanschauungs-Modells. Welche Art von Objekt-Spielen sind für jeden einzelnen von uns wirklich wesentlich? Hier kann uns ALFRED ADLER weiterhelfen. Dieser großartige Psychologe sagte (wie bereits kurz erwähnt), jeder Mensch hätte *vier Lebensaufgaben* zu bewältigen:

- Die Arbeit
- Die Liebe
- Die Gemeinschaft
- *Die Lebenskunst* (= das heißt die drei vorher genannten Aufgaben in einem ausgewogenen Verhältnis zueinander meistern)

Nun, was beinhalten die Aufgaben im einzelnen?
Hinsichtlich der *Arbeit* muß sich der Mensch entscheiden, welchen Anteil das Berufsleben am Gesamtinhalt seines Lebens haben soll: Soll der Beruf den wesentlichsten Teil des Lebens bestimmen? Will der Mensch Karriere machen und deshalb dem Beruf alle anderen Lebensmöglichkeiten unterordnen? Oder soll der Beruf eher den Stellenwert eines „Jobs“ haben und ausschließlich dazu dienen, ein bescheidenes Existenzminimum zu gewährleisten? Oder will sich ein Mensch im Beruf verwirklichen, indem er auf seinem Gebiet ein immer größerer Fachmann oder (handwerklicher) Künstler wird?

Der Begriff „*Liebe*“ umfaßt ein breites Spektrum an möglichen Interpretationen. Graphisch könnte man dies so darstellen:

Ich liebe Dich,
weil Du bist
wie Du bist.

Ich liebe Dich,
weil Du bist.

Der linke Pol (in dieser Grafik) symbolisiert die ,,Apollonische Liebe'': Man liebt einen Menschen wegen ganz bestimmter Eigenschaften oder körperlicher Merkmale, die er aufweist. So kann sich ein Mann in eine Frau verlieben, weil sie bildhübsch und sexy ist und Charme besitzt; oder weil sie bestimmte Charaktermerkmale aufweist, die sie anziehend machen, zum Beispiel Herzenswärme, Mütterlichkeit und Anschmiegsamkeit. Jedenfalls liegt der Tenor der Beschreibung der apollonischen Liebe in der Beiordnung: ,, . . . wie Du bist.''

Der andere Pol der Liebe symbolisiert die christliche Liebe im besten Sinne des Wortes: Man liebt einen anderen Menschen einfach deshalb, weil er da ist. *Ohne jede Bedingung!*

Zwischen diesen beiden (gedachten) Polen muß sich jeder einzelne einordnen: Will er in seiner Beziehung zu den Mitmenschen näher der apollonischen oder der christlichen Liebe sein? Die Einordnung auf dieser Skala entwickelt sich im Zuge des menschlichen Reifens und kann sich im Laufe des Lebens ändern. Jedenfalls bestimmt diese Einordnung die *Fähigkeit zur Kommunikation* beziehungsweise deren Art mit. Je mehr sich ein Mensch in Richtung christliche Liebe entwickelt, desto mehr wandelt er sich vom Objekt- zum Meta-Spieler. Insofern gibt es, in unserem Denkmodell, auch fließende Übergänge – wie in allen Theorien . . .

Schließlich muß sich ein Mensch entscheiden, welche Rolle er in jener gesellschaftlichen *Gemeinschaft* spielen will, in der er lebt: Will er sich fördernd und organisierend, vielleicht auch als Spender von Geld an Aufbau und Umgestaltung ,,seiner'' Vaterstadt oder Heimatgemeinde, vielleicht sogar des gesamten Bundeslandes, beteiligen – oder ,,nassauert'' er still vor sich hin, indem er alle öffentlichen Einrichtungen ganz selbstverständlich benützt, ohne jemals ein persönliches Opfer zu bringen?

Letztlich gewinnt auch die Basis unseres Modells eine harmonische oder ,,holistische'' Zuordnung; nämlich insofern, als eine gleichmäßige ,,Wichtung'' der drei Lebensaufgaben anzustreben ist. Das heißt: wenn ein Mensch sich als ,,Workaholic'' betätigt und weder für die Liebe noch für die Gemeinschaft einen Sinn hat, dann kann man nicht von einer ausgewogenen, in sich ruhenden Persönlichkeit sprechen. Deshalb sagt ADLER, die *Lebenskunst* bestehe darin, jene drei Aufgaben etwa gleichgewichtig „unter einen Hut zu bringen".

Wir können nunmehr den Basis-Teil unseres bimodalen Symmetrie-Modells auch senkrecht anordnen:

Individuum
↓
Arbeit
↓
Liebe
↓
Gemeinschaft
↓
Lebenskunst
↓
Lebensziel

Um nicht in der Theorie steckenzubleiben, sind Sie hiermit aufgefordert, eine kleine Selbstanalyse durchzuführen. Dies ist kein Test, lediglich eine Bestandsaufnahme. Machen Sie bei jeder Frage ein Kreuz in die Spalte „Ja" oder „Nein". Falls Sie Angestellter sind, dann lassen Sie bitte die Aussage Nr. 16 unberücksichtigt. Also, es geht los:

SELBSTANALYSEBOGEN (Ist-Zustand)	JA	NEIN
1. Ich arbeite, um meinen Lebensunterhalt zu verdienen.	———	———
2. Ich arbeite, um mich im Beruf handwerklich/künstlerisch zu verwirklichen.	———	———
3. Ich schätze Teamarbeit und möchte im Middle-Management bleiben.	———	———
4. Ich arbeite, um Karriere zu machen und so hoch wie möglich zu klettern.	———	———
5. Ich arbeite, um Macht auszuüben und dadurch Dinge zu bewegen.	———	———
6. Ich fühle mich zu anderen Menschen hingezogen, wenn sie Eigenschaften haben, die mir imponieren.	———	———
7. Wer mit mir befreundet sein will, muß einen hohen Status oder viel Geld haben – am besten beides. „Hungerleider“ oder „Spinner“ passen nicht in meinen Rahmen.	———	———
8. Für mich ist, was das Verhältnis zu anderen betrifft, allein Sympathie maßgebend.	———	———
9. Ich bemühe mich um Toleranz allen Menschen gegenüber – unabhängig von ihrer Rasse, Hautfarbe oder Religion.	———	———
10. Ich habe mich schon einmal an einer Bürgerinitiative beteiligt (oder bin Mitglied eines gemeinnützigen Vereins), weil man nicht alle Regulierungen des Gemeinwohls dem Staat aufhalsen sollte.	———	———
11. Ich bin Mitglied bei international aktiven Protest- und Hilfsorganisationen, wie „Greenpeace“ oder „amnesty international“, um meinen persönlichen Beitrag zu leisten, Regierungen hinsichtlich der Menschenrechte und des Umweltschutzes unter Druck zu setzen.	———	———

SELBSTANALYSEBOGEN (Ist-Zustand)	JA	NEIN
12. Ich interessiere mich nicht für das sogenannte Gemeinwohl; in der heutigen Zeit hat jeder genug zu tun, sich und seine Familie über die Runden zu bringen.	———	———
13. Ein bescheidener Lebensstandard, ehrlich erarbeitet, ist mir lieber als ,,Luxus auf Abzahlung''.	———	———
14. Eheliche Treue zählt für mich zu den höchsten Werten.	———	———
15. Diskrete Seitensprünge, die den Partner nicht demütigen, gehören zur freien Entfaltung der Persönlichkeit.	———	———
16. Ich arbeite, als Selbständiger, in Schüben: etwa ein halbes Jahr hart schaffen, dann einige Monate ,,Horizont-Erweiterung'' im Ausland.	———	———
17. Ich baue mir einen Freundeskreis auf und feiere möglichst oft ausgelassene Feste: Man lebt nur einmal!	———	———
18. Ich halte nicht viel von den Menschen und beschränke meinen Freundeskreis auf wenige ,,handverlesene'' Exemplare.	———	———
19. Ich zähle mich zu den Erfolgreichen, zur Elite, und gebe mich mit ,,kleinen Leuten'' nicht ab.	———	———
20. Ich bewundere nur jene ,,Macher'' in Politik und Wirtschaft, die etwas bewegen und verändern. Für Geisteswissenschaftler, Künstler und esoterische ,,Spinner'' habe ich nur Verachtung übrig.	———	———

Vergessen Sie bitte nicht: Das Ganze ist ein Spiel und kein Test und entbehrt jeder wissenschaftlichen Grundlage. Zweck des Fragebogens ist ausschließlich, daß Sie sich Gedanken über Ihre gegenwärtige Lebensposition machen!

Und jetzt verlassen wir die Basis unseres Weltanschauungs-Modells und wenden uns dessen Überbau zu. Während die Basis dieses Denkmodells Aufschluß gibt, *wie* sich ein Mensch durchs Leben schlägt und mit welcher Zielsetzung, gibt der Überbau darüber Auskunft, *warum* er so lebt wie er lebt und vor allem: *wer* er ist! Die Frage „*Wer bin ich?*" ist die wichtigste Frage im Leben eines jeden (denkenden) Menschen.

Auf die Frage „Wer bin ich?" läßt sich, ohne Zuhilfenahme von psychologischen Tiefentests, eine Antwort finden, wenn man sich einmal überlegt, *welche Werte für einen wichtig sind.* Denn das Wertsystem eines Menschen ist das Spiegelbild seiner Ethik. Aus den besonders wichtigen Werten für einen Menschen lassen sich Schlüsse ziehen auf eine mögliche Neigung zur Transzendenz, das heißt zu einer oft latenten Sehnsucht nach religiöser Bindung. Denn nicht jeder, der offiziell von der Religion nichts wissen will, ist ein Atheist. Wenn man sich selbst analysiert, bedenke man, daß wir alle im Kern unseres Wesens zunächst einmal jenes Kind sind, das wir mit etwa fünf Jahren gewesen sind. Waren wir zu diesem Zeitpunkt gläubig und war der „liebe Gott" für uns ein Faktum –, dann ist er es heute noch!

Sie finden auf S. 166 eine Liste mit dem Titel:

Die Struktur meines Wertesystems

In drei Rubriken finden Sie physische, emotionale und intellektuelle Werte aufgeführt. Wählen Sie *in jeder Spalte* aus den Werten *fünf* aus, die für Sie Bedeutung haben. Ordnen Sie diese Werte durch Bezifferung nach der Reihenfolge ihrer Bedeutsamkeit für Sie!

Die Struktur meines Wertesystems

Physische Werte	Emotionale Werte	Intellektuelle Werte
Handwerkliche Tätigkeit	Verantwortlichkeit	Lernen
Komfort	Emotionale Stabilität	Kreativität
Bodybuilding	Prestige	Weisheit
Reichtum	Wettbewerb	Komplexität
Aussehen	Religion	Entscheiden
Gesundheit	Sicherheit	Abstrahieren können
Urlaub	Vertrauen	Unabhängigkeit
Arbeitsbeding.	Intimität	Perfektion
Stärke	Liebe	Planung
Aktiv sein	Freundlichkeit	Lesen
Reisen	Leidenschaft	Kommunikation
Attraktivität	Offenheit	Verstand
Finanzielle Sicherheit	Soziale Verpflichtung	Informationsverarbeitung
	Hingabe	Vollständigkeit
	Helfen	

Jetzt gehen Sie bitte zur nächsten Tabelle über, wobei Sie aus den fünfzehn wichtigsten Werten der ersten Tabelle jetzt nochmals die zehn wichtigsten auswählen:

Die Landkarte meiner Werte

1. Meine zehn wichtigsten Werte:	→	2. An welchem dieser zehn Werte habe ich schon gezweifelt?	→	3. Bei welchem dieser Werte würde ich eventuell Kompromisse bzw. Abstriche machen?
4. Welche Werte sind mir besonders wichtig?	→	5. Welche Werte sind unverzichtbar für mich?	→	6. Für welche Werte bin ich schon bzw. würde ich öffentlich eintreten?
		7. Für welche Werte würde ich mein Leben riskieren bzw. sterben?		

Und jetzt seien Sie einmal ganz konsequent und ehrlich mit sich selbst! Arbeiten Sie mit der folgenden Tabelle so, wie es an deren Fuße angegeben ist!

(Alle drei Tabellen wurden mit Genehmigung der ,,Modernen Verlagsgesellschaft (mvg) dem Buch ,,Life-Styling" von HIRTH/SATTELBERGER/STIEFEL entnommen.)

Konsequenzen meiner Lebensentscheidungen

Meine 5 wichtigsten Werte: Meine 5 wichtigsten Lebensentscheidungen:	1.	2.	3.	4.	5.

Anleitung: Hier geht es darum festzustellen, ob wichtige Entscheidungen in Ihrem bisherigen Leben stimmig mit Ihren wichtigsten Werten gewesen sind und zur Verwirklichung Ihrer Persönlichkeit beigetragen haben. Notieren Sie die fünf wichtigsten Entscheidungen in Ihrem Leben, von denen Sie das Gefühl haben, daß sie Ihr gegenwärtiges Leben bedeutend beeinflußt haben, in den senkrechten Spalten obiger Matrix.

Übertragen Sie sodann aus dem Blatt ,,Die Landkarte meiner Werte" die fünf wichtigsten Werte in die waagrechten Spalten der obigen Matrix.

Analysieren Sie jedes der 25 Kästchen:

- Hat die jeweilige Lebensentscheidung die Verwirklichung des jeweiligen Wertes gefördert, behindert oder gar nicht beeinflußt?
- Kennzeichnen Sie jedes Kästchen mit einem Plus bei Förderung, mit einem Minus bei Behinderung und mit einer Null bei fehlender Beeinflussung.
- Wieviele der Kästchen haben ein Plus, ein Minus, eine Null?

- ○ Wie haben Ihre Entscheidungen zu einem wertorientierten, sinnhaften Leben beigetragen?
- ○ Welche Reaktionen spüren Sie jetzt bei sich?
- ○ Wo sehen Sie Ursachen und Quellen von Konflikten?

Wir sind nunmehr in der Lage, aus unserem Weltanschauungsplan (aus Basis und Überbau) eine ,,bimodale Lebenssymmetrie'' zu konstruieren:

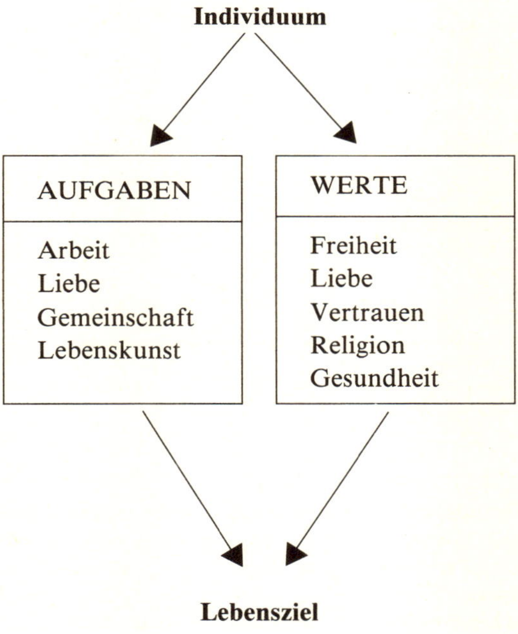

Analog der GALBRAITHschen bimodalen Symmetrie kann man jetzt folgern: Je mehr Symmetrie zwischen den beiden Säulen ,,Aufgaben'' und ,,Werte'' besteht, desto bestimmter und erfolgreicher kann so ein Mensch nach außen auftreten! Immer aber, wenn eine Säule mehr oder weniger ,,verkümmert'' ist, fehlt es dem Menschen an innerer Balance *und* an Durchsetzungsvermögen!

6.4 Der Stamm in der Kalahari

Um unser bimodales Symmetrie-Modell des Lebens in die Realität umsetzen zu können, müssen wir nur noch eines zuwege bringen – uns unserer Vorurteile klar zu werden. Wir müssen die ,,Linsen" erkennen, die wir vor Augen haben und die unsere ,,Wirklichkeit" verfälschen.

Die amerikanische Philosophin JEAN HOUSTON, in der englischsprechenden Welt vor allem durch ihr Buch ,,Der mögliche Mensch" bekannt geworden, illustriert unsere gemeinsame Vorurteils-Situation durch eine aparte, aber wahre Story. Bei einem bestimmten Stamm in der Kalahari, einem riesigen Wüstengebiet in Südafrika, sind dessen Mitglieder davon überzeugt, daß die Welt ungefähr 250 Yards jenseits ihres Territoriums endet. Wenn man sie an diese Grenze bringt, sehen sie nichts als Leere. Wenn man ihnen sagt, daß die Welt auch jenseits dieser Grenze weiter besteht und versucht, sie über die Linie des angenommenen ,,Welt-Endes" treten zu lassen, schreien sie und betteln, daß man davon absehe. Wenn man aber darauf besteht und mit ihnen die Grenze überschreitet, *sind sie blind* und klagen laut, daß man sie verlassen hat – bis man wieder über die Linie in die für sie existierende Welt zurücktritt.

Falls wir, die zivilisierten Abendländer, uns diesen Menschen überlegen fühlen, sollten wir uns erinnern, daß wir ganz ähnlich handeln, wenn auch auf subtilere und verborgenere Art. Man denke nur an die Kriege aus ideologischen Gründen, die die Landschaft unserer Geschichte verfinstert haben, an die vielen Schranken des Vorurteils, den gegenwärtig vorherrschenden Aberglauben der Wissenschaftlichkeit und die verlogenen Unterschlagungen der Medien.

Nun fragen Sie sich einmal, wo Ihr ,,kulturelles Linsensystem" Sie von anderen abschottet und weshalb. Gilt diese Barriere nicht für alles, was jenseits der Physik liegt, jenseits des Beweisbaren, jenseits des Rationalen?

Das hinterhältigste aller Linsensysteme ist das „Ich“. Das „Ich“ ist ein sehr kleines, sehr örtliches, kameraartiges System mit einer lächerlich geringen Fähigkeit, Frequenzen aufzunehmen. In der Tat hat das Linsensystem des Ich zu einem nur etwa so großen Teil der Gesamtheit der Realität Zugang, wie er vom begrenzten Spektrum des Auges diktiert wird. *Das Ich und sein Auge gehören in etwa derselben Ebene an.*

> Aber: *„Es ist möglich, daß mystische Erfahrung linsenloses Wissen bedeutet.“*

Auf diese Meinung von JEAN HOUSTON werde ich nochmals zurückkommen. Im Augenblick sei nur angemerkt, daß wir durch aktive Beschäftigung mit der Mystik, beispielsweise durch Meditation, entdecken können, daß wir einzigartig in unserem Selbst sind – und doch die Informationen des Ganzen in uns enthalten. *Wir sind Bürger zweier Welten, die in Wahrheit eins sind* – wenn wir nur lernen könnten, es zu sehen. Daraus ergibt sich die Frage: Wie können wir „sehender“ werden? Ist da möglicherweise irgend etwas „Wunderbares“ im Gange? Also fragen wir doch gleich: Was sind eigentlich Wunder?

Wunder sind nichts weiter als die Aktivierung des Bewußtseins zu mehr Mustern der Realität, als wir üblicherweise in der linear-analytischen Perspektive erkennen können. Denn das Leben, das aus *einer* Sicht, einem Blickwinkel gesehen wird, Leben ohne Wunder, ist eigentlich Schlaf (das war der ständige Spruch des großen Esoterikers GEORG I. GURDJIEFF). Hierbei handelt es sich de facto um einen Zustand der Unfreiheit, in dem eingekapselte Gewohnheitsrealitäten die Vorherrschaft haben und Geist, Körper und Umwelt in einer Mini-Existenz befangen sind. Man könnte auch die Bezeichnung *„Dummfeld-Phänomen“* dafür wählen. Beobachten Sie Ihre eigenen Dummfelder, wenn Sie durch das reale Leben wandern. Wie oft nehmen Sie gar nicht wahr, was Sie sehen oder hören? Wie oft verschwenden Sie Ihre Zeit mit banalem Geschwätz auf geistlosen Partys oder vor dem Fernseher?

Wenn Sie *geistig wacher werden* wollen, als Sie es jetzt sind, mit dem Ziele, von Ihrer Gehirnkapazität künftig um bescheidene fünf Prozent mehr Gebrauch zu machen als bisher, dann gewöhnen Sie sich an:

- Einen möglichst häufigen Themen- und Szenenwechsel, *ganz allgemein;* vermeiden Sie tunlichst jede Art von Routine beim Denken und Handeln!
- Sich mindestens einmal pro Woche mit einem *für Sie neuen Thema* zu beschäftigen; zum Beispiel, indem Sie sich eine TV-Sendung über Medizin, Soziologie, Psychologie, Ökologie, Meteorologie oder ähnliches ansehen.
- *Ihren Tagesablauf*, geschäftlich und privat, *zu variieren*: Verhandeln und telefonieren Sie nicht immer mit denselben Leuten; delegieren Sie ein altbekanntes Aufgabengebiet und übernehmen Sie dafür ein neues; und essen Sie nicht Tag für Tag dasselbe Gericht im selben Restaurant. Kleiden Sie sich nicht so, wie „man" sein „Outfit" gestaltet, sondern tragen Sie, was *Ihnen* gefällt. Und besuchen Sie auch einmal einen Jazz-Keller oder ein „Open-air-Konzert", wo vorwiegend junge Leute (mehr oder weniger) in Ekstase geraten: Vielleicht erleben Sie dabei auch ein neues „Feeling"?

Und wenn Sie „in" sein wollen, mehr als Ihre akademisch-bornierten Zeitgenossen aus dem Management, dann beschäftigen Sie sich einmal probeweise mit „Mind Machines"! – Nie gehört? Das sind Bio-Computer zur optisch-akustischen Stimulierung Ihres Gehirns. Aus deren Gebrauch ergeben sich, ganz allgemein formuliert, drei Vorteile:

- Entspannung
- Lernen „wie im Schlaf"
- außergewöhnliche Wachbewußtseinszustände

Die Wirkungsweise dieser Maschinen besteht darin, daß dem Gehirn über beide Ohren *gleichzeitig* Geräusche in zwei verschiedenen Frequenzen zugeführt werden. Daraus filtert das Gehirn eine „Mischfrequenz", die unter anderem bewirkt, daß sich beide

Gehirnhälften ,,zusammenschalten". Das bedeutet, daß die Diskrepanz zwischen der linken (,,digitalen") und der rechten (,,analogen") Hemisphäre beseitigt wird. Beide Gehirnhälften arbeiten also in dieser Phase ,,synchron". Das bewirkt, je nachdem welche Frequenzen zugeführt werden, entweder eine tiefgreifende Entspannung – oder eine ,,Aufmunterung", die gesteigerte geistige Arbeit, besonders im kreativen Sinne, erlaubt.

Hintergrund: Wir haben ein Gehirn mit etwa 13 Milliarden Nervenzellen, welche massenhaft miteinander vernetzt sind. Wenn es nun gelänge, durch gezielte Stimulation, beispielsweise mit Mind-Machines, die Aktivität dieser Zellen nur um zwei bis drei Prozent zu steigern, würden sich die Auswirkungen jedem Vorstellungsvermögen entziehen!

Auf keinem Gebiet wird weltweit so energisch und umfangreich geforscht wie auf dem Sektor ,,Gehirnaktivität". Langsam verschiebt sich das bekannte und uns bereits liebgewordene Bild des Gehirns. Jüngste Forschungsergebnisse lassen nämlich vermuten, daß das *Glia-Hirn* dem *Neuronen-Hirn* übergeordnet ist. Mit anderen Worten: Jene Substanz, die von den Medizinern bisher als Glia-Stützgewebe zweitrangig behandelt worden ist, bestimmt in Wirklichkeit, wie die Neuronen unserer Rinde funktionieren und sich vernetzen. Einzelne Gehirnforscher gehen bereits weiter und behaupten, daß die Neuronen, also die herkömmlichen Nervenzellen, nur die Arbeitssklaven oder Rechenmaschinen der Glia-Zellen sind.

Die neuen Erkenntnisse verdankt die Wissenschaft den Experimenten mit Ratten. Ich versuche, das bis heute wesentlichste Forschungsergebnis herauszuarbeiten:

Tierversuche haben ergeben, daß durch angeregtes Denken nicht nur eine Zunahme der Nervenzellen und deren Vernetzung untereinander entsteht, sondern daß auch eine Zunahme der Glia-Substanz stattfindet.

Ständiges angeregtes Denken läßt die Gehirnsubstanz wachsen, erhöht die Gehirnleistung und beugt sowohl der Verkalkung als auch der ,,Alzheimer Krankheit" vor.

Somit ist in jüngster Zeit erstmalig der Nachweis erbracht worden, wie sehr sich die manipulierte ,,Masse Mensch", die dem Denken aus dem Wege geht, als ob es weh täte, selbst schadet. Sie weiß es nur nicht – im Gegensatz zu den Manipulierern . . .

JEAN HOUSTON machte einmal eine Studie über Menschen, die sich erfolgreich der ,,Selbstverwirklichung" (im Sinne ABRAHAM MASLOWS) verschrieben hatten. Ihre Enttäuschung war groß, als sie feststellen mußte, daß von den 55 Testpersonen nur einige ,,Macher-Typen" waren.

Ergebnis der Studie: Nur wenige wurden von dem Drang getrieben, etwas leisten zu müssen oder zeigten eine Besessenheit der einen oder anderen Art. Statt dessen schienen diese hochgradigen Verwirklicher einen auffallenden Gleichmut in bezug auf die Welt gemeinsam zu haben. Demnach ist die Philosophie der hochgradigen Verwirklicher völlig anders als die Ethik der ,,Macher". Erfüllung wird gewissermaßen als ,,Musik" gesehen, die zwischen ihnen und dem Universum erklingt. Was das Selbst braucht (fordert diese Philosophie), braucht auch die Welt – *denn Selbst und Welt sind dem Wesen nach dasselbe Ding*. Daraus folgt (für Sie als Leser), daß es wichtig für die Welt ist, daß *Sie* bekommen, wessen Sie bedürfen. Wenn Sie mit der Welt korrespondieren, stellt es für Sie keine Selbstsucht oder Anmaßung dar, passende Gelegenheiten beim Schopf zu fassen, um weiterzuwachsen; und im Weiterwachsen helfen Sie mit, die Welt zu gestalten.

Wahrscheinlich haben Sie Ihr Leben noch nie unter einem umfassenderen Gesichtspunkt gesehen. *Die geschilderten philosophischen Ansichten könnten möglicherweise für Sie ein Anstoß sein, sich und Ihre Tätigkeit als Unternehmer oder Manager großartiger, holistischer und dadurch auch ,,ethischer" zu sehen.*

Sie werden durch diese Art der Reflexion ,,Wunder vollbringen" – immer vorausgesetzt, daß Ihnen der blanke Machttrieb oder eine unstillbare Gewinnsucht nicht den Weg in jene Höhen versperren, auf die es letztlich ankommt. ,,Alte Seelen" wissen dies, wie die Esoteriker sagen, und deshalb wollen wir uns im nächsten Abschnitt ein bißchen mit der Esoterik beschäftigen. Sollte Sie dies nicht interessieren –, dann überschlagen Sie diese Seiten! So einfach ist das im Leben, das uns immer *nur eine Alternative* zubilligt: ein auftauchendes Problem aufzuarbeiten – oder ihm aus dem Wege zu gehen. . .

6.5 Das ,,Meisterspiel": Der Manager als Esoteriker

Wir haben uns im fünften Kapitel mit der Grobeinteilung der Spiele des amerikanischen Autors ROBERT S. DE ROPP bekanntgemacht und uns zunächst mit den Objekt-Spielen, den ,,niederen Spielen", auseinandergesetzt. Nun, da wir eine ganze Reihe von Prämissen erarbeitet haben, können wir uns den ,,hohen" oder Meta-Spielen zuwenden; um schließlich, als Ergebnis all unserer Bemühungen, das ,,Meisterspiel" anzugehen. Zunächst also eine Kurzbeschreibung der Meta-Spiele:

Meta-Spiele werden selten in ihrer reinen Form gespielt. So richtet sich beispielsweise das *Kunstspiel* ideell auf den Ausdruck eines inneren Gewahrseins, der etwas vage als ,,Schönheit" definiert wird. Dieses Gewahrsein ist rein subjektiv. Das ganze Kunstspiel, wie es heute gespielt wird, ist im übrigen stark kommerzialisiert; die Gier des Sammlers durchdringt es wie ein schlechter Geruch. Zudem wird es durch die Neigung zum Angeben kompliziert, die fast alle zeitgenössischen Künstler betrifft.

Das *Wissenschaftsspiel* wird ebenfalls selten in seiner reinen Form gespielt. Es ist so kompliziert geworden, so umfangreich und so kostspielig, daß mehr oder weniger Routine-Unternehmungen bevorzugt werden. Diese fürchterliche Anhäufung von

Komitees, die zwischen dem Wissenschaftler und dem von ihm benötigten Geld steht, führt dazu, alles wirklich Neue abzuwürgen. *Das Spiel wird nicht so sehr um des Wissens willen gespielt, sondern aufgrund des Bestrebens des Wissenschaftlers, sein Ego aufzupolstern.* Die Sucht nach Status (und die Hoffnung auf den Nobelpreis) ist oft das Leitmotiv, nicht die Wahrheitssuche, die so gerne bemüht wird.

Schließlich ist noch das *Religionsspiel* zu erwähnen, ein Meta-Spiel, dessen Spielziel in etwa als ,,Erreichen des Heils" definiert werden kann. Das Religionsspiel hatte, so wie es in früheren Zeiten gespielt wurde, seine recht genau definierten Regeln. *Im wesentlichen war es ein Spiel, das bezahlte Priester dieser oder jener Richtung zu ihrem persönlichen Vorteil spielten.* Um ihre Mitmenschen zum Mitspielen zu zwingen, erfanden die Priester verschiedene Gottheiten, mit denen sie allein Verbindung aufnehmen konnten, deren Zorn sie allein besänftigen und deren Hilfe sie allein herbeirufen konnten. Wer Hilfe von den Göttern brauchte oder ihren Zorn abwenden wollte, mußte die Priester dafür bezahlen. Der ,,Zahl-den-Priester"-Aspekt des Religionsspiels ließ es verschiedene Zyniker als *der Welt ältestes Betrugsmanöver* definieren. SIGMUND FREUD meinte dazu, die ganze Sache sei so infantil und habe so wenig mit Realität zu tun, daß der Gedanke geradezu schmerze, daß die große Mehrheit der Sterblichen sich nie über diese Ansicht vom Leben erheben können wird.

Oberflächliche Leser könnten den Verdacht hegen, bei Autoren wie ROBERT DE ROPP handle es sich um ,,ganz gewöhnliche Antichristen", die ihre religiösen Vorurteile unter dem Deckmantel der Psychologie verbreiteten. Dem ist nicht so, denn: Jedem Beobachter mit klarem Kopf muß es offensichtlich sein, daß am Religionsspiel noch etwas anderes dran ist als das Ausnutzen der Gutgläubigkeit der Gläubigen und der Verkauf von Eintrittskarten zu einem Scheinhimmel. Alle großen Religionen bieten Beispiele von *Heiligen und Mystikern*, die das Spiel ganz offensichtlich nicht um materieller Gewinne willen spielten und deren Gleichgültigkeit gegenüber persönlichem Komfort, Reichtum und Ruhm wir nur bewundern können. Offensichtlich spielten sie das

Absender (bitte deutliche Blockschrift):

Name/Vorname

Straße/Hausnummer

PLZ/Ort

Anregungen/Wünsche:

Bitte
mit
Postkarten-
porto
freimachen!

Antwort

mvg verlag

Moderne Verlagsgesellschaft

Nibelungenstraße 84

8000 München 19

Spiel nach anderen Regeln und zu völlig anderem Zweck als die priesterlichen Gauner, die Reisen zum Himmel gegen Bares verkauften und auf Vorauszahlung bestanden.

Aber nun zum Kernpunkt: *Welches Spiel spielten die Mystiker*? Innerhalb ihrer Religion – das ist wesentlich! – versuchten sie das schwierigste aller Spiele, das *Meisterspiel*, dessen Ziel das Erreichen des vollen Bewußtseins, des wirklichen Erwachens ist. Weil die Grundidee, auf der alle großen Religionen beruhen, lautet, *daß der Mensch schläft*, daß er inmitten von Träumen und Täuschungen lebt, daß er sich selbst vom universellen Bewußtsein abgeschnitten hat, *um in das Schneckenhaus seines persönlichen Egos zu kriechen*. Aus diesem Schneckenhaus herauszukommen, die Einheit mit dem universellen Bewußtsein wiederzuerlangen, aus der Dunkelheit der egozentrierten Illusion in das Licht des Nicht-Egos zu gelangen, war das wirkliche Ziel des Religionsspiels, wie es die großen Lehrer JESUS, GAUTAMA, KRISHNA, LAO TSE und SOKRATES spielten. Unter den Moslems wurde diese Lehre von den Sufis verbreitet. All diesen Spielern war klar, daß das Religionsspiel, wie es die bezahlten Priester spielten, nichts als ein Zerrbild des wirklichen Spiels war, eine schreckliche Bestätigung der Wahrheit des Wortes: ,,Sie preisen mich mit den Lippen, aber ihre Herzen sind mir fern. Sie haben Augen, aber sie sehen nicht, sie haben Ohren, aber sie hören nicht, und sie verstehen nichts.''

DE ROPP weist schließlich auf die Tatsache hin, daß das Meisterspiel kaum gespielt wird. Es bleibt immer noch das schwierigste und am meisten fordernde der Spiele; es gibt nur wenige, die es in unserer Gesellschaft spielen. *Der vom Flitterglanz seiner Konsum-Erzeugnisse hypnotisierte Zeitgenosse hat wenig Kontakt mit seiner inneren Welt; er befaßt sich mit dem äußeren, nicht mit dem inneren Raum*. Das Meisterspiel kann nur von Menschen gespielt werden, deren Selbstbeobachtungen und Beobachtungen anderer sie zu einem bestimmten Schluß führen, *daß des Menschen gewöhnlicher Bewußtseinszustand, sein sogenannter wacher Zustand, nicht das höchste Bewußtseinsniveau ist, dessen er fähig ist*.

Ist ein Mensch zu diesem Schluß gekommen, wird ihm klar, daß er nur einen winzigen Bruchteil von dem sieht, hört, weiß, was er sehen, hören, und wissen könnte; *daß er im ärmlichsten und schäbigsten Raum seines Innern wohnt; aber daß er andere Räume, mit Schätzen gefüllt, deren Fenster auf die Ewigkeit und die Unendlichkeit weisen, betreten kann.* Dort würde er sein kleines persönliches Selbst übersteigen und eine geistige Wiedergeburt erleben können, ,,die Auferstehung vom Grabe", die das Thema so vieler Mythen und die Basis aller mystischen Religionen, einschließlich des Christentums, darstellt.

Kehren wir zum Anfang dieses Buchabschnittes zurück, der die Überschrift trägt: ,,Der Manager als Esoteriker".

Angenommen Sie sind im christlichen Kulturkreis aufgewachsen und hätten sich nie für andere Religionen interessiert: Ist es nicht intellektuell reizvoll, sich einmal mit einer ganz anderen Glaubensform auseinanderzusetzen? Mit einer Glaubensform, die sich aus dem Buddhismus entwickelt und etliche große Geister der Menschheit zu ihren Anhängern gezählt hat – und bis heute zählt? Also: Was ist ,,Esoterik"?

Über Esoterik gibt es mittlerweile eine unüberschaubare Literatur, die dem interessierten Laien den Einstieg in das mystische Denken ungemein erschwert. Es sei deshalb hier versucht, das Wesentliche esoterischen Denkens (und Glaubens) in einer ganz simplen Art und Weise darzustellen. Denn ,,simpel" bedeutet ja nicht ,,falsch". Im übrigen gibt es bei Glaubensformen, und dies gilt für alle Religionen, kein ,,richtig" und kein ,,falsch": Es kann nichts bewiesen und nichts widerlegt werden. Auch wird es unter ,,Glaubensbrüdern" immer Differenzen über die Auslegung einzelner Inhalte geben. So gibt es, ähnlich wie bei Christen über den Begriff ,,Gnade", bei Esoterikern zum Teil erhebliche Unterschiede darüber, wie der Begriff des ,,Karma" interpretiert werden sollte. Ich betone deshalb, daß die folgenden Ausführungen über die Esoterik und ihre Inhalte jenem Verständnis dieser schwierigen Materie entsprechen, das ich mir in zwei Jahrzehnten erarbeitet habe.

,,Esoteriker" sind Menschen, die dem ,,inneren Kreise" der Eingeweihten angehören – im Gegensatz zur großen, ,,unwissenden" und „schlafenden" Masse, der „Exoteriker". („Mystiker" streben den gleichen Erkenntnisstand an, doch steht bei ihrem Bestreben das Einswerden mit Gott, die „Unio mystica", und zwar schon zu Lebzeiten, im Vordergrund.)

Die Esoterik hilft ihren Anhängern, zweierlei zu erfahren:

1. Die Gesetzmäßigkeiten, nach denen das Universum funktioniert (und damit zugleich die Gesetze, denen der Mensch als Teil des Universums unterworfen ist). Diese Gesetze sind uns auf der „Smaragdenen Tafel" des HERMES TRISMEGISTOS, eines ägyptischen Halbgottes, überliefert worden.
2. Einen Weg, den „spirituellen Pfad" zu beschreiten, mit dem Ziel, durch Überwindung und Abbau des täuschenden „Ichs" die Verbindung zu unserem „wahren Selbst" herzustellen. Als Wegweiser zu dieser Reise, die durch viele Inkarnationen (= Wiedergeburten) führt, können uns die Astrologie und das Tarot dienen.

Das Grundgesetz des Universums wird durch die Lemniskate (griechisch: „wollenes Band") symbolisiert:

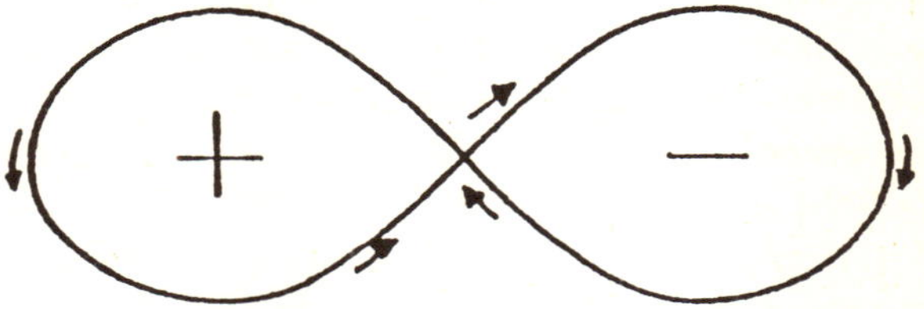

Sie demonstriert uns, daß das Universum ohne Anfang und ohne Ende und dabei in ständiger Bewegung ist, die sich als rhythmischer Zyklus beschreiben läßt. Diese andauernde Bewegung ist es, die die Lemniskate zum gleichzeitigen Symbol der Unendlichkeit und des Neubeginns macht.

Wenn wir also, wie die „Eingeweihten" (= die „Initiierten") der alten Geheimlehren, von der These ausgehen, daß die Lemniskate die Symbolstruktur darstellt, nach der die große kosmische Ordnung erkannt und definiert werden kann, dann lassen sich darüber folgende Aussagen machen:

- Die große kosmische Ordnung bildet eine in sich geschlossene Einheit, deren Anfang und Ende nicht erkennbar ist.
- Sie ist in einer immerwährenden Bewegung begriffen, deren Art wir als rhythmisch und zyklisch erkennen können.
- Diese Bewegung resultiert aus dem Spannungsfeld zwischen zwei entgegengesetzten Polen, die sich im annähernden Gleichgewicht befinden müssen, da sonst eine rhythmisch-zyklische Bewegung nicht möglich wäre.

Das bedeutet aber: Das Prinzip der Balance, die Ausgewogenheit ist das alles durchdringende Grundgesetz der großen kosmischen Ordnung.

Man kann also das Gesetz der Balance, wie es in den gleich großen schwingenden Schleifen der Lemniskate zum Ausdruck kommt, überall in der Natur als ein absolutes Gesetz beobachten, dem nichts und niemand sich entziehen kann und das sich mit konsequenter Unerbittlichkeit erfüllt. Der Mensch hat im Grunde nur die Möglichkeit, selbst diesem Gesetz entsprechend aktiv zu leben oder es passiv zu erfahren und zu erleben. Daraus ergibt sich eine der wichtigsten Wahrheiten:

Wer nicht lebt, wird gelebt.

Nun besteht der Mensch aus Körper, Seele und Geist. Im „Geist" ist jener göttliche Funke enthalten, der unser spirituelles Wesen unsterblich macht. Der Geist ist in verschiedenen kosmischen Ebenen eines erweiterten Bewußtseins zuhause. Der englische Esoteriker GEORGE TREVELYAN, ein hochangesehener (und von der Queen geadelter) Zeitgenosse, weist deshalb mit Nachdruck darauf hin, daß die Vorstellung verschiedener Bewußtseinsebenen, deren niedrigste und dichteste die Erde ist, grundlegend für die Weltsicht sei, um die es hier geht. Das „spirituelle Wesen Mensch" steigt von einer feineren Ebene herab, um einen Körper anzunehmen, die notwendige Hülle für das Leben im Bereich der irdischen Schwingungen. *Dieser Körper sei nichts als eine Art Mantel, den man ablegen kann, sobald er abgetragen ist.*

Wer an den ewigen göttlichen Funken in sich glaubt, kann weder daran zweifeln, daß seine Seele, sein Geist-Ich, schon dagewesen ist, noch daran, daß sie in irgendeiner Form wiedergeboren wird. Denn selbst wenn ein Mensch die Erleuchtung im Sinne BUDDHAS erstrebt, so bedarf es immer noch vieler Leben, um auch die letzten Spuren des Karmas „aufzuarbeiten".

„Karma", das „Gesetz der wirkenden Tat", ist jene unbewußte Erfahrung, die wir aus früheren Inkarnationen in dieses Leben mitbringen. Je nach dem Ergebnis unserer Bemühungen auf vergangenen Erdenwegen bringen wir entweder ein helfendes oder belastendes Karma mit, das unser gegenwärtiges Schicksal mitbestimmt.

Was also zählt am Menschen ist seine unsterbliche Seele, sein Geist-Ich, das sich im Laufe vieler Reinkarnationen immer weiter, (im Sinne einer Spirale) höher entwickeln muß – bis es quasi „gottähnlich" geworden ist und, bei Erreichung des „Punktes Omega" (Ω), mit Gott verschmilzt. Derartige „punktuelle Verschmelzungen" erreichen Esoteriker gelegentlich in der Meditation („Unio mystica"). Solche Erlebnisse geben ihnen (und Meditierenden anderer Glaubensrichtungen) die *Gewißheit,* daß sie eins mit Gott und in ihm „aufgehoben" sind. Weshalb sich, aufgrund auch nur eines einzigen derartigen Erlebnisses, menschliche Probleme schlagartig relativieren: *Was haben, gemessen an der Unendlichkeit, meine kleinlichen Ich-Bestrebungen jetzt noch für eine Bedeutung?*

Denn was den Menschen hindert, die Unio mystica, seine „Erleuchtung", zu erreichen, ist jene Instanz, die er für sein „Ich", das heißt für das Zentrum seiner Persönlichkeit, hält. Das Ich ist unter anderem durch die verschiedensten „Programme" bestimmt. Es hindert uns, zu unserem wahren Selbst vorzustoßen. Die geistige Entwicklung des Menschen, seine „spirituelle Evolution", hat also zum Ziele, das falsche Ich zu eliminieren und das wahre Selbst, unter Anleitung und Aufsicht des Karmas, schrittweise, das heißt von Inkarnation zu Inkarnation, zu „veredeln".

Endziel dieser Wanderung, zu der BUDDHA 534 Wiedergeburten benötigt hat, ist das Erreichen eines göttlichen Zustandes, der aus einer *Emulgierung von Geist und Liebe* besteht.

Nun gibt es naturwissenschaftlich ,,verbildete" Menschen, die nur glauben, was bewiesen ist. Sie stellen in Diskussionen über das, ,,was die Welt im Innersten zusammenhält", stets die Frage, *was denn vor dem Urknall eigentlich gewesen sei.* Darauf gab HOIMAR VON DITFURTH in seinem letzten Buch ,,Innenansichten eines Artgenossen" eine ganz klare Antwort: *Nichts.* Experten können nämlich ein erstaunlich detailliertes Bild der Kette von Ereignissen rekonstruieren, mit denen unsere Welt ,,aus dem Nichts" in Erscheinung trat und die im weiteren Verlauf alles aus sich hervorgehen ließ, was es heute gibt. Auch wenn sich das kein Mensch vorstellen kann: *Vorher gab es nichts. Es gab, wenn man es genau betrachtet, nicht einmal ein Vorher, denn auch die Kategorie Zeit entstand erst in diesem Augenblick.* Alles in allem also eine empirische Konvergenz von verblüffender Exaktheit mit der von den Weltreligionen seit Jahrtausenden behaupteten ,,*Creatio ex nihilo*". Und nicht zuletzt ist die einzig sinnvolle (wenn unserem Verstand auch unvorstellbare) Antwort auf die Frage, was vor dem Anfang der Welt war, *nichts.*

Dem Gläubigen fällt die Antwort auf die Frage, wer den Urknall aus dem Nichts (aus der buddhistischen ,,Leere") ausgelöst hat, leicht: Gott hat es so gefügt. Ein Wissenschaftler muß hier passen. Die Frage zielt ja auf die Bedingungen und Regeln, unter denen der Anfang der Welt sich vollzog. Auf sie aber kann kein Mensch eine rationale Antwort geben.

HOIMAR VON DITFURTH, den ich seit zwei Jahrzehnten sehr bewundere, hat mir immer irgendwie leid getan. Es tat mir weh, daß dieser hochintelligente und integere ,,Artgenosse" es nicht fertigbrachte, Gott als Auslöser des Urknalls zu nennen und anzuerkennen, denn auch Herr VON DITFURTH war erst in zweiter Linie Naturwissenschaftler. In erster Linie war er Mensch, *und jedem Menschen ist ein Hang zur Transzendenz immanent. Es müßte eigentlich klar und nicht zu bezweifeln sein, daß der Schöpfer seinem Geschöpf ,,Mensch" jenes Bild ,,eingehaucht" hat, zu dem er sich entwickeln soll; und auch daß der Mensch dafür nur ein Gebot zu befolgen hat: „Ich bin der Herr, dein Gott!*

Ich beschließe jetzt den Abschnitt „Der Manager als Esoteriker" mit meinem ganz persönlichen Fazit dessen, was ein Esoteriker ist: Ein Esoteriker ist ein Mensch, der sich immer, das heißt in jeder Lebenslage, bewußt ist, daß

- ○ es ein Universum gibt, das auf einen göttlichen Schöpfergeist zurückzuführen ist;
- ○ die ständigen Wandlungen im Universum stets ein Chaos zur Ursache haben, das letztlich in Ordnung übergeht –, weil das gesamte Geschehen nach a priori gesetzten Regeln abläuft;
- ○ der Mensch, als Teil des Universums, nach dem hermetischen Gesetz der Smaragdenen Tafel „Wie oben, so unten" in die kosmische Ordnung eingebunden ist;
- ○ der Mensch infolgedessen stets jene Balance anzusteuern versuchen sollte, die durch die Lemniskate symbolisiert ist;
- ○ der Mensch ein Geist-Ich, das heißt eine unsterbliche Seele besitzt, die sich im Laufe vieler Inkarnationen höher und höher entwickeln muß, bis zum „Punkt Omega", wie TEILHARD DE CHARDIN den Endpunkt jeder gezielten Selbstverwirklichung bezeichnet hat;
- ○ die spirituelle Evolution maßgeblich vom „Karma" gesteuert wird – der Bilanz wirkender Taten aus früheren Leben;
- ○ jedes Erdendasein eine erneute Bewährungsprobe ist und damit, wie BUDDHA sagte, eine Chance darstellt, sein Karma zu verbessern;
- ○ jeder überzeugte (und damit gläubige) Esoteriker bemüht ist, durch eine gezielte Karma-Optimierung die Zahl der Wiedergeburten zu vermindern, um endlich die Erleuchtung und damit die Erlösung zu erlangen, die BUDDHA mit „Nirwana" bezeichnet hat.

Ein Esoteriker ist ein Mensch, für den das „Gutsein" der wichtigste und ständige Ansporn des Lebens ist. Deshalb überträgt er diese in seinem innersten Wesen fundierte „Anständigkeit" auf alle Interdependenzen – somit auch ganz selbstverständlich auf seine geschäftlichen Aktionen.

Nun ist es eine alte Streitfrage unter Mystikern, ob man einen „Meister" braucht, um den spirituellen Pfad bis ans Ende gehen zu können. Mit anderen Worten: Kann ich alleine zur Erleuchtung gelangen – oder brauche ich dazu einen Führer?

Die von mir hochverehrten Sufis, die Mystiker des Islam, verneinen diese Frage. Einer ihrer größten Meister, JALALUDDIN RUMI, der (im 13. Jahrhundert) die Devise ausgab: „Der ist erleuchtet, dessen Rede und Tun übereinstimmen", warnte die Suchenden ausdrücklich: Der Weise ist anfänglich der Führer des Suchenden. Aber sobald wie möglich entläßt der Lehrer den Schüler, der nun selbst zu einem Weisen wird und *die Arbeit an sich selbst alleine fortsetzt.* Im Sufismus wie überall sonst hat es genug falsche Lehrer gegeben . . .

Doch die klarste Antwort auf die Frage „Lehrer – oder nicht?" findet sich bei einem der tiefgründigsten Denker, den Deutschland hervorgebracht hat: bei HERMANN HESSE. Von den vielen Büchern, die ich in meinem Leben gelesen habe, hat mich keines so fasziniert, ergriffen und beeinflußt wie seine Dichtung „Siddharta". Jeder Abendländer, der sich im Faust'schen Sinne „strebend bemüht", sollte dieses Buch gelesen haben. Immer wieder, versteht sich, . . . und zwar aus zwei Gründen:

○ Man bekommt die Quintessenz des Denkens eines großen Abendländers mit, der, wie nur ganz wenige, in die Weisheit Indiens eingedrungen ist.

○ Man begreift, daß es nicht notwendig ist, nach Indien zu pilgern und dort Jünger eines Guru zu spielen, um Erleuchtung zu erfahren. ,,Gott" ist in uns – deshalb brauchen wir ihm nicht hinterherzureisen.

Nach jahrelanger, peinvoller Askese dämmerte es Siddharta, daß auch der Weg mit den Bettelmönchen ein Irrweg war, und er mußte resigniert feststellen, *daß man nichts lernen kann!* Es gibt jenes Ding nicht, das wir ,,Lernen" nennen. Es gibt nur ein Wissen, das ist überall, das ist Atman, das ist in mir wie in jedem anderen Wesen. So begann Siddharta zu glauben: *dieses Wissen hat keinen ärgeren Feind als das Wissenwollen, als das Lernen.* Und in bezug auf BUDDHA, den Erleuchteten, sinnierte Siddharta: Er hätte die Erlösung vom Tode gefunden –, aber aus eigenem Suchen, auf eigenem Wege! Keinem wird Erlösung zuteil durch Lehre!

Ich komme hiermit zum Schluß des 6. Kapitels und behaupte aufgrund der vorgetragenen Gedankengänge:

1. Um sich auf den ,,spirituellen Pfad" zu begeben, um nach Weisheit und Vollendung zu streben, braucht man weder seine bisherige Religionsgemeinschaft noch seine Heimat zu verlassen, noch seinen Beruf aufzugeben.

2. Wer wirklich ernsthaft sucht, wird finden – auch ohne ,,Meister".

3. Wer, auch als Manager, danach strebt, daß bei ihm Rede und Tun übereinstimmen, braucht sich keine Gedanken über ,,Ethik" zu machen.

4. Das einzige, was dem Streben nach Weisheit und Vollendung entgegensteht, ist unser läppisches, kleines ,,Ich". Wer es, in welchem Beruf auch immer, bisher zu Erfolgen gebracht hat, wird auch in der Lage sein, den ,,spirituellen Pfad" in Richtung ,,Vollendung" zu wählen. Das ist allein eine Frage der Motivation.

HANS DOMIZLAFF hat am Ende seines „Breviers für Könige" eine Warnung angefügt:

Wer ständig nicht-ethisch handelt, maßt sich ein Ausnahmerecht an, das er letztlich mit der Verkümmerung seiner Seele bezahlen muß.

Ein großer Sufi-Meister, der Perser AL GHASALI, schrieb bereits im 11. Jahrhundert das Gegenstück zu DOMIZLAFFs Warnung:

Selbst in diesem Leben ist das Glück eines Menschen, der nach der Wahrheit sucht, unvergleichlich größer als man es sich vorstellen kann.

Nun, vielleicht wird der eine oder andere meiner (Manager-)Leser doch noch vom Objekt- zum Meta-Spieler?

7. Kapitel: Grundlage von Kommunikation und Führung: Menschenkenntnis

7.1 Sieh, wer kommt von draußen rein?

Ich spreche jetzt ein Gebiet an, das von Naturwissenschaftlern wegen seiner Unbeweisbarkeit nur belächelt wird: *die praktische Menschenkenntnis.*

Wie erwähnt, stützte MACHIAVELLI seine Menschenkenntnis auf eine Methode der gezielten Beobachtung, die bis auf HESIOD zurückgeführt wird. Auch ich halte mich – seit meinem 14. Lebensjahr! – an eine alte Methode, die ich 1952 (anhand der Literatur von R. BUTTKUS) nochmals überprüft und modifiziert habe. Nun braucht man sich gar nicht über die „Richtigkeit" einer Methode zu streiten. So etwas machen nur „Dünnbrettbohrer". Tatsache ist, daß ein Mensch, der anhand einer Methode beobachtet, *mehr* sieht als einer, der „nur so in die Welt schaut". Ich gebe Ihnen deshalb jetzt einige Hilfsmittel zur gezielten Menschenbeobachtung an die Hand und empfehle Ihnen, *sofort* nach Beendigung der Lektüre dieses Kapitelabschnittes Ihre Mitmenschen nach den von mir empfohlenen Richtlinien zu beobachten. Sie werden sich wundern, was Sie auf einmal sehen! Und welche Rückschlüsse Sie daraus auf den Charakter einzelner Menschen ziehen können!

Da Sie Ihre Beobachtungen mit Sicherheit zunächst an Menschen anstellen werden, die zu Ihrem ständigen Umfeld gehören, also an Familienmitgliedern, Clubfreunden und Mitarbeitern, haben Sie auch sofort die Möglichkeit, die Validität der Beobachtungen und deren Auswertung zu überprüfen. Für Ihre tägliche Praxis als Manager ist es entscheidend, einen Menschen, den Sie erstmalig sehen, blitzschnell abzuschätzen, und zwar hinsichtlich folgender Kriterien:

- Wie ist es um sein Selbstwertgefühl bestellt?
- Welche Art von Intelligenz hat er?
- Ist er mit einem starken oder schwachen Energiepotential ausgestattet?
- Hat er Führungsqualitäten?
- Welche Art von Gefühlsleben hat er?
- Weist seine Persönlichkeitsstruktur möglicherweise einen Bruch auf?
- Wie ist es um seine psychische Situation bestellt? Fühlt er sich minderwertig und neigt zu Depressionen, während er nach außen „den forschen Max“ spielt?

Diese (und noch viele weiteren) Auskünfte können Sie von einem Ihnen völlig unbekannten Menschen erhalten –, *bevor dieser auch nur ein Wort gesprochen hat!* Also, fangen wir an!

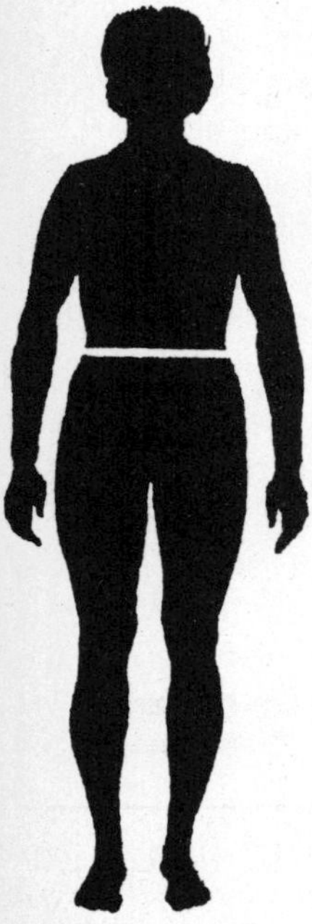

Abbildung 1

Die *Oben/unten-Trennung* des Körpers (Abb. 1 und 2): Eine der einfachsten Methoden, um festzustellen, wie ein Mensch dem Leben und der Bewältigung auftauchender Probleme gegenübersteht, ist die Beobachtung, wie sein Gewicht über seinen gesamten Körper verteilt ist. Das bedeutet:

Im Falle einer proportional *kräftigeren unteren Körperhälfte* erzielt das Individuum größere Freude und Befriedigung aus den stabilen, häuslichen, Halt gebenden und privaten Aspekten des Lebens. Man kann sagen, daß es diese Teile seines Lebens und seiner Persönlichkeit „ausgefüllt“ hat. Ein derartiger Mensch wird sich nicht nur auf diese Kräfte des Haltens und der Identifikation verlassen, sondern auch danach trachten, einen Lebensstil zu entwickeln, der die Fortdauer dieser Beziehungen und Kontakte absichert.

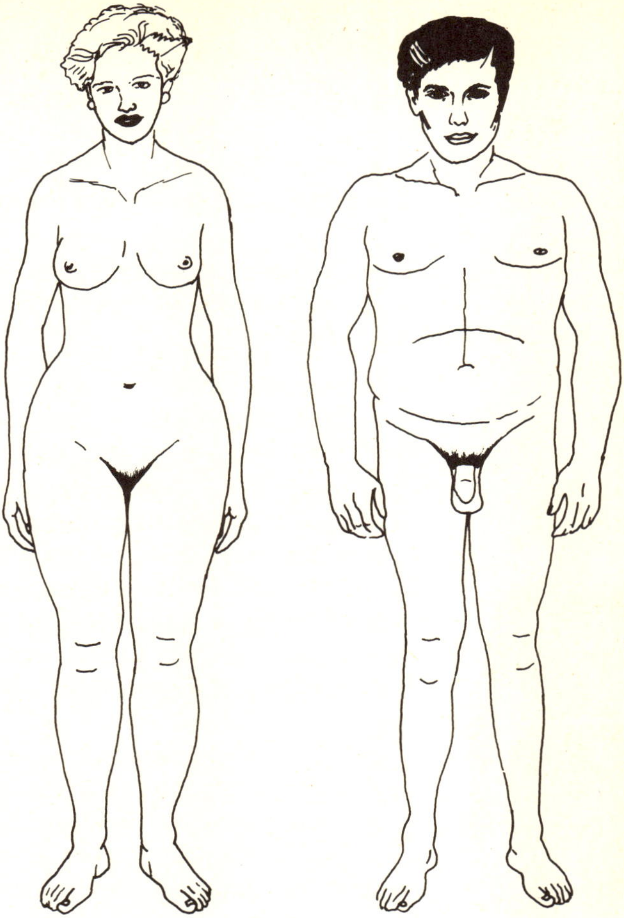

2.6 Kleiner Oberkörper, großer Unterkörper

2.7 Großer Oberkörper, kleiner Unterkörper

Abbildung 2

Die obere Hälfte seines Körperbewußtseins, die die Funktion von Selbstausdruck, Selbstdurchsetzung und Kommunikation hat, ist unterentwickelt und zusammengezogen. Es scheint, als ob wir alle aus zwei verschiedenen Personen bestehen würden, die übereinandergestapelt sind. Die untere Person ist ruhig, scheu, reserviert und legt großen Wert auf emotionale Sicherheit und festen Halt unter den Füßen, während die obere mitteilsam, strebsam und ausdrucksreich ist und großen Wert auf Handeln und Ausführen legt.

Es ist eine Binsenweisheit, daß ein Haus nicht stärker ist als seine Fundamente. Erst wenn man die *Beine* unter dem Gesichtspunkt der Dynamik untersucht, wird einem bewußt, wie schwach die Fundamente sind, auf denen einige scheinbar starke Persönlichkeiten ruhen.

Die Beine eines Menschen sagen uns, welchen „Halt" dessen Persönlichkeit hat. *Wer auf schwachen Beinen steht, weist auch eine schwache Persönlichkeit auf.* Verfettete oder starre Beine lassen, besonders im Zusammenhang mit einem unbeweglichen Becken, darauf schließen, daß Gefühle der Unsicherheit und Schwäche verdeckt werden.

Das *Becken* (Abb. 3, Seite 191): Die Beziehung des Beckens zu den Beinen und zum Rumpf ist sehr wichtig wegen der Genitalfunktion. Wenn das Becken frei schwingt, verleiht es dem Betreffenden zunächst einmal Anmut in der Bewegung. Es weist aber auch darauf hin, daß so ein Mensch keinerlei Verklemmung hinsichtlich seiner Sexualität erkennen läßt. Wohingegen Menschen mit einem steifen, unbeweglichen Becken mit an Sicherheit grenzender Wahrscheinlichkeit impotent beziehungsweise frigid sind. (Alle Feststellungen über Körperbau und Haltung gelten für beide Geschlechter.)

Das Becken als „Scharnier" zwischen Rumpf und Beinen hat aber noch in anderer Hinsicht Aussagekraft. Menschen, die „in sich ruhen", haben das Gewicht ihres Rumpfes in das kleine Becken verlagert. In Japan wird diese Methode der Gewichtsverlagerung im Rahmen religiös-philosophischer Vorstellungen systematisch geübt. In Deutschland hat sich Graf DÜRCKHEIM um die Lehre der „Hara-Methode" verdient gemacht.

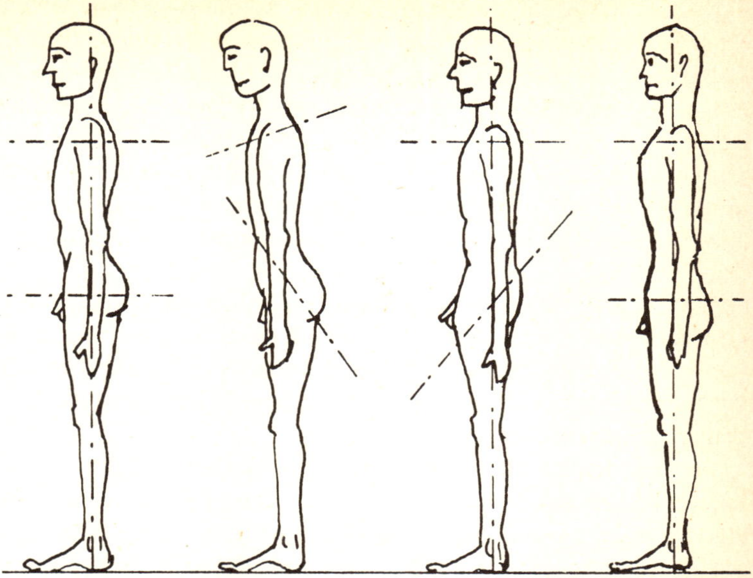

Abbildung 3

Verschiedene Haltungen von Schultergürtel und Becken

Die Verlagerung des Gewichtes in das Becken hat außerdem zur Folge, daß die Wirbelsäule entlastet wird, weil das Rumpfgewicht nicht mehr an ihr hängt. Das ergibt eine natürliche, aufrechte Haltung mit einem zwanglosen Absinken des Schultergürtels. Deshalb beeindruckt uns die Erscheinung mancher Menschen so, ohne daß wir uns (zunächst) darüber Rechenschaft ablegen können: Sie stehen mit beiden Beinen auf der Erde und zeigen eine natürliche, aufrechte Haltung des Oberkörpers, ohne jegliche Muskelverspannung. Das zwanglose Ruhen in sich selbst zieht eine psychische Ausgeglichenheit nach sich, die uns als ,,positive Ausstrahlung" beeindruckt.

Kopf-/Körper-Trennung: Kopf und Gesicht sind unsere wichtigsten sozialen Aspekte. Beide zusammengenommen bilden die *Maske*, die wir der Welt vorzeigen. Diese Maske ist, im Gegensatz zum übrigen Körper, nicht bedeckt. Jeder kann sie sehen – und beobachtet sie in der Tat bei einem Gespräch nahezu ununterbrochen.

Der unterhalb des Halses liegende Körperteil ist, da meistens durch Kleidung bedeckt, ein größerer Privatbereich als der obere. Erschwerend – im Sinne einer möglichst objektiven Beobachtung – kommt hinzu, daß wir im Westen den Kopf als den Ort des Geistes, des Intellekts und der Vernunft betrachten. Andererseits wird der Körper als unser emotionaler, animalischer und wenig schöpferischer Aspekt betrachtet. Wenn wir also zum Beispiel einen Menschen mit einem herrlich profilierten „Akademikerkopf" bewundern und dabei seinen von Maßlosigkeit aufgeschwemmten Körper übersehen, dann machen wir einen entscheidenden Beurteilungsfehler: Wir übersehen dabei, daß die meisten Menschen „aus dem Bauch" leben, lieben – und Entscheidungen treffen! Ebenso wird der Verstand (in seinem herrlichen Akademikerkopf) immer wieder überspielt!

1. „Normalhaltung" eines psychisch ausgeglichenen Mannes.
2. Haltung eines Neurotikers mit Minderwertigkeitskomplex: Schultergürtel nach vorne gefallen, Becken nach hinten fixiert (= Asexualität).
3. Sexuell aktiver Mann: Becken schräg nach vorne fixiert. Auch sexuell aktive Frauen „tragen ihr Becken vor sich her" (= Mannequin-Haltung!)
4. Soldatische Haltung: Infolge Muskelpanzerung von Brust, Bauch und Becken keine Gefühlsbewegung!

Als unsere schon menschenähnlichen Ahnen aus dem Urwald in die Savanne zogen und sich aufrichteten, hatten sie unter anderem das, was sie zum Überleben am nötigsten brauchten: mächtige Unterkiefer mit prächtigen Zähnen. Da es im Gruppenleben nicht viel zu denken gab, war die Stirn entsprechend unterentwickelt. Mit fortschreitender Evolution differenzierten sich die Menschen hinsichtlich der zu bewältigenden Aufgaben, und die intellektuellen Fähigkeiten wuchsen. Analog dazu entwickelte sich der Stirnschädel aufwärts und der Unterkiefer zurück. Deshalb kann man heute noch jedem Menschen ansehen, ob er kopf- oder bauchlastig ist; das heißt, ob seinen Anlagen gemäß die intellektuelle oder die gefühlsmäßig-animalische Seite dominiert.

Man kann also die Menschen in drei Typen einteilen: Grundform, Mittelform, Hochform. Die Mittelform habe ich hier nicht gezeichnet und werde sie – aus Platzmangel – auch nicht behandeln. Am deutlichsten lassen sich Merkmale immer an ihren Extremformen demonstrieren.

Wenn Sie sich die Abbildung 4 ansehen, fällt sofort ins Auge:

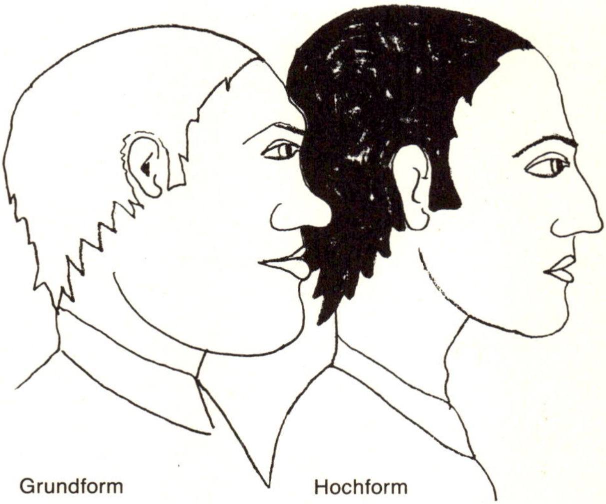

Abbildung 4
Was der Kopf verrät

Hochformtypen haben immer einen Langschädel (Abb. 5, S. 194), während Grundformtypen einen Breitschädel aufweisen. Geht man nun davon aus, daß der Mensch psychisch ausgeglichen sein sollte, so müßte sich dies – nach Meinung der Physiognomiker – auch im Körperbau und in der Schädelform ausdrücken, *da der Geist den Körper formt!* In der Tat kann man bei „normalen“

Abbildung 5

Grundform	**Hochform**
Niedere Stirn	Hohe Stirn
Sattelnase	Gewölbte Nase
Zu kleines Ohr, reduzierte Form	Mittelgroßes, fein geformtes Ohr
Grobe, fleischige Lippen	Feingeschwungene Lippen
Massiger Unterkiefer	Mittelgroße, geformte Kinnpartie
Kurzer, dicker Hals, oft in Verbindung mit „Stiernacken“	Relativ langer, beweglicher Hals

Mittelformtypen oft beobachten, daß Stirne, Mittelgesicht und Kinnpartie in etwa gleich hoch sind. Bei Grundformtypen überwiegt immer die Kinnpartie, während bei Hochformtypen immer die Stirnpartie am höchsten und damit am eindruckvollsten ist.

Nun sieht der, ,,wer Augen hat zu sehen'', einem Menschen an der Stirn an, welche Art von Intelligenz er hat. Es gibt vier Möglichkeiten der Stirn-Analyse, wie Abbildung 6 zeigt:

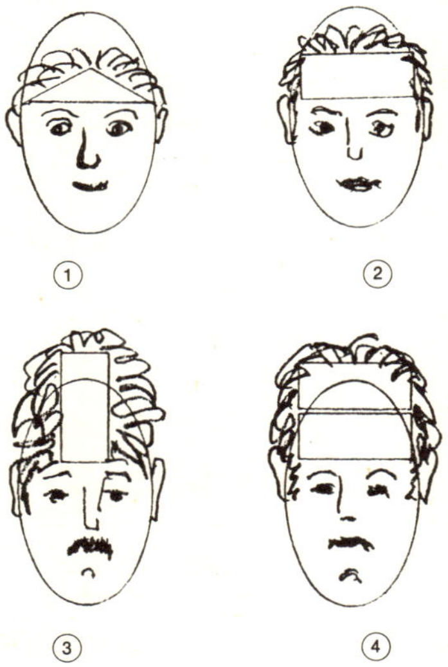

Abbildung 6

1. Der Mensch, immer ein Grundformtyp, hat eine sehr niedere Stirn, die oft noch die Form eines Dreiecks ausweist (durch den Haaransatz). Ein geringer I.Q. ist zu erwarten.
2. Ein Mensch hat eine ,,normal hohe'' Stirn, welche die Form eines *liegenden Rechtecks* aufweist. Das ist die Stirn der Praktiker, die etwas bewirken: Unternehmer, Top-Manager, Ingenieure, Bauleiter etc.
3. Eine sehr hohe, aber enge Stirn, einem ,,stehenden Rechteck'' vergleichbar: Das ist die Stirn der Spezialisten, der ,,Fachidio-

ten hohen Grades", deren enorm hohe I.Q.-Werte oftmals durch eine extraordinäre Borniertheit paralysiert werden. Das heißt, ihr Wissen beschränkt sich nicht nur auf ein sehr begrenztes Gebiet – sie sind auch nicht bereit, aus anderen Gebieten etwas wahrzunehmen, geschweige denn es anzuwenden. In diese Kategorie fallen beispielsweise Mathematiker und Leiter von Forschungslabors oder EDV-Abteilungen.

4. Schließlich gibt es (wenige) Hochformtypen, die eine sehr hohe *und* breite Stirn ihr eigen nennen. Solche Menschen imponieren nicht nur durch ihren Anblick, weil man so edle Köpfe einfach nicht alle Tage sieht. Sie haben den ihnen geschenkten Verstand auch ihr Leben lang benützt und kommen deshalb oft zu erstaunlichen Denkergebnissen. Wenn so ein Hochformtyp dann auch noch moralisch hochstehend ist und Zivilcourage hat, dann ergibt das so bewunderungswürdige Exemplare der Spezies Mensch wie einen Urwald-Doktor ALBERT SCHWEITZER oder unseren Bundespräsidenten RICHARD VON WEIZSÄCKER.

Eine Sonderstellung kommt der *Nase* zu. Jeder Mensch kommt mit einer Sattelnase zur Welt. In jenem Grade, in dem er sich als Persönlichkeit weiterentwickelt, verändert sich die Form der Nase, weil das Nasenbein (mit der Persönlichkeit) weiterwächst und deshalb aus der Sattelnase über die gerade Nase allmählich eine gebogene Nase formt. Das heißt: Die Nase ist das einzige menschliche Organ, das seine Form verändern kann, und zwar während des ganzen Lebens!

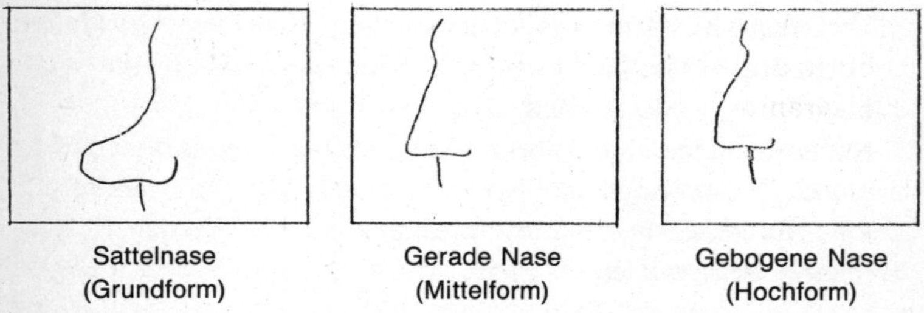

Abbildung 7

Wenn Sie einmal Jugend- beziehungsweise Altersbilder von SCHOPENHAUER oder HERMANN HESSE betrachten, wird Ihnen der Nasenunterschied sofort auffallen. Das bedeutet für Ihre Praxis als Menschenbeurteiler: Wenn Ihnen ein Mitarbeiter oder auch ein Managerkollege begegnet, der eine schöne Stirn und ein gut geformtes Kinn aufweist, aber dazu eine Sattelnase – seien Sie vorsichtig! Bei diesem Menschen stimmt etwas nicht mit seiner Persönlichkeitsentwicklung. Solche Leute sind meistens überangepaßt und dadurch sehr bequem. Als selbständig handelnde und entscheidende Führungskräfte kommen sie nach meiner Erfahrung nicht in Frage. (NAPOLEON beförderte nur Offiziere mit großen Nasen zu Generälen!) Jetzt lassen Sie einmal im Geiste die echten „Macher" Ihres Unternehmens Revue passieren: Finden Sie bei diesen Sattelnasen?

Ein weiterer Hinweis auf Karriere- und Dominanzstreben ist die aufsteigende Scheitellinie. Die höchste Stelle des Kopfes muß über dem Hinterhaupt liegen, und die Scheitellinie muß vom vorderen Haaransatz nach rückwärts zu diesem höchsten Punkt *ansteigen*! Wenn der höchste Punkt am Kopfe über dem vorderen Stirnschädel liegt und von dort nach rückwärts, in Richtung Hinterkopf, *abfällt* – dann haben wir es mit einem Menschen zu tun, der „von Haus aus" immer nachgibt.

Noch ein Wort zum Hals: Die Gefühle eines Menschen entstehen stets im kleinen Becken und wandern, vom Zwerchfell unterstützt, nach oben in den Kopf. Dabei müssen sie den Hals passieren, *der wie eine Schleuse wirkt!* Das bedeutet: Menschen mit einem kürzeren und dickeren Hals sind in der Lage, Gefühle „durchzulassen" und auszudrücken. Die Hochformtypen mit einer dominierenden Stirnpartie haben meistens längere und relativ dünne Hälse – sie können keine Gefühle ausdrücken!

Noch ein kleiner, aber sehr wichtiger Hinweis, den Mund betreffend: Unser Mund ist die evolutionäre Weiterentwicklung jenes Ur-Mundes, wie ihn heute noch niedere Tiere in der Tiefe des Meeres haben, wohin nie Licht dringt. Deshalb haben diese Geschöpfe keine Augen und betasten alles, was sie (aus dem Plankton) aufnehmen wollen, mit ihren Lippen. Deshalb sind auch bei uns Menschen die Lippen so stark innerviert – nur die Fingerkuppen sind mit Tastnerven noch besser bestückt. Wobei die Oberlippe für das Gemüt eines Menschen steht, die Unterlippe für seine sexuelle Ausstattung. Alle ,,Sex-Bomben" (beiderlei Geschlechts) haben schöne, wulstige Unterlippen.

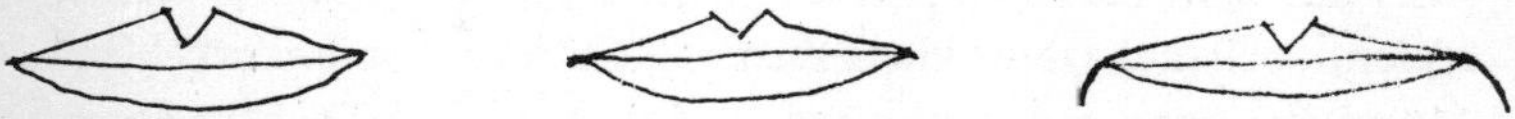

Abbildung 8

Noch wichtiger aber für den analysierenden Beobachter ist die Stellung der Mundwinkel.

Im ersten Lebensdrittel sind die Menschen noch optimistisch und stets zu einem Lächeln bereit: die Mundwinkel zeigen leicht nach oben. So um die vierzig herum sind bereits erhebliche Teile des ursprünglichen Optimismus verlorengegangen, man ist doch etwas vom Leben enttäuscht – und läßt die Mundwinkel ein bißchen hängen. Für viele Menschen indessen kommt irgendwann der Zeitpunkt, wo sie nicht nur enttäuscht, sondern echt frustriert sind: das heißt, sie finden ihre persönliche oder die gesamte Welt-Situation einfach bescheiden und haben jede Hoffnung aufgegeben, daß sich die Situation noch einmal zum Guten wenden könnte! Und diese herabgezogenen Mundfalten sind irreversibel (und nur mit dem Skalpell zu ändern) und zeigen deshalb gnadenlos, wie es mit einem Menschen in Wirklichkeit bestellt ist, der Ihnen gerade gesagt hat, daß es ihm ,,ausgezeichnet" gehe . . .

Damit können wir die Beschreibung jener Aspekte abschließen, die Ihnen signalisieren, was mit einem Menschen, den wir neu kennenlernen, los ist – und zwar, *bevor* er das erste Wort gesprochen hat!

Eine mehrfache *Warnung* muß allerdings von mir noch angebracht werden:

- Sie können bei dieser Analyse-Methode nur sehen, was ein Mensch an Anlagen mitgebracht hat – *nicht*, was er aus seinen Anlagen gemacht hat!

○ Wägen Sie immer, in einer Art „holistischer Schau", *alle Merkmale zusammen ab.* Stützen Sie Ihr Urteil nie auf nur ein Merkmal (etwa auf die große Nase). Und beachten Sie , daß die meisten Menschen *Mischtypen* sind. Vor allem bei der Mittelform kann man, bei genauerem Hinsehen, Einflüsse von der Grundform beziehungsweise von der Hochform erkennen. Wenn beispielsweise ein Elternteil Mittel-, der andere Hochform ist, kann erwartet werden, daß das Kind ein Mittelformtyp mit Hochformeinfluß ist (Abbildung 9). Allerdings gibt es für diese „Mendelung" keine Garantie; die Natur macht Sprünge!

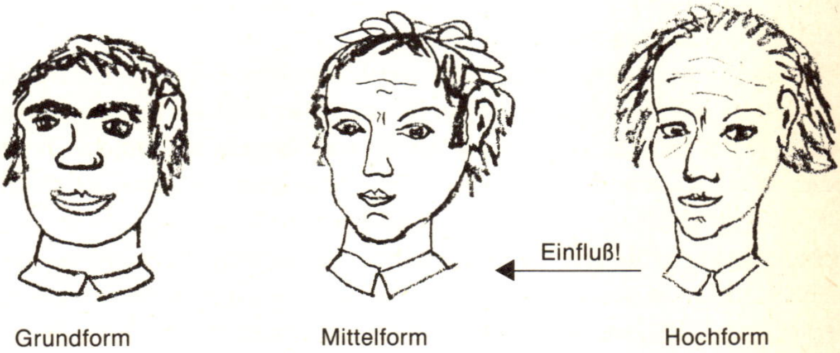

Abbildung 9

○ Berücksichtigen Sie weiterhin, daß bestimmte Körperhaltungen oder Muskelpanzerungen, das heißt chronische Verhärtungen bestimmter Muskelpartien, *krankhaft bedingt* sein können!

○ Sie müssen immer bereit sein, *Ihr erstes „Anschein-Urteil" zu revidieren beziehungsweise zu modifizieren,* sobald Ihr Gegenüber den Mund aufmacht und redet.

Zusammenfassung: Beim systematischen Analysieren eines menschlichen Kopfes halte man sich an folgendes praxiserprobtes Schema: Zuerst wird immer die Stirn begutachtet, weil sie über unsere wichtigste Fähigkeit, das Denken, Auskunft gibt. Es ist für uns wesentlich zu wissen, ob die Intelligenz eines Menschen mehr philosophisch-transzendent oder mehr technisch-praktisch ausgerichtet ist.

Die Scheitellinie signalisiert unser Streben nach Höherem im Sinne der Persönlichkeitsentwicklung (= Selbstverwirklichung) oder die Tendenz zur Anpassung und Unterwerfung.

Dann wenden wir uns der Nase zu, die am meisten über die Persönlichkeitsentwicklung eines Menschen aussagt. Grundform-Typen, die instinktgesteuert und ,,erdgebunden" sind, haben Sattelnasen. Bei Höherentwicklung wird der Sattel allmählich ,,aufgefüllt", bis schließlich, bei den Hochform-Typen, eine schön geschwungene ,,Adlernase" zum Vorschein kommt. Deshalb hilft uns die Nase, je nachdem ob sie klein, groß, fleischig oder wohlgeformt und schön gebogen als ,,Erker" aus dem Gesicht ragt, am schnellsten, die Charakterstruktur des beobachteten Menschen schwerpunktmäßig zu erfassen.

Das Kinn und die Jochbögen, stets zusammen gewertet, geben uns Auskunft über die Trieb- und Vitalkräfte eines Menschen. Ein massiges Kinn, mit betonten Jochbögen und der breitesten Stelle des Kopfes auf Höhe der Jochbögen, spricht immer von ungebrochener Lebenskraft und von Stehvermögen. Ein kurzer, dicker Hals und ein ,,Stiernacken" verstärken diesen Eindruck erheblich. Haben wir andererseits in unserem Mitarbeiterkreis einen ,,typischen" Wissenschaftler, etwa einen Hochschulmathematiker, so werden wir vermutlich feststellen, daß er neben einer hochaufstrebenden Stirn eine fallende Scheitellinie, einen flachen Hinterkopf, ein kleines, zurückspringendes Kinn und einen ,,Schwanenhals" aufweist.

Neben der Körperhaltung insgesamt, die uns Auskunft über etwaige neurotische Züge gibt, sagt uns der Mund am meisten über den Seelenzustand eines Menschen und seine daraus resultierende Kommunikationsfähigkeit. Zusammengepreßte Lippen und herabgezogene Mundwinkel signalisieren einwandfrei den frustrierten Zustand eines Menschen, der sich angeekelt oder verbittert von der Welt abgewandt hat. Volle, leicht geschürzte Lippen mit etwas angehobenen Mundwinkeln verraten uns Lebensfreude, Gemüt und Liebesfähigkeit. Ein Mensch kann versuchen, seine innere Einstellung hinter einem ,,Pokergesicht" zu verbergen –, aber sein Mund kann nicht lügen! Deshalb sind für einen erfahrenen Menschenkenner manche Menschen wie ein aufgeschlagenes Buch: Mit *einem* Blick erkennen sie zusammengehörige Merkmale, etwa ein nach rückwärts gestelltes Becken, einen hängenden Schultergürtel, einen schief geneigten Kopf, verpreßte Lippen mit hängenden Mundwinkeln und einen trüben Blick unter herabgelassenen Lidern – fertig ist das Bild einer hochneurotischen, psychosomatischen Ruine! Wenn so ein Mensch, zum Beispiel als Bewerber, das Personalbüro einer Firma betritt, dann wird er es von vornherein schwer haben (und möglicherweise noch, bevor er „Guten Tag!" gesagt hat).

Das waren eine Reihe von Merkmalen, die uns etwas über Mitmenschen erzählen, *bevor diese den Mund aufgemacht haben!* Wir wollen uns im nächsten Abschnitt damit beschäftigen, wie man aus einem Gespräch Informationen über Gesprächspartner ziehen kann.

7.2 Sprich, damit ich dich sehe!

Die Überschrift dieses Abschnittes war vor etwa 30 Jahren der Titel eines Hörspieles von GÜNTHER EICH, das von einer Kriegsblindenvereinigung mit dem ersten Preis des Jahres für das beste Hörspiel ausgezeichnet worden ist. Mir ist der Inhalt dieses Hörspiels nicht mehr geläufig – aber der Titel blieb mir in Erinnerung. Wer nämlich das Zuhören gelernt hat und über ein bißchen psychologisches Hintergrundwissen verfügt, für den wird ein Sprecher gewissermaßen zum „gläsernen Menschen". Im Klartext: Es ist unglaublich, wie sich ein Mensch dekuvriert, wenn er redet!

Nun, was kann man über die Person eines Sprechers erfahren, wenn man „richtig" zuhört? Zumindest folgendes:

- ob er intelligent oder dumm ist;
- welchen Bildungsstand er hat;
- ob er seine Muttersprache beherrscht;
- aus welchem Milieu er kommt;
- wohin er politisch tendiert.

Mit psychologischem Hintergrundwissen erfährt man außerdem:

- ob er Grundsätze und Prinzipien hat;
- wie seine moralische Einstellung ist;
- welche Vorurteile er hat;
- ob er ein typischer Verstandesmensch ist, für den im Leben nur Fakten relevant sind;
- ob er mit Gefühlen umgehen kann oder nicht;
- ob er, psychologisch gesehen, ein „Erfolgreicher" oder ein „Versager" ist.

Ich werde jetzt anhand des Persönlichkeits-Modells des amerikanischen Psychotherapeuten ERIC BERNE jenes psychologische Grundwissen vermitteln, das man unbedingt haben muß, um andere Menschen „lege artis" beziehungsweise „kunstgerecht" beurteilen zu können.

Der von mir hochverehrte ERICH FROMM hat das BERNE'sche Persönlichkeitsmodell einmal abschätzig als „verdünnte Psychoanalyse" bezeichnet – womit er, vom Standpunkt eines wissenschaftlich arbeitenden Tiefenpsychologen, ohne Zweifel recht hat. Aber: Es kann nicht Anliegen eines „Führungsbreviers für Manager" sein, „wissenschaftliche Psychologie" darzulegen –, sofern es so etwas überhaupt gibt. Was Manager aller Ebenen brauchen, sind psychologisch fundierte Erkenntnisse, die sich in der Praxis bewährt haben. Um solche Hilfen für die tägliche Praxis zu vermitteln, gibt es – nach meinem Wissen – nichts Anschaulicheres als BERNEs Persönlichkeitsmodell.

Dem Psychotherapeuten ERIC BERNE, der eine große Praxis in New York betrieb, war bei Erhellung der Vorgeschichte neuer Patienten aufgefallen, daß sich diese Patienten – unbewußt – veränderten, wenn sie beispielsweise von ihrem Vater sprachen: Plötzlich wandelte sich ihre Körpersprache, und auch Stimmlage und Diktion verwiesen auf eine ganz andere Persönlichkeit. Der Patient war nicht mehr derselbe wie noch vor ein paar Minuten. Oder wenn Patienten aus ihrer Kindheit berichteten, die beispielsweise durch ein Liebesdefizit gekennzeichnet war, machten sie sich klein und sprachen mit weinerlicher Kinderstimme. Daraus ergab sich für Dr. BERNE jene Erkenntnis, die zur Konstruktion seines Persönlichkeitsmodells führte: Der Patient *redete* nicht über seinen Vater; und er *sprach* nicht von sich als Kind, sondern *war* in diesem Augenblick wieder das Kind von einst. So postulierte BERNE: Jeder von uns weist in seiner Persönlichkeitsstruktur *drei „Ich-Zustände“* auf: ein „Eltern-Ich“, ein „Erwachsenen-Ich“ und ein „Kindheits-Ich“. Graphisch sieht das so aus:

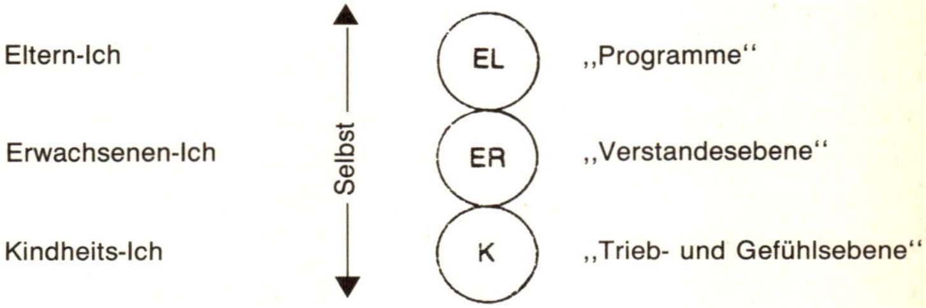

Alle drei Ich-Zustände ergeben das „Selbst“. Das Eltern-Ich enthält die „Programme“. Im Erwachsenen-Ich, der Verstandesebene, werden Entscheidungen gefällt, und im Kindheits-Ich ist unser Trieb- und Gefühlsleben „lokalisiert“.

Ich möchte Ihnen nunmehr, wiederum im Telegrammstil, einige Informationen über diese Ich-Zustände vermitteln. Im übrigen verweise ich interessierte Leser auf die Bücher von ERIC BERNE und THOMAS HARRIS im Literaturverzeichnis.

Beginnen wir mit dem Eltern-Ich. Es entspricht weitgehend dem FREUDschen „Über-Ich“ und enthält die Summe aller Ge- und Verbote, denen der Mensch unterworfen ist.

Zunächst einmal übernehmen wir, auf der Grundlage von Identifikation oder Strafe, von den Eltern ein *Wertsystem*, bestehend aus ethischen Kategorien, die zur Basis unseres *Gewissens* werden. Denn kein Mensch kommt mit einem Gewissen auf die Welt – das wird uns anerzogen. Im übrigen gibt es nicht, wie uns (dogmatisierte) Moralapostel weismachen wollen, nur eine, für alle Menschen verbindliche Moral. Im Gegenteil: Eine Moral entsteht immer im Rahmen eines Kulturkreises, und da es viele Kulturen auf dieser Erde gibt, gibt es mindestens genausoviele Ansichten darüber, was Moral ist.

Außer dem ethischen Wertsystem werden in unser Eltern-Ich (auch durch Schule, Hochschule und Massenmedien) weitere Werte deponiert, die zur Richtschnur des Verhaltens der meisten Menschen werden. Zum Beispiel ein ,,staatspolitisches" Wertsystem: ,,Ruhe ist die erste Bürgerpflicht!", ,,Dulce et decorum est, pro patria mori!" Weiterhin werden wir mit Ideologien indoktriniert. Schließlich gibt es gesellschaftspolitische Wertsysteme, die uns zu angepaßten, leicht zu manipulierenden Bürgern machen sollen: ,,Der Sinn des Lebens besteht darin, erfolgreich zu sein, einen hohen Status zu erringen und möglichst viel Geld zu verdienen." (Siehe dazu auch die Anmerkungen von JOHN GALBRAITH über die Konditionierung).

Was wir außerdem im Elternhaus vermittelt bekommen, sind *Vorurteile.* Unser Eltern-Ich enthält, wenn wir konsequent programmiert wurden, möglicherweise folgende Vorurteile:

- Das *nationale Vorurteil*, mit seiner Spielart der Ausländerfeindlichkeit, deren Grundlage ein unbewältigter Herrenmenschen-Mythos ist.
- Das *Rassenvorurteil*, dem ebenfalls ein Überlegenheitswahn zugrunde liegt (,,Hi, wir sind die Siegfriedenkel!").
- Darunter auch das *antisemitische Vorurteil*; es ist das älteste und gängigste Vorurteil unseres Kulturkreises. Im übrigen gibt es keine ,,jüdische Rasse", da die Juden abstammungsmäßig Semiten, also am nächsten mit den Arabern verwandt sind.
- Das *religiöse Vorurteil*, in dessen Folge man Angehörige anderer Religionsgemeinschaften als ,,Menschen anderer Klasse" sieht. Besonders schwierig ist für uns auch die Mischung von rassistischen und religiösen Vorurteilen (Ku-Klux-Klan).
- Das *Vorurteil von der Minderwertigkeit der Frau.*

Wir befinden uns immer noch im Eltern-Ich. Dort sind auch die *sozialen Normen* deponiert. Sie weisen uns an, wie man sich in ,,unseren Kreisen" bewegt. Das Milieu, in das man hineingeboren wurde, bestimmt in erster Linie unser Verhalten: Oft ist einem Menschen lebenslang anzumerken, ,,aus welchem Stall er kommt". Daraus können sich gesellschaftliche Schwierigkeiten ergeben, wie einige Aufsteiger bestätigen können.

Schließlich muß noch das *Programm des Helfenwollens* erwähnt werden, das wir ebenfalls im Elternhaus vermittelt bekommen – oder nicht! BERNE sagt, wir haben zwei Arten von Eltern-Ich: das ,,kritische" und das ,,helfende".

Jetzt ist es an der Zeit festzustellen, daß BERNES Modell der drei Ich-Zustände realiter in drei Variationen vorkommt: nämlich insofern, als bei jedem Menschen *ein* Ich-Zustand die größte Gewichtigkeit hat und die beiden anderen dominiert. Graphisch sieht das so aus:

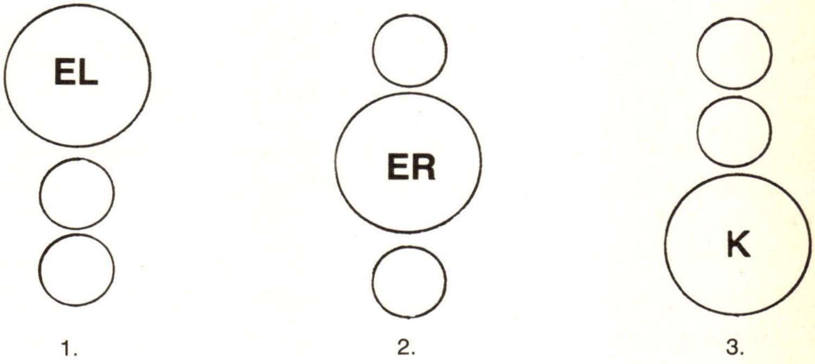

1. Das *Eltern-Ich* (EL) dominiert. Menschen mit einem mit Programmen ,,vollgestopften" EL erkennt man daran, daß sie mit Vorliebe die Wörter ,,grundsätzlich" und ,,prinzipiell" benützen und immer wissen, was ,,man" tut oder nicht. Natürlich sind sie mit Vorurteilen wie oben angedeutet behaftet; und politisch stehen sie meistens rechts außen.

2. Verstandesmensch. Das *Erwachsenen-Ich* (ER) dominiert. Solche Menschen fragen stets nach Fakten; mit Eltern-Ich-Parolen erzeugt man bei ihnen nur Aggressionen; und mit der „weichen Welle“ oder einem Schmäh darf man ihnen erst recht nicht kommen. Bevorzugt in folgenden Berufen zu finden: Mathematiker/Physiker, Datenverarbeiter, Philosophen. Nicht geeignet sind diese Verstandesmenschen in Berufen, wo es auf Kommunikation ankommt, wie z.B. im Vertrieb.
3. Das *Kindheits-Ich* (K) dominiert. Ohne Gefühl geht nichts im Leben! Auch „rein sachliche“ Probleme werden letztlich immer „aus dem Bauch“ entschieden. Wenn ein Mensch eine lieblose Kindheit hatte, trägt er ein „weinendes Kind“ mit sich herum. Diese Menschen gehen einem oft als „Berufsjammerer“ auf die Nerven. Ihr Kind weint ja immer noch – und will gestreichelt werden! Bevorzugt sind sie in Künstlerkreisen anzutreffen.

Um die folgende „Beurteilung mittels Matrizen“ durchführen zu können, sind noch ein paar psychologische Zusatzinformationen notwendig. Zunächst ist festzustellen, daß – wie soeben gezeigt – nicht nur in der Regel ein Ich-Zustand die anderen dominiert; die Ich-Zustände trüben sich auch gegenseitig bis zu einem gewissen Grade ein. Beispiele:

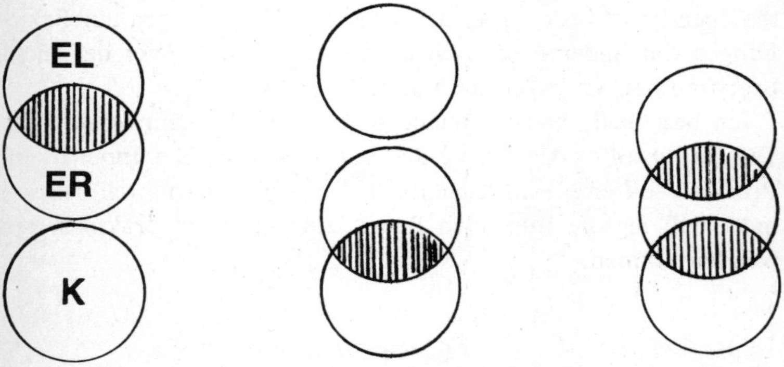

1. 2. 3.

1. Das Eltern-Ich mit starken Programmen („Das macht man so!“) beeinflußt das ER dermaßen, daß Entscheidungen, die nur auf Fakten beruhen, nicht möglich sind.
2. Das Kindheits-Ich mit seiner Ungezogenheit und Ungebärdetheit (Zorn, Neid, Schadenfreude, Beleidigtsein, unerfülltem sexuellen Verlangen oder verantwortungsloser Lebensgier) beeinflußt das ER und macht ebenfalls sachliche Entscheidungen unmöglich.
3. Ein starkes EL überlappt mit seinen Ge- und Verboten das ER. Gleichzeitig ist ein rebellierendes, anarchistisches K ständig bestrebt, das verhaßte EL zu bekämpfen und beeinflußt ebenfalls das ER. Deshalb ist ein Mensch mit einer derartigen Persönlichkeitsstruktur zwiespältig und zu einer sachlichen Entscheidung nicht fähig.

Notabene: Ein Mensch wird in aller Regel von seinem EL und seinem K bestimmt! Deshalb kommen so wenige Entscheidungen auf der ER-Ebene zustande. Daher ist es immer gefährlich, wenn sich Menschen viel auf ihren hohen I.Q. einbilden. *Der I.Q. ist nicht ausschlaggebend,* sondern die Charakterstruktur, die allein bestimmt, wozu ein Mensch seine Intelligenz gebraucht!

Schließlich muß noch der Begriff „Interdependenz“ erläutert werden. Wörtlich übersetzt bedeutet er „Zwischenabhängigkeit“ und spielt schon in der Ethik des Konfuzius eine große Rolle. „Interdependenz“ bedeutet in der modernen Psychologie: auf Beziehungen mit anderen Menschen *angewiesen sein!* Wer das nicht begriffen hat, ist psychisch unreif.

Ich beschließe hiermit meine psychologische „Einweisung im Telegrammstil“. Als Leser, der auf diesem Gebiet (noch) kein Profi ist, sollten Sie im Augenblick nur soviel übermittelt bekommen, daß Sie die folgenden Beurteilungsmatrizen praktisch anwenden können.

7.3 Beurteilung eines Menschen mit Hilfe verschiedener Matrizen

Als Vorübung zur gezielten Menschenbeurteilung stellen Sie bitte einmal fest, aus welchem Ich-Zustand die folgenden Aussagen kommen. Machen Sie Ihr Kreuzchen in die entsprechende Spalte. *Achtung!* Zuweilen sind an einer Aussage *zwei* Ich-Zustände beteiligt! Dann machen Sie Ihre Kreuzchen in zwei Spalten! Beispiel:

	EL	ER	K
Ich verstehe ja, daß Sie Ihre Karriere planen wollen! Aber ich kann gar nichts dazu tun! Ich mußte auch warten, bis diese Position frei wurde!	X		X
Begründung: Das Eltern-Ich des Sprechers hält es für richtig, daß man seine Karriere plant. Der Sprecher hat sich dies anscheinend nicht getraut und hat gewartet... Deshalb weint sein Kind heute noch!			
Überlegen Sie also jetzt, woher die folgenden Aussagen stammen. (Meine Meinung dazu können Sie anschließend lesen.)			
1. Wie kommen Sie mit der Versuchsreihe C 84 voran?			
2. Wieso hat die Testreihe am Mittwoch wieder keine greifbaren Ergebnisse gebracht?			
3. Ich hatte Sie ja gewarnt, es auf diese Weise zu machen! Jetzt haben wir die Bescherung!			

	EL	ER	K
4. Ich befürchte, die neue Stellenbeschreibung wird Ihnen nicht besonders zusagen.			
5. Wenn wir Mitarbeiter nur nach ihrer Leistung bezahlen wollen, müssen wir zuerst brauchbare Parameter entwickeln.			
6. Der Gruppenleiter Behrendt schaut durch mich hindurch, als sei ich Luft!			
7. Nie lassen Sie mich auch nur Kleinigkeiten alleine entscheiden!			
8. Unser neuer Kollege scheint mir einer von der arroganten Sorte zu sein.			
9. Der Betriebsausflug war ein voller Erfolg! Sogar der Buchhalter Müller hat diesmal seine Unschuld verloren . . .			
10. Den Termin könnte ich nur einhalten, wenn ich zwei Wochen täglich Überstunden mache. Aber da spielt meine Frau nicht mit, das sage ich Ihnen ganz ehrlich.			
11. Das Schlimmste ist, wenn einen die eigenen Kinder „Kapitalistenknecht" nennen, der Zeit seines Berufslebens nie tun kann, was er will.			
12. Sehr nett, daß Sie mich auf ein Seminar schicken wollen. Aber was nützt mir das Wissen um einen effektiven Führungsstil, solange unser autoritärer Boss alleine bestimmt?			
13. Ich erwarte, daß Sie diesen jungen Gören verbieten, im Büro mit Miniröcken herumzulaufen!			

(Fortsetzung zum Beurteilungsbogen)

	EL	ER	K
14. Der Müller hat's gut! Der wird so oft auf Dienstreise geschickt, daß er fast von den Spesen leben kann!			
15. Wenn der Chef mehr Selbstbewußtsein hätte, wäre er weniger autoritär!			
16. Diese Becker hat viel mehr Sex als die Tucher, obwohl sie ihren Busen nicht in einer durchsichtigen Bluse zur Schau stellt!			
17. Ich habe ja noch im elterlichen Betrieb gelernt. So ein unordentlich geführtes Journal hätte mir mein Vater links und rechts um die Ohren geschlagen!			
18. Am Montag kommt der neue Detailkonstrukteur. Der bringt zunächst einmal die Hackordnung durcheinander. Ob er sonst noch etwas bringt, wird sich zeigen . . .			
19. Jetzt mache ich in dieser Abteilung seit drei Jahren jede Drecksarbeit, die anfällt. Glauben Sie, der Alte hätte mich schon einmal dafür gelobt?			
20. Sie haben für das Geschäftsjahr '88/'89 eine zwölfprozentige Umsatzsteigerung prognostiziert. Jetzt sind es real fünf Prozent. Wer hat da versagt?			

Und nun meine Lösungs-Vorschläge:

	EL	ER	K	
1.		x		Klare Sachfrage aus ER.
2.		x		Dito.
3.	x			Das kritische Eltern-Ich: ,,Ich wußte doch gleich, daß das schiefgeht!"
4.		x	x	Das ist zunächst sachlich gemeint. Aber irgendwo schwingt das schadenfrohe Kind mit!
5.		x		Rein sachlich.
6.			x	Das weinende Kind!
7.			x	Dito.
8.		x		Sachliche Feststellung.
9.			x	Das schadenfrohe Kind!
10.		x		Sachliche, ehrliche Feststellung.
11.	x		x	EL ist empört über diese ,,unberechtigte" Kritik der Jugend. Das Kind aber weint, weil es sagt: ,,Die haben ja recht!"
12.		x	x	Sachliche Feststellung; aber: das Kind weint dazu, weil es nicht ,,spielen" darf!
13.	x			Das kritische und empörte EL.
14.			x	Der reine Neid, kommt immer aus dem Kind.
15.		x		Sachliche Feststellung.
16.		x		Dito.
17.	x			Typische EL-Reaktion!
18.		x		Sachliche Feststellung mit Skepsis, die immer aus dem ER kommt.
19.			x	Sein Kind weint laut. Er käme aber auch nicht auf die Idee, mit Hilfe seines ER etwas zu verändern!
20.		x		Sachliche Frage, ohne Häme.

Persönlichkeits-Matrix:
(Siehe dazu Seite 213 oben)

Ich-Zustand	Mitarbeiter: Beschreibung:	A-Mann	B-Mann	C-Mann	D-Mann	E-Mann
EL	Fühlt sich an Wertsystem gebunden					
	Ist sehr sozial eingestellt					
	Betont Nationalbewußtsein sehr					
	Ist ausländerfeindlich					
	Hat Rassenvorurteile					
	Sieht auf Angehörige anderer Religionen herab					
	Mag keine Juden					
	Nimmt Frauen für nicht ganz voll					
	Hält viel auf Etikette und Benehmen					
	Meidet Kontakt zu Angehörigen anderer Kreise					
ER	Bewundert hohe Intelligenz über alles					
	Läßt sich nur von Fakten leiten					
	Verhandelt nur streng sachlich					
	Hält nicht viel von Gefühlen im Geschäftsleben					
	Hat sich von Dogmen und Ideologien freigemacht					
	Hat vielseitiges Wissen, auf das er stolz ist					
	Stützt sich vor allem auf seine Erfahrungen					
K	Zeigt seine Gefühle offen					
	Ist sehr spontan					
	Ist sehr kreativ					
	Lacht gerne und oft					
	Ißt und trinkt gerne sehr gut					
	Schätzt das „schöne Geschlecht" außerordentlich					
	Zeigt Gefühle nur nach langer Bekanntschaft					
	Macht nie Komplimente					
	Ist unfähig, Gefühle zu zeigen					
	Jammert oft, daß er benachteiligt wurde					
	Ist schnell beleidigt und schmollt					

Die psychologisch gekonnte Mitarbeiter-Beurteilung

Mittlerweile haben Sie jenes Grundwissen erworben, das es Ihnen erlaubt, einen Mitarbeiter (beziehungsweise jeden Mitmenschen, sogar sich selbst!) nach psychologischen Kriterien zu beurteilen. Die Matrix auf S. 212 ist ,,Aus der Praxis für die Praxis''.

An welchen Kriterien erkennt man einen psychologisch erfolgreichen Menschen? (Nach A. Maslow und E. Berne).

Die folgende, von mir erarbeitete und mehr als 15 Jahre in Seminaren validierte Matrix zeigt jene Kriterien auf, an denen man (mit Bestimmtheit!) erkennt, ob ein Mensch *psychologisch erfolgreich* ist. Dabei dürfte es Sie jetzt nicht mehr überraschen, daß es einen erheblichen Unterschied gibt zwischen einem Menschen, der in unserem Gesellschaftssystem erfolgreich ist und einem, der psychologisch erfolgreich ist! Denn es gibt eine beachtliche Zahl von ,,erfolgreichen'' Managern, die aber – psychologisch gesehen – Versager sind: Sie sind infolge der ständigen Überbeanspruchung ,,ausgebrannt'', können nur noch mit Tabletten leben und flüchten abends in den Alkohol. In der Regel ist die Ehe längst in die Brüche gegangen, wenn sie auch zum Schein – wegen der Leute! – aufrechterhalten wird. Die Kinder haben nie ein gutes Verhältnis zum Vater entwickeln können, weil er nie da war; und es gibt eine erkleckliche Anzahl von Heranwachsenden, die ihren Vater verachten, weil er alles seiner Karriere geopfert hat und die Familie dafür bezahlen ließ.

Psychotherapie ist ja bei uns verpönt, so daß die meisten derart ,,erfolgreichen'' Führungskräfte sich nicht in eine Praxis trauen – man könnte ja gesehen werden! Allerdings bietet sich in unserer Zeit der euphemistischen Tarnung offiziell die Möglichkeit, sich therapieren zu lassen, ohne degoutanten Beigeschmack: man läßt sich ,,coachen''!

Lesen Sie jetzt also die acht Kriterien der Matrix, von denen zwei in Beziehung zum Eltern-Ich, vier in Beziehung zum Erwachsenen-Ich stehen und die letzten beiden zum Kindheits-Ich. Ich schlage vor, daß Sie diese Prüfung zunächst einmal auf sich selbst anwenden. Wenn Sie der Meinung sind, daß eine Aussage auf Sie zutrifft, dann machen Sie Ihr Kreuz in die Plus-Spalte. Wenn nicht, in die Minus-Spalte. Wenn Sie alle acht Kriterien durchgegangen sind, haben Sie ein erstes Ergebnis, verbunden mit einer Aufforderung: In welcher Richtung sollte ich an mir arbeiten, falls ich mich, im Sinne einer Selbstverwirklichung, ändern wollte?

Noch besser ist es für Sie, wenn Sie die Matrix von Ihrem Lebenspartner ebenfalls ausfüllen lassen! Dann stellt sich nämlich blitzschnell heraus, bei welchen Kriterien Sie sich „in die eigene Tasche gelogen“ haben . . .

Wenn Sie diese Matrix für sich selbst erarbeitet haben, ist es ein Kinderspiel, sie auf andere anzuwenden! Sie werden sich wundern, wie Sie letztlich Ihren Mitarbeitern oder Kollegen menschlich näherkommen. Denn um diese verschiedenen Einstellungen kennenzulernen, müssen Sie mit den Menschen *echte Gespräche* führen! Mit dem üblichen geschäftsmäßigen Höflichkeits-Blabla werden Sie niemals dahinterkommen, was Ihre Mitarbeiter denken. Und wie wollen Sie Mitarbeiter motivieren, wenn Sie das nicht wissen?

		+	−
EL	1. Hat Vorurteile, ideologische oder dogmatische Tendenzen seines EL weitgehend überwunden.		
	2. Ist tolerant gegenüber Andersdenkenden.		
ER	3. Seine Ethik hängt von intellektuellen Überlegungen ab; das heißt, er übernimmt nicht unkritisch die Wertsysteme anderer.		
	4. Fühlt sich seinem Selbst gegenüber verantwortlich; das heißt, er schiebt Verantwortung nicht auf andere ab, etwa auf ,,widrige Verhältnisse" oder ,,höhere Mächte".		
	5. Ist befähigt und willens, sich klare Ziele zu stecken und Entscheidungen zu fällen, die nicht durch überstarke El- beziehungsweise K-Anteile verfälscht werden.		
	6. Ist über Dependenz und Independenz zur Interdependenz gelangt; das heißt, er hat erkannt, daß er auf zwischenmenschliche Beziehungen angewiesen ist.		
K	7. Kann ,,authentisch" sein, das heißt seine Gefühle erleben, akzeptieren, ausdrücken. Daher gute Kommunikation mit anderen.		
	8. Hat kein ,,weinendes Kind", kann spontan und kreativ sein; ist daher bereit und fähig, aufrichtige Beziehungen einzugehen.		

7.4 Beurteilung eines Bewerbers

Es gibt nur wenige Gebiete, wo Manager so kraß versagen wie bei der Bewerber-Selektion. Wenn ein Bewerber (für eine Führungsfunktion!) eine angesehene Hochschule mit guter Note absolviert hat, einen intelligenten Eindruck macht, rhetorisch geschickt und im übrigen sympathisch ist –, dann wird er eingestellt. So einfach ist das . . .

Machen Sie doch bitte, zur Einstimmung auf das Thema, den folgenden kleinen Test (und kreuzen Sie *jede* Aussage an, ob sie richtig (R) oder falsch (F) ist!):

	R	F
1. Bei einem Einstellungsgespräch verläßt man sich am besten auf sein Gefühl.		
2. Die Erstellung eines ,,Anforderungsprofils" ist die unabdingbare Grundlage für ein effektives Bewerber-Interview.		
3. Um festzustellen, ob ein Bewerber selbständig arbeiten kann, läßt man sich am besten schildern, wie er seine jetzige Arbeit ,,managt".		
4. Die Frage nach dem Hobby läßt unter anderem Schlüsse darauf zu, ob der Bewerber kommunikationsfähig ist oder nicht.		
5. Wenn der Interviewer dem Bewerber die Bedingungen am neuen Arbeitsplatz möglichst schwierig und ungünstig darstellt, erfährt er etwas über Einsatzfreude und Belastbarkeit.		
6. Als Interviewer sollte man auf keinen Fall versäumen, sich nach den sexuellen Aktivitäten des Bewerbers zu erkundigen.		
7. Die Frage, ob die Ehe des Bewerbers in Ordnung ist, sollte aus Takt unterbleiben.		

	R	F
8. Die Frage, wie es der Bewerber mit der Teamarbeit halte, gibt Auskunft über seinen Führungsstil.		
9. Auch die Frage, wie der Bewerber seine Kinder erzieht, gibt Hinweise auf seinen Führungsstil.		
10. Der Versuch, die religiöse Einstellung des Bewerbers zu ergründen, sollte immer gemacht werden.		
11. Die Frage, welche Zeitungen und Zeitschriften der Bewerber *regelmäßig* liest, gibt Hinweis auf seine politische Einstellung.		
12. Die Frage, bei welchem Schneider der Bewerber arbeiten läßt, sagt etwas über sein Statusbedürfnis.		
13. Intelligenz und Ausbildung sollten bei der Bewerberbeurteilung den höchsten Stellenwert haben.		
14. Die Frage, warum ein Bewerber seine bisherige Firma verlassen will, sollte man gar nicht stellen: In diesem Punkt lügt er immer!		
15. Wer einen Bewerber für eine Führungsfunktion nach einem 20-Minuten-Gespräch einstellt und eine Niete einkauft, ist selbst schuld.		

Anmerkung: Dieser „Test" ist natürlich ganz subjektiv von mir konzipiert und soll Sie anregen, das Problem der Bewerberbeurteilung mal aus einer anderen Sicht zu sehen, als Sie es bisher gewohnt waren und gehandhabt haben. Hier ist meine Richtig-Falsch-Beantwortung:

1.F; 2.R; 3.R; 4.R; 5.R; 6.F; 7.F; 8.R; 9.R; 10.R; 11.R; 12.R; 13.F; 14.F; 15.R.

Es folgt ein „Arbeitsblatt“ aus meinen Seminaren, mit dem ich das Problem ganz allgemein abhandle. Titel: „Wie man ein Einstellungsgespräch führt“.

Auf Einstellungsgespräche sollte man sich sorgfältig vorbereiten. Zunächst ist abzuklären: Sucht man einen Mitarbeiter, der Führungsfunktionen übernehmen soll, zum Beispiel als Bereichsleiter, von dem selbständiges Arbeiten (im Rahmen der vorgegebenen Ziele) erwartet werden muß; oder einen Mitarbeiter, für eine genau umschriebene Tätigkeit, der auf Anweisung arbeitet. Zum dritten sollte man nie aus den Augen verlieren, daß der neue Mitarbeiter *menschlich* in die bereits vorhandene Belegschaft passen muß!
Sucht man eine(n) Mitarbeiter(in) für eine *Führungsfunktion*, so versuche man folgende Kriterien während des Gespräches aufzuhellen:

- Besitzt der Bewerber Dominanzstreben; *will* er führen?
- Ist der Bewerber flexibel; kann er sich rasch auf neue Situationen einstellen?
- Ist der Bewerber kommunikationsfähig? Kann er zwischenmenschliche Beziehungen aufbauen? Oder ist er ein Einzelgänger?
- Ist der Bewerber ein Mensch mit „Charisma“?
- Besitzt der Bewerber Organisationsvermögen?
- Ist der Bewerber belastbar? Wie wird er sich möglicherweise in Krisensituationen verhalten?

Sucht man eine(n) Mitarbeiter(in) *ohne Führungsfunktion*, so versuche man folgende Kriterien aufzuhellen:

- Wie hoch ist die fachliche Qualifikation beziehungsweise bisherige Berufserfahrung?
- Ist der Bewerber verkäuferisch eingestellt?
- Denkt der Bewerber kostenbewußt?

- ○ Ist der Bewerber kommunikationsfähig, und zwar sowohl in bezug auf die Kunden als auch auf die Kollegen?
- ○ Ist der Bewerber in der Lage, weitgehend selbständig zu arbeiten – oder „funktioniert" er nur auf Anweisung?
- ○ Wie wirkt der Bewerber vom Äußeren her? Hat er so etwas wie ein „gewinnendes Lächeln"?

Einige Ratschläge zum Schluß:

1. Erstellen Sie sich vor dem Gespräch ein „Anforderungsprofil".
2. Legen Sie keinen zu großen Wert auf Zeugnisse.
3. Überbewerten Sie die Intelligenz eines Bewerbers nicht! Denn:
   - ○ Die Intelligenz an sich ist nicht ausschlaggebend, sondern was ein Mensch mit seiner Intelligenz anfängt. Dies aber hängt von seinem Charakter ab.
   - ○ Mitarbeiter mit einer guten Durchschnittsintelligenz hinterfragen weder sich selbst noch ihren Chef; und arbeiten erfahrungsgemäß viel reibungsloser mit dem Chef und den Kollegen zusammen als die „Superschlauen".

Soweit das (sehr allgemein gehaltene) „Seminarblatt". Ich habe während der letzten zehn Jahre im Auftrag von Firmen der verschiedensten Branchen Bewerber-Interviews mit Männern und Frauen durchgeführt, die sich für Führungspositionen vom Abteilungsleiter aufwärts beworben hatten. Ich betone extra, daß ich niemals in der Fachliteratur nach Hinweisen für diese Aufgabe gesucht habe. Meine Methode, Bewerber-Interviews zu führen, resultiert aus meinen mehr als vierzig Jahren Berufspraxis und aus meinem psychologischen Wissen. Was ich Ihnen im folgenden biete, ist „genuine BIRKENBIHL". Es interessiert mich nicht, was „Experten" zu meiner Methode sagen . . . Ich kann Ihnen nur empfehlen: Probieren Sie diese Methode aus! Sie werden mit ihr vermutlich bessere Ergebnisse erzielen als mit Ihrer bisherigen.

Zunächst ist zur *psychologischen Situation* während eines derartigen Interviews folgendes anzumerken:

Jeder Bewerber kommt mit Angst zum Gespräch; schließlich will er ja die Position haben. Die Angst macht sich auf zweierlei Weise bemerkbar:

- Zum einen durch die Körpersprache. So ein Mensch sitzt kerzengerade auf der Stuhlkante, als ob er einen Stock verschluckt hätte.
- Zum anderen steht das Zwerchfell wie ein Brett unbeweglich im Leibe und verhindert ein normales Atmen. Deshalb geht solchen Angstgeplagten buchstäblich die Luft aus und sie haben Schwierigkeiten, Sätze zu vollenden.

Wie gesagt, so etwas ist normal. Aber: Wenn der Bewerber nach zehn Minuten immer noch so verkrampft auf seinem Stuhl sitzt, dann müssen Sie sich als Interviewer fragen, ob Sie das Gespräch bisher richtig geführt haben. Dann ist es Ihnen nicht gelungen, dem anderen *Vertrauen* zu Ihnen und damit zugleich zu Ihrer Firma einzuflößen. Ich beginne deshalb ein solches Gespräch immer so:

Herr X, dieses Gespräch hat den einzigen Zweck herauszuarbeiten, ob wir zusammenpassen: Sie zu unserem Betrieb und unser Betrieb zu Ihnen! Ich werde Ihnen jede gewünschte Auskunft über uns geben; Sie können sich auch gerne Notizen machen! Andererseits werde ich versuchen herauszufinden, ob Sie tatsächlich der Mann sind, der den Anforderungen der ausgeschriebenen Position entspricht. Halten Sie das auch für ein faires Procedere, sich kennenzulernen?

Im übrigen wird von mir der Gesprächstermin immer auf 10.30 Uhr festgesetzt. Dann gehen wir zum Essen, das dauert nochmal zwei Stunden. Das heißt: Das Interview mit einem Bewerber für eine leitende Position dauert mindestens drei Stunden!

Nehmen wir an, Sie suchen einen Bereichsleiter (Prokuristenebene) für den Vertrieb Ihrer eigenen Personal-Computer im EG-

Bereich. Verlangt wurde in Ihrer Annonce: möglichst Elektroingenieur (HTL) mit gediegenen Informatikkenntnissen und einschlägigen Vertriebserfahrungen. Fließend Englisch obligatorisch, US-Erfahrung wäre von Vorteil. Bereitschaft zu mobilem Einsatz und eine verkäuferische Einstellung sind Bedingung.

Gemeldet hat sich unter anderem ein 36jähriger Elektroingenieur (HTL), der nach dem Studium eine umfassende EDV-Ausbildung bei IBM erhalten hatte und dann vier Jahre als System-Analytiker Großkunden betreute. Dann wechselte er zu Apple, ging zur Schulung in die USA und blieb dort drei Jahre im Vertrieb. Er ist (als Vice-President) noch dort tätig und zuständig für den Macintosh-Vertrieb an der gesamten Ostküste. Er hat vor einem Jahr eine Deutsche geheiratet, der es in den USA nicht gefällt. Sie war Chefsekretärin bei einem pharmazeutischen Unternehmen und will wieder in eine derartige Position nach Deutschland zurück. Deshalb bewirbt sich dieser Mann jetzt bei Ihrer Firma.

Nachdem die fachliche Kompetenz dieses Bewerbers wohl außer Zweifel steht, ist vor allem zu klären, ob er menschlich in Ihre Firma paßt, wie flexibel er ist, um sich im zu erwartenden europäischen Tohuwabohu ab 1993 durchzusetzen, und wie er die vorhandene Außendienst-Mannschaft von etwa sechzig hochkarätigen Spezialisten zu Höchstleistungen motivieren kann.

Um mir ein Bild über seine Persönlichkeit machen zu können, würde ich ihm auf jeden Fall folgende Fragen stellen:

1. Ich habe zwar Ihre Unterlagen sorgfältig gelesen –, aber erzählen Sie mir doch einmal im Telegrammstil: Was haben Sie seit dem Abitur gemacht?
   Aus der Antwort ersehe ich: Wie lange hält er sich bei seiner Vergangenheit auf? Schildert er sie sehr breit oder wirklich im Telegrammstil? Schließt er seine Schilderung in etwa mit folgendem Satz: „Ja, und da habe ich Ihre Anzeige gelesen und sah mich sofort „Europa aufrollen!“ – Das heißt: Ist der Mann vergangenheits- oder zukunftsorientiert? Für den Vertrieb kann man nur zukunftsorientierte Menschen brauchen!

2. Nächste wesentliche Frage: ,,Wie verläuft eigentlich ein Arbeitsmonat in Ihrem jetzigen Job? Erzählen Sie mir mal ein bißchen über Ihren Alltag als Vice-President!"

   Aus der Antwort ersehe ich: Arbeitet er tatsächlich selbständig oder wartet er immer auf Weisungen?

3. Nächste Frage, die ich immer stelle: ,,Sie wissen ja sicherlich, was wir hier in Deutschland für Arbeitsmarktprobleme haben: einerseits eine Menge Arbeitslose, andererseits kaum qualifizierten Nachwuchs. Das heißt im Klartext: Wir sind gezwungen, aus durchschnittlichen Menschen überdurchschnittliche Leistungen herauszuholen! Wie sehen Sie denn dieses Problem?

   Aus der Antwort ersehe ich: Seine grundsätzliche Einstellung zu Mitarbeitern und sein Bestreben, auch weniger qualifizierte Menschen durch Motivation und Schulung ,,hochzuschaukeln". Seine mögliche Antwort ,,Mit diesem Dilemma müssen wir halt leben!" würde beispielsweise offenlegen, daß er von Motivation und Schulung nichts hält.

4. Die nächste Frage: ,,Wo setzen Sie in Ihrem gegenwärtigen Aufgabenbereich die Schwerpunkte?"

   Aus der Antwort ersehe ich: Inwieweit plant und organisiert er seine Arbeit? Setzt er überhaupt Schwerpunkte, beispielsweise mit Hilfe eines Time/Management-Planers? Oder erledigt er, was hereinkommt und ihm am dringendsten erscheint?

5. Wenn die Situation nicht so klar ist wie in unserem Beispiel, kommt irgendwann, und zwar überraschend und zusammenhanglos, die Frage: ,,Was sagt übrigens Ihre Frau zu Ihrer Bewerbung hier bei uns?"

   Aus der Antwort ersehe ich: Wie ist es um seine Ehe bestellt? Antwortet er beispielsweise: ,,Was meine Karriere anbelangt, habe ich die Entscheidungen immer alleine getroffen!" Dann weiß ich, daß die Ehe nicht ideal ist, daß er den ,,Herrn im Hause" herauskehrt und von seiner Frau keine Unterstützung erwarten kann. Sie ist dann auch nicht die Gefährtin, die ihn immer wieder aufrichtet und tröstet! Sagt er aber: ,,Meine

Frau ist mit meinen Zukunftsplänen sehr einverstanden! Sie hofft – wenn ich ehrlich sein darf –, daß ich die Position bei Ihnen bekommen werde!"

Fazit: Ich würde niemals einen Mann für eine leitende Position einstellen, wenn seine Frau dagegen wäre! Besonders wenn diese Position mit viel Herumreisen und Auswärtssein verbunden ist.

6. Eine andere Überraschungsfrage: „Übrigens – finden Sie noch Zeit für irgendein Hobby?

   Wenn der Bewerber „Nein!" sagt, ist dies in meinen Augen ein Manko. Wenn ein Mensch *ausschließlich* für seinen Beruf lebt, führt er ein reduziertes Leben. Und er wird eines Tages zu jenen Typen gehören, die GALBRAITH als „synthetische Manager" bezeichnet hat: In dem Augenblick, wo sie den Dienst quittieren, schrumpfen sie auf jene unterentwickelte Kindheits-Ich-Person zusammen, die sie im Grunde ihrer Seele immer waren.

   Hat der Bewerber ein Hobby, so kläre ich durch Nachfragen zweierlei: Ist es ein mehr technisches oder künstlerisches Hobby? Ein künstlerisches Hobby wäre der natürlichste Ausgleich zur technischen Einstellung und Tätigkeit unseres Bewerbers. Zweitens interessiert mich: Betreibt er sein Hobby alleine oder mit anderen? Wer als Hobby in einem Fußballklub spielt oder in einer Rudermannschaft ist, wer ein „Mannschafts-Hobby" betreibt, ist kommunikationsfähig. Wer am Wochenende allein im Gebirge herumklettert, als typischer „Einzelkämpfer", ist sicher nicht kommunikationsfähig.

7. Wir haben bei der Besprechung des Führungsstiles erfahren, daß die fähigsten und effektivsten Manager jene sind, die eine *hohe menschliche Reife* aufweisen. Um dies herauszufinden, frage ich: „Wir alle haben im Leben schon Fehler gemacht. Würden Sie sagen, daß Sie auch schon ein paarmal richtig ‚hineingetappt' sind?"

   Was zeigt die Antwort? – Wenn einer sagt: „Eigentlich, wenn ich so nachdenke, habe ich noch nie eine gravierende Fehlentscheidung getroffen!" – dann lügt er! Er belügt nicht nur den Interviewer, sondern auch sich selbst! Antwortet er aber in etwa: ,,Ach Gott – natürlich habe ich Fehler gemacht – und den Preis dafür bezahlt! Aber was soll's! Fehler sind die einzige Quelle der Erfahrung. Man darf nur nicht denselben Fehler zweimal machen!"

Die Antworten auf diese sieben ,,Standardfragen" ergeben die Basis für ein Persönlichkeitsmosaik, das durch ,,Nebenfragen" beim Essen ergänzt wird:

- Wie verbringen Sie Ihre Urlaube?
- Wie erziehen Sie Ihre Kinder?
- Was halten Sie für die günstigste Geldanlage?
- Anhand welcher Fachzeitschriften oder Trendletters informieren Sie sich regelmäßig?
- Welche Eigenschaften Ihrer Mitmenschen bringen Sie regelmäßig zur Weißglut? (Diese Frage ist besonders heimtückisch – aber zugleich auch besonders ergiebig! Denn man ärgert sich immer über jene Eigenschaften anderer, die man selbst im tiefsten Unbewußten mit sich herumträgt und auch immer wieder auslebt! Das nennen die Psychologen den ,,Schatten" eines Menschen!)

  Beispiele:

  - Wer sich über die Schwindeleien anderer aufregt, ist selbst unaufrichtig.
  - Wer auch kleinere Vergehen anderer anprangert und verfolgt, hat kriminelle Neigungen.
  - Wer sich über das ,,schamlose sexuelle Gebaren" anderer erregt, hat einen sehr starken Sexualtrieb, den er unterdrücken muß.
  - Wer sich über die Statussymbole anderer aufregt, hat einen Minderwertigkeitskomplex.

Fazit: Es ist durchaus möglich, in einem Interview eine ganze Menge über den Charakter des Bewerbers herauszufinden. Halten Sie sich bitte immer vor Augen: *Auf den Charakter eines Bewerbers kommt es in erster Linie an – nicht auf seine fachliche Qualifikation!* In diesem Zusammenhang ist noch eine Warnung angebracht: Schonen Sie Ihren neuen ,,Leitenden" nicht in der Probezeit! Sagen Sie nicht: Der muß sich erst einarbeiten, die Firmenstruktur kennenlernen. Wenn Sie ihm dies zubilligen, sind die sechs Monate um! Und wenn er sich dann als ,,Flasche" erweist, haben Sie ihn am Halse und können ihn nur noch per Gericht loswerden! Deshalb: Verlangen Sie bereits in den ersten Monaten, Leistungen zu sehen! Und wenn sich der Neue als ,,Lusche" erweisen sollte: Scheuen Sie keine Kosten, ihn wieder loszuwerden! Das kommt Sie immer noch billiger, als wenn er ein bis zwei Jahre ,,Mist baut"!

7.5 Spielregeln erfolgreicher Teamarbeit

Zu den Utopien der 68er Jugend gehörte auch die Forderung nach ,,selbststeuernden" Gruppen, die keinen Vorgesetzten haben. Auch die Betriebe sollten so geführt werden, faktisch ohne Hierarchie. Diese Versuche sind alle gescheitert. Aufsehen erregten seinerzeit die Modelle ,,POKO" des Münchner Psychologen Georg Sieber, das ,,Quickborn-Team" und das ,,Porst-Modell". Heute wird nicht einmal mehr auf den Hochschulen über diese – psychologisch bedingten! – Pleiten gesprochen. Dennoch, alle Interessierten haben aus diesen mißlungenen Versuchen gelernt!

Wollen wir uns nochmal ins Gedächtnis zurückrufen, was ,,die 68er" damals behaupteten:

- der Arbeitnehmer sei gewillt und gewohnt, seine Lebensbedingungen selbst zu gestalten;
- der Arbeitnehmer würde von einem Gefühl der Machtlosigkeit und Fremdsteuerung beherrscht (vielmehr wird seit Jahrzehnten von Marxisten aller Schattierungen versucht, ihm dies einzureden);

- der Arbeitnehmer sei willens und bereit, Entscheidungen zu treffen und die Verantwortung dafür zu übernehmen; das Problem aller Betriebe, die ihren Führungsnachwuchs aus den eigenen Reihen rekrutieren *möchten*, besteht gerade darin, daß man entscheidungsfreudige Mitarbeiter suchen muß wie die berühmte Stecknadel im Heuhaufen!

Nun haben sich seinerzeit Theoretiker von Rang mit dem Problem der selbststeuernden Gruppen beschäftigt und einen Katalog von Prämissen erarbeitet, die als Voraussetzungen für die erfolgreiche Arbeit einer derartigen Gruppe erfüllt sein müssen. Zum Beispiel:

- eine derartige Gruppe sollte maximal 12 Personen umfassen;
- es muß eine face-to-face-Gruppe sein; das heißt, die Mitarbeiter müssen ständigen persönlichen Kontakt haben und dürfen nicht in mehrere Räume aufgeteilt sein;
- die Mitglieder müssen kooperations*willig* sein;
- die Qualität der Gruppenmitglieder, in menschlicher wie fachlicher Hinsicht, muß relativ hoch sein;
- die Harmonie der Gruppe erfordert eine zielorientierte Zusammensetzung der Gruppe hinsichtlich Alter, Geschlecht und Persönlichkeitstyp;
- Menschen, die sich grundsätzlich nicht zur Zusammenarbeit in Gruppen eignen, ausgesprochene Individualisten, Introvertierte oder Menschen mit ausgeprägtem Dominanzstreben dürfen nicht in eine selbststeuernde Gruppe aufgenommen werden;
- je höher das Entscheidungsniveau ist, desto problematischer wird dieses Modell; in der Praxis sind Versuche auf höherer Ebene der Firmenhierarchie überhaupt noch nicht durchgeführt worden;
- bei der Zusammenstellung einer selbststeuernden Gruppe ist a priori nie abzusehen, welche gruppendynamischen Interaktionen ablaufen und wie sie das Gefüge der Gruppe beeinflussen werden.

Es folgen jene Prämissen, die für jeden Mitarbeiter eines Teams gelten:

1. Wer in einem Team mitarbeitet, muß wissen, daß dies in völliger Anonymität zu geschehen hat. Nicht der einzelne gewinnt persönlich „Ruhm und Ehre", sondern alles, was von der Gruppe erarbeitet worden ist, wird dem Team als Ganzem zugeschrieben.
2. Demgemäß kann das einzelne Teammitglied kein Urheberrecht für die von ihm beigesteuerten Ideen geltend machen und auch nicht Punkte für die Bewertung der eigenen Leistung sammeln. Wem es darauf ankommt, in dieser Weise hervorzutreten, der ist für die Mitarbeit in einem Team ungeeignet. Das Erfolgserlebnis des einzelnen Teammitglieds liegt darin, dem Team anzugehören und zu seinem Arbeitsergebnis beizutragen.
3. Darüber hinaus muß derjenige, der in einem Team mitarbeiten will, vorurteilslos und ohne jede Überheblichkeit den Meinungen der anderen Teammitglieder gegenübertreten. Teamarbeit setzt die Bereitschaft für Zusammenarbeit, geistige Aufgeschlossenheit gegenüber anderen Meinungen und neuen Ideen sowie Verzicht auf starres Festhalten am eigenen Standpunkt voraus.

Vorteile eines Teams

- Ein Team gewährleistet, daß nicht einseitige Interessengesichtspunkte für die Erarbeitung der Lösung ausschlaggebend werden.
- Die Teamarbeit hat eine Versachlichung und Neutralisierung des anstehenden Problems zur Folge, die in der Regel bei einer Einzelentscheidung nicht gegeben ist.
- Durch die Zusammenarbeit mehrerer Spezialisten im Team wird einer einseitigen Beeinflussung der Entscheidungsinstanz vorgebeugt.

- Das Team hilft, das Risiko von Fehlentscheidungen zu vermindern. Weil mehrere Kräfte an einer Aufgabe arbeiten, wird die Gefahr, daß Dinge übersehen werden, verringert.
- Das Team wirkt der Betriebsblindheit entgegen.
- Teamarbeit intensiviert die Bereitschaft und die Fähigkeit des einzelnen Mitarbeiters zur Zusammenarbeit.
- Das Team wirkt ausgesprochen erzieherisch. Es zwingt zur Toleranz, zur Einordnung, zur Anerkennung anderer Meinungen, zur fairen Diskussion und damit zur Beseitigung einer schroff individualistischen Einstellung.
- Die Teamarbeit bedingt, daß Gedanken und Vorstellungen nutzbar gemacht werden, die im Rahmen der formalen Organisation nicht zum Tragen kämen.
- Durch die Teamarbeit läßt sich die Intelligenz im Unternehmen organisieren, das heißt, rationeller ausschöpfen.

Nachteile eines Teams

- Teamfähige und noch nicht oder überhaupt nicht teamfähige Mitarbeiter begegnen sich gewöhnlich in den Teams und beeinträchtigen die Effektivität der Teamarbeit.
- Teamarbeit kann erheblich zeitaufwendiger sein als Einzelarbeit. Die Anlaufzeit, in der sich Teammitglieder aufeinander einstellen und eventuell sachliche Mißverständnisse beseitigt werden, ist unter Umständen beträchtlich.
- Teams sind in ihrer Arbeit zum Teil schwerfälliger, vor allem wenn das Team zu groß ist.
- Die Anonymität des einzelnen kann sich nachteilig auf den Leistungswillen und die Einsatzbereitschaft der Teammitglieder auswirken. Jedes Teammitglied kann sich mit seiner mangelnden Leistung hinter den anderen „verstecken“.
- Im Team fehlt der Anreiz des persönlichen Ehrgeizes, da dem einzelnen für seine Leistung keine persönliche Anerkennung zuteil wird.

○ Die Vorschläge des Teams beinhalten oft eine im Interesse der Sache keineswegs erwünschte Kompromißlösung.

Soviel also zur Darstellung von Teamwork. Werfen wir zur Abwechslung wieder einen Blick nach Amerika. Im Weltbestseller von PETERS und WATERMAN „In search of excellence"*, wird eine (relativ) neue Form der Zusammenarbeit beschrieben: die „adhoc-Teamstruktur". Sie wurde bei der NASA entwickelt und hat sich später beim Polaris-Programm ausgezeichnet bewährt. Irgendwann bekam sie den Namen „Task force". Die Task force kann, wie PETERS und WATERMAN schreiben, der vollkommenste Ausdruck wirksamer „Portionierung" sein. Leider kann sie auch zum Inbegriff hoffnungsloser Bürokratie werden . . .

Nun, was ist neu und gut an dieser Geschichte? Wiederum ein paar wesentliche Gesichtspunkte im Telegrammstil:

1) Die Task forces haben nicht viele Mitglieder.
2) Die hierarchische Anbindung der Task force und die Position ihrer Mitglieder entsprechen der Bedeutung des Problems. Die Beteiligten müssen unbedingt eine Stellung innehaben, in der sie ihre Empfehlungen auch durchsetzen können.
3) Die typische Task force besteht nur kurze Zeit.
4) Die Mitgliedschaft ist gewöhnlich freiwillig.
5) Die Task force wird bei Bedarf schnell einberufen, ohne daß gewöhnlich erst förmliche Richtlinien erarbeitet werden.
6) Es wird schnell nachgefaßt; das heißt, die Geschäftsleitung fragt sehr bald nach Ergebnissen.
7) Es wird kein vollzeitiger Stab aufgebaut.
8) Die Dokumentation ist immer formlos und oft nur spärlich. Wie ein Manager erklärte: „Unsere Task forces sollen kein Papier produzieren, sondern Lösungen."

---

* „Auf der Suche nach Spitzenleistungen"; als gebundene Ausgabe erschienen im Verlag moderne industrie, als Taschenbuch erschienen bei der Modernen Verlagsgesellschaft.

Wer noch mehr über Task forces wissen will, informiere sich in der deutschen Ausgabe mit dem Titel „Auf der Suche nach Spitzenleistungen". Nun noch ein neueres Zitat von TOM PETERS, dem Mitautor des eben genannten Werkes.

Im „geschäftsidee MAGAZIN" (IV/89) referiert TOM PETERS einen Artikel „Teams und Teamarbeit: Eine Studie über Vorstandsteams" in der Fachzeitschrift „National Productivity Review" der beiden Autoren ROBERT LEFTON und V. R. BUZZOTTA, beide erfahrene Unternehmensberater. Ich zitiere, mit freundlicher Erlaubnis des Verlages Norman Rentrop, einige wesentliche Passagen:

Die Autoren kommen zu dem Schluß, daß Führungsgremien lieber Feuerwehr spielen, als grundlegende Konzepte zu entwickeln. „Wir sind so daran gewöhnt, daß wir eingreifen müssen, häufig auch noch unter Zeitdruck, daß wir uns selten die Zeit nehmen, über Grundsatzfragen nachzudenken", gestand ein Manager den Forschern. „Ruhiges Nachdenken macht uns kribbelig", ergänzte ein anderer.

Die meisten können auch noch schlecht zuhören, berichten die Autoren weiter: „Was viele der untersuchten Gruppe für Zuhören hielten, war in der Regel nur eine Denkpause, in der die Manager, die gerade nicht das Wort hatten, sich ihre Argumente gegen den Vortragenden zurechtlegten. Es gab häufig Unaufmerksamkeit, man fiel einander ständig ins Wort, und Argumente und Gegenargumente kamen geradezu reflexartig."

Die „Entscheidungsfindung" von oben nach unten würgte regelmäßig sämtliche Einwände von vornherein ab. Wir nahmen an einer Besprechung teil, die der Chef mit den Worten einleitete: „Ich glaube, wir müssen – ich wiederhole, wir müssen – den neuen Zweigbetrieb so schnell wie möglich errichten, aber ich möchte zuerst Ihre Ansichten hören." Innerhalb von Minuten stimmten sechs Vorstände zu: ja, wir müssen.

Schließlich kümmerten sich die Führungsteams wenig um die Umsetzung ihrer Anweisungen: Ironischerweise hörte man von jenen Wirtschaftsführern, die in ihren eigenen Kreisen so lautstark für bedingungslosen Einsatz für das Unternehmen waren, häufig

Aussprüche wie: „Wir wollen dies im Protokoll festhalten und an alle Abteilungen schicken", oder „Jeder von uns soll seine Leute zusammenrufen und ihnen sagen, was beschlossen wurde . . ." Viele unserer leitenden Herren schienen zu glauben, daß jede von der Firmenspitze verkündete Entscheidung bei den nachgeordneten Stellen automatisch die erforderliche Umsetzung findet.

Was ist zu tun, wenn diese Beobachtungen von Verhalten und Vorgehensweisen der Führung der Wahrheit entsprechen? *Das größte Verhaltensproblem ist, daß zu viele Chefs aus der Studie die Teamarbeit (gemeint ist die an der Spitze) als verweichlichte Preisgabe ihrer göttlichen Autorität ansahen.* Ein Vorstandsvorsitzender erklärte den Autoren: „Schon die Vorstellung, daß ich jedesmal eine Besprechung einberufen soll, wenn etwas zu entscheiden ist, geht mir gegen den Strich. Ich bin nicht der Ansicht, der Präsident eines Unternehmens, und das gilt ganz generell, sollte nach der Pfeife seiner Vize-Präsidenten tanzen. Ich bin doch nicht blöd und danke ab zugunsten der Leute, die für mich arbeiten. Mag ja sein, daß die Theoretiker in ihrem Fanatismus genau das empfehlen; aber so kann man kein Unternehmen führen."

Doch die Autoren führen aus, daß erst echte Teamarbeit – freie Kommunikation, ständiges Infragestellen von Grundannahmen – wahre geistige Überlegenheit bringt. *Eine solche Zusammenarbeit muß dabei keineswegs die Autorität des Chefs untergraben.* Ein Chef, der sich vornimmt, für alle und alles offen zu sein, zuzuhören und mit der eigenen Meinung zu warten, bis andere die ihre geäußert haben, *hat sich damit nicht verpflichtet, am Ende demokratisch abstimmen zu lassen.*

TOM PETERS schließt seine Besprechung des Artikels von R. LEFTON und V. R. BUZZOTTA mit folgendem persönlichen Rat:

Meine praktische „Reparaturanleitung" lautet: *bewußt daran arbeiten, ein echtes Team zu werden.* Es ist *eine* Sache, Ergebnisse abscheulich zu finden; es ist aber eine ganz andere Sache, sich ständig als Gruppe zu bemühen, die Dinge zu verbessern.

Management-Gremien aller Ebenen sollten sich anhand der Zitate in diesem Bericht selbst befragen (trifft dieses oder jenes auf uns zu? – Wenn ja, inwieweit?) und dazu ernsthaft eine geheime Abstimmung erwägen. Wenn Sie mit dem Ergebnis unzufrieden sind, überlegen Sie, *ob Sie bereit sind, in einen Verbesserungsversuch systematisch Zeit zu investieren.* Es könnte sehr wohl die wichtigste Investitionsentscheidung Ihres Lebens werden.

Mein abschließender Kommentar zum Abschnitt „Spielregeln erfolgreicher Teamarbeit“:

1. Man sollte (als Manager der oberen Hierarchieebenen) Entscheidungen soweit wie möglich allein treffen. Alle erfolgreichen „Führer“ haben eine Vision, sind schrecklich ungeduldig und mehr oder weniger autoritär. Sonst würden sie nichts bewegen und nichts bewirken.
2. Wenn eine Aufgabe zu komplex ist, gehört sie, auf der Grundlage eines Netzplanes, in „Portionen“ aufgeteilt und an Teams – noch besser an Task forces – übertragen.
3. Bei der Zusammenstellung eines Teams sollte in erster Linie darauf geachtet werden, daß dessen Mitglieder menschlich zusammenpassen. Was nützen erstklassige Fachleute, wenn sie unter einer Profilneurose leiden und dadurch die Teamarbeit aufhalten oder gar verhindern?
4. Mit der Aufstellung des Teams muß eine Motivierung von höherer Ebene verbunden sein: Es muß ein Korpsgeist und damit der Stolz geweckt werden, diesem Team anzugehören.
5. Im übrigen wäre es psychologisch optimal, wenn der eben geforderte „Motivator auf höherer Ebene“ von Zeit zu Zeit *persönlich* bei diesem Team vorbeischaute und sich nach dem Fortgang der Dinge erkundigte. Dem Team muß immer wieder demonstriert werden, was für einen hohen Stellenwert seine Arbeit „höheren Ortes“ genießt.
6. Die praktizierte Forderung des „Teams ohne Chef“ halte ich, letztendlich, für ein Unding. Es wird sich immer ein Teammit-

glied herausschälen, das ,,unauffällig und stillschweigend geduldet" die Führung übernimmt. Dies entspricht der von TH. ADORNO herausgearbeiteten Tatsache, daß mindestens zwei Drittel aller Menschen autoritätsverliebt sind und sich, aus dem Unterbewußtsein, einen Führer wünschen. Dies gilt selbstverständlich auch für Top-Manager und wird von keinem bestritten werden, der an Besprechungen auf Direktions- oder Vorstandsebene teilgenommen hat. Im übrigen kann man, wenn sich im Team kein inoffizieller Führer herauskristallisiert, behutsam nachhelfen: indem man (als übergeordneter Chef) einen ,,Berichterstatter" bestimmt, der in vorgegebenen Abständen berichtet. Natürlich wählt man denjenigen zum Berichterstatter, dem man eine Führungsrolle im Team zutraut: ,,Schließlich kennt man ja seine ,,Pappenheimer" . . .

7.6 Besprechungen mit Ergebnis

Wenn eine Gruppe von Menschen unter einer ganz *genauen Zielsetzung* miteinander diskutiert, nennt man dies eine Besprechung.

Führungskräfte verbringen siebzig Prozent der *offiziellen Arbeitszeit* mit Besprechungen. Leider geht ein erheblicher Teil dieser Besprechungen aus wie das ,,Hornberger Schießen" – weil technische und psychologische Fehler bei der Vorbereitung und Durchführung einer Besprechung gemacht werden. Die folgenden Hinweise mögen helfen, derartige Fehler künftig zu vermeiden. Denn eines steht fest: Auf dem Sektor ,,Besprechung" kann in den Firmen noch viel Zeit eingespart werden – Zeit, die ,,hinten und vorne" fehlt.

Wir unterscheiden in der Management-Theorie drei Arten von Besprechungen:

1. Die *informative Besprechung*. Sie dient einzig und allein der schnellen Berichterstattung einzelner an den Chef. Sie hat den Vorteil gegenüber einer schriftlichen Meldung, daß der Chef im Zweifelsfalle sofort zurückfragen kann. Ein weiterer Vorteil

ist, daß alle Anwesenden die Berichte der anderen mithören und dadurch ein gutes Bild der Gesamtlage erhalten.

2. Die *Entscheidungs-Besprechung*. Hier geht es darum, das Denken verschiedener Mitarbeiter, die oft Repräsentanten verschiedener Abteilungen sind, *im Hinblick auf ein Problem zu koordinieren* und diskutierend *eine Entscheidung zu gewinnen.*
3. Die *kreative Sitzung*. Ihre Aufgabe ist es, neue Ideen zu finden oder alte Ergebnisse weiterzuentwickeln („Innovation").

Die folgenden Hinweise beziehen sich ausschließlich auf die Entscheidungs-Besprechung.

Wie man zu einer Besprechung einlädt

Das Wichtigste bei der Vorbereitung einer erfolgreichen Besprechung ist die Einladung. *Man gewöhne es sich als Chef ab*, die Teilnehmer zu einer wesentlichen Besprechung, aus der eine Entscheidung hervorgehen soll, durch die Sekretärin *telefonisch* einladen zu lassen! Derartige Einladungen sollten stets, ohne besondere Form, *schriftlich* erfolgen. Dies ist eine erste Möglichkeit, Mißverständnisse zu vermeiden.

Die Einladung erfüllt folgenden Zweck:

- Sie zwingt den Einladenden, ein klar umrissenes und *genau definiertes Problem* zu präsentieren – und die Lösung zu nennen, die erreicht werden soll.
- Sie gewährt einen Überblick über den gegenwärtigen Stand der problematischen Situation; deshalb werden alle Teilnehmer mit einem weitgehend gleichen Verständnis für das Problem und seine Gewichtigkeit zur Besprechung erscheinen.
- Sie gibt allen Betroffenen die Möglichkeit, sich einen Standpunkt zu erarbeiten und Fakten zur Untermauerung dieser Meinung zu sammeln.
- Sie setzt bereits fest, wie lange die Besprechung dauern soll. Das erlaubt allen Teilnehmern, die Besprechung in ihren geplanten Tagesablauf einzuordnen.

- Sie setzt fest, *wer* teilnimmt, und zeigt damit allen Beteiligten an, welche Hilfen oder Widerstände zu erwarten sind.
- Sie hilft, weitere unnötige Besprechungen (zum selben Problem) zu vermeiden, weil die Verantwortung für die Besprechung und für die Realisierung des Beschlusses beim Einberufenden liegt.

Muster für eine Einladung

München, Datum

Von: Tetmann, kfm. Leitung
An: Herrn Amann, Marketing-Abt.

Betrifft: Besprechung
Datum: 9. 8. 89
Zeit: 9.30 Uhr
Ort: Raum 625, Hauptverwaltung
Etwaige Dauer: 1 Stunde
Problem: Verpackungsbeanstandung unseres X-Produktes durch den Einzelhandel
Teilnehmer: Herr Amann/Market.-Abt.
Herr Bemann/Vertrieb
Herr Cemann/Atelier
Frau Demann/Einkauf

Augenblickliche Situation: Die erste Sendung des X-Produktes in der neuen Verpackung ist ausgeliefert worden. Die Vertriebs-Abteilung meldet, die neue Verpackung hebe sich in den Ladenregalen kaum von denen der Konkurrenz ab –, worüber unsere Einzelhandels-Partner Klage geführt hätten.

Ziel der Besprechung: Nochmaliger Vergleich unserer neuen Verpackung mit denen der drei Hauptkonkurrenten. Entscheidung, ob bzw. inwieweit Design geändert werden soll.

gez. Tetmann

Sitzordnung und Teilnehmerzahl

Es ist nicht gleichgültig, in welcher Ordnung die Teilnehmer einer Besprechung sitzen. Der Besprechungsleiter (BL) vermeide deshalb den Fehler, die Leute nach eigenem Gutdünken Platz nehmen zu lassen. Die Sitzordnung sollte – etwa ab 6 Teilnehmern – durch Platzkarten festgelegt werden, bevor die Gesprächspartner erscheinen.

Für die Sitzordnung gelten folgende Überlegungen:

- Man gestatte als Besprechungsleiter nie, daß sich Teilnehmer konkurrierender Gruppen gegenüber sitzen! Jede Tischseite entspricht dann einem Schützengraben, und Konflikte werden geradezu heraufbeschworen. Das Ziel jeder Besprechung sollte Übereinstimmung sein. Man breche deshalb Teilnehmergrüppchen, die sich zu „Widerstandseinheiten" formieren, auseinander! Die Mitglieder gehören auf alle Tischseiten verteilt.
- Leute, die sich nicht leiden können, setze man so weit wie möglich auseinander. Schon deshalb empfiehlt sich ein großer Tisch in einem großen Raum. Das „Aufeinanderhocken" ist nämlich eine (unbewußte) Quelle von Aggressionen.
- Man vermeide den Gebrauch langer und schmaler Tische! Es ist vorteilhafter, mehrere schmale Tische zu einem großen, möglichst gleichseitigen Viereck zu vereinigen. (Ein runder Tisch ist das Optimum.) Und der Besprechungsleiter (BL) sitze möglichst zentral. *Faustregel:* Er soll möglichst vielen Teilnehmern ins Gesicht schauen können.
- Der schlechteste Platz für den BL ist das Kopfende eines langen, schmalen Tisches. Dort verliert er nämlich die Kontrolle über jene Teilnehmer, die am unteren Ende der langen Tafel sitzen.

Zur Teilnehmerzahl: Es kommt jeden Tag vor, daß bei Besprechungen Leute herumsitzen, die dort nichts verloren haben; diese Unsitte kostet Zeit, Nerven und Geld und erschwert den Entscheidungsprozeß. Man halte sich deshalb an folgende Spielregeln, damit sich die Teilnehmerzahl in vernünftigen Grenzen bewegt:

- Die Teilnehmerzahl sollte *unter 15 Personen* gehalten werden.
- Die Teilnehmerzahl *pro Abteilung* sollte auf *eine Person* begrenzt werden.
- Der Besprechungsleiter überzeuge sich vor Beginn der Besprechung, daß die Teilnehmer *autorisiert* sind, im Namen ihrer Abteilung Entscheidungen zu treffen.
- Wenn es sich nicht umgehen läßt, mit sehr vielen Teilnehmern (mehr als 25) zu verhandeln, bediene man sich der ,,Sägetechnik'': Man unterteilt den ganzen Haufen in Grüppchen zu sechs Mann. Die jeweils Sechs müssen sich über das anstehende Problem einigen und einen *Sprecher* bestimmen. Mit diesen Sprechern wird die letzte Phase der Problemlösung diskutiert – der Rest hört zu.

Die Routinebesprechung mit einem einzigen Thema

In jedem Produktionsbetrieb werden Woche für Woche einige hundert Routinebesprechungen geführt, in denen *ein* Problem zur Entscheidung ansteht; beispielsweise zwischen dem Abteilungs-Leiter als BL und seinen Gruppenführern beziehungsweise Meistern. Für die Dauer einer derartigen Besprechung gilt die Maxime:

Die kürzeste Besprechung ist die beste!

Um jegliches Bla-bla auszuschalten, wird die Zeit von vornherein begrenzt. Bei einer straff geführten Besprechung und gut vorbereiteten Teilnehmern sollte ein Ergebnis *innerhalb von 30 Minuten* erzielt sein. Eine Dauer von einer Stunde ist gefährlich; eine anderthalbstündige Besprechung ist zum Scheitern verurteilt, weil die Übermüdung der Teilnehmer (infolge der ständig wiederholten gleichen ,,Argumente'') nur Uneinigkeit und Gegnerschaft zur Folge hat.

Die Aufgaben des Besprechungsleiters

Der Besprechungsleiter hat allgemeine und spezielle Aufgaben, um die Besprechung zu einem Erfolg zu führen. Von den allgemeinen Aufgaben seien genannt:

1. Der BL sollte die Besprechung mit einer klaren, kurz gefaßten Schilderung des anstehenden Problems eröffnen. Viele Besprechungen scheitern aber bereits an der schlechten Eröffnung – wie manche Schachpartien! Es sei deshalb an dieser Stelle ausdrücklich vor psychologischen Fehlern gewarnt:

   Wenn ein BL eine Besprechung mit folgenden Worten eröffnet: „Wegen des Problems, das heute zur Debatte steht, haben in unserem Hause schon zahlreiche Besprechungen *ohne greifbares Ergebnis* stattgefunden. Nun wollen wir einmal sehen, was uns dazu einfällt!" – Was wird den Besprechungsteilnehmern nach einer derart *negativen Eröffnung* einfallen? Nichts, natürlich. Der BL könnte die Besprechung aber auch folgendermaßen eröffnen: „Sie kennen das Problem, das uns heute zusammengeführt hat. Jeder von Ihnen ist ein erstklassiger Fachmann, der die zur Entscheidung nötigen Fakten parat hat. *Ich nehme an, daß wir in spätestens 30 Minuten eine Lösung gefunden haben!"*

2. Der BL sollte während der Besprechung kurze, das Wesentliche herausarbeitende *Zusammenfassungen* geben, um dadurch Übereinkünfte, Divergenzen und Kompromisse festzuhalten. Auch zu diesem Punkt sei wieder ein psychologischer Hinweis gegeben:

   Man kann eine Besprechung, die ja von einem Ausgangspunkt startet und sich auf ein klar bestimmtes Ziel hinbewegt, mit einer *Eisenbahnfahrt* vergleichen: Ein Eilzug fährt in A los, hat in B, C und D kurzen Aufenthalt und erreicht schließlich E. Bei der ersten Zusammenfassung des BL (wenn also der Zug in B hält), kann er entweder – mit einem wehleidigen Blick auf die Uhr – sagen: „Na ja, das erste Viertel des Weges hätten wir ja hinter uns gebracht!" Er kann aber auch mit zufriedener Miene konstatieren: „Ich freue mich feststellen zu können, daß wir unser Problem schon zu 25 Prozent gelöst haben!" Was verschafft dieser BL den Teilnehmern damit? Ein Erfolgserlebnis! Jeder bekommt das Gefühl, daß er hier nicht herumsitzt, um seine Zeit zu verschwenden, sondern daß er schon einiges geschafft hat!

3. Der BL muß die Diskussion immer in der vorgesehenen Spur halten. Das heißt, die Vielredner bremsen, die Schweiger zum Sprechen animieren und möglichst jede Abschweifung verhindern.
4. Der BL muß am Ende der Besprechung klar das Ergebnis herausarbeiten und welche Schritte nunmehr unternommen werden müssen, um die Entscheidung umzusetzen. Ein kluger BL wird diese Gelegenheit außerdem dazu benützen, *der unterlegenen Minorität für ihre aktive Mitarbeit zu danken!* Denn nur durch gemeinsame Anstrengung aller Teilnehmer habe dieses Ergebnis erzielt werden können! Mit anderen Worten: *Der BL gibt den unterlegenen Diskussionspartnern noch ein „Zuckerl" mit auf den Weg –, um Ihnen die Niederlage etwas zu versüßen und sie für weitere Besprechungen „offenzuhalten"!*
5. Last but not least: Der BL muß die Zeit sehr sorgfältig überwachen. Dazu gehört die Uhr auf den Tisch – nicht an das Handgelenk!

Wir kommen nunmehr zu den *speziellen* Aufgaben des Besprechungsleiters.

Fünf Regeln für die Eröffnung einer Besprechung

1. Pünktlich beginnen – und niemals auf verspätete Teilnehmer warten! Wer als BL bei der ersten Besprechung auf *einen* Teilnehmer wartet, wartet bei der zweiten auf *alle*!
2. Den Zweck der Besprechung *glasklar* formulieren.
3. Positiv beginnen! Man lasse keinen Zweifel daran, daß die Besprechung erfolgreich enden wird!

4. Man stelle das zu lösende Problem interessant, schillernd und aufregend dar. Blumige Redensarten und Gags sind erlaubt, wenn sie den Kern treffen.
5. Die Eröffnung sollte auf *maximal zwei Minuten* begrenzt sein.

Zwölf Regeln, wie man den Fortgang einer Besprechung überwacht

1. Als Leiter, wenn möglich, *unparteiisch* bleiben! Das wirkt sich positiv auf die Emotionen aller anderen aus.
2. Das Gespräch immer in Gang halten. Wenn peinliche Stille entsteht, sofort eingreifen: mit zusätzlichen Fragen, Erklärungen oder Zusammenfassungen.
3. Sofort einschreiten, wenn gefühlsbedingte Spannungen entstehen. *Ein Streit darf gar nicht erst zum Ausbruch kommen!*
4. Unüberlegte Problemlösungen zurückweisen! Nur *Lösungen, die durch Fakten belegt sind*, dürfen akzeptiert werden.
5. Die Stellungnahme *aller* Teilnehmer soll durch namentliche Aufforderung *erzwungen* werden.
6. Es darf stets nur *eine* Person sprechen. Diskussionen innerhalb einer Besprechung unterbinden.
7. *Der BL gehe grundsätzlich auf opponierende Meinungen ein!* Niemals darf ein Opponent übergangen oder der Versuch gemacht werden, seine Meinung unter den Tisch fallen zu lassen. *Keine Ideen halten sich so hartnäckig wie die nicht diskutierten.*
8. *Eine Besprechung ist kein Schlachtfeld*, auf dem der Gegner ,,niedergemacht“ werden darf; deshalb als BL stets das Gemeinsame herausarbeiten. Man findet immer gemeinsame Punkte, wenn man nur danach sucht.
9. ,,Rückblenden“ und Abschweifungen einzelner Teilnehmer sollten nicht geduldet werden. Die Besprechung muß Schritt für Schritt vom aufgeworfenen Problem bis zur Lösung voranschreiten.

10. Man kläre als BL notfalls die Beiträge einzelner Teilnehmer ab, um *Unklarheiten auszuschalten*: ,,Habe ich dies richtig verstanden? Ist dies korrekt?"

11. Man mache des öfteren *Zwischenbilanzen*, um den Teilnehmern zu demonstrieren, wie weit man sich dem Ziel bereits genähert hat.

12. *Man geize als Besprechungsleiter mit der Zeit*! Zu Beginn bereits erklären, daß das Problem ohne Zweifel in der vorgesehenen Zeit gelöst werden kann. Wenn es irgendwie zu ermöglichen ist – *keine Minute zugeben*!

Wie autoritär darf ein Besprechungsleiter sein?

○ Jedes Unternehmen ist daran interessiert, daß wesentliche Entscheidungen so rasch wie möglich getroffen werden. Denn nach der Entscheidung vergeht noch eine Menge Zeit, bis die beschlossene Aktion umgesetzt worden ist. Unnötig verzögerte Entscheidungen können sich für das Unternehmen auf dem Markt, besonders bei hartem Konkurrenzdruck, negativ auswirken.

○ Ein altes Sprichwort sagt: ,,Die Menschen sind so unverschämt, wie man es ihnen erlaubt!" Dies bedeutet im Hinblick auf unser Problem: ein BL, der es sich nur einmal bieten läßt, daß die eingeladenen Teilnehmer zu spät kommen, während der Besprechung privat diskutieren, ihre Fakten nicht gesammelt oder ausgewertet haben oder zur verbindlichen Stimmabgabe gar nicht autorisiert sind, hat seine Autorität ein für allemal verspielt!

○ Erfahrungsgemäß nehmen sich immer jene Mitarbeiter die größten Freiheiten heraus, die derartige Freiheiten bei anderen absolut nicht tolerieren. Diese Typen sind jedoch in der Minderzahl. Mit anderen Worten: kein BL sollte es dulden, daß ein paar undisziplinierte Kollegen das gesamte Besprechungsklima verschlechtern. Man darf und muß von einem Kollegen in Führungsposition erwarten, daß er sich auf eine Besprechung umfassend vorbereitet, sich während ihrer Dauer diszipliniert verhält und alles in seinen Kräften stehende tut, um die Besprechung zu einem erfolgreichen Ende zu bringen – einer optimalen Entscheidung.

- Ein Chef, der eine Besprechung straff leitet, ohne dabei unhöflich oder gar verletzend zu werden, verhält sich nicht autoritär, sondern *autokratisch* im besten Sinne des Wortes. Seinem Verhalten läßt sich stets entnehmen, daß er seine Verhandlungspartner achtet, ihre fachliche Mitarbeit würdigt und daß er im übrigen bemüht ist, als BL ein „ehrlicher Makler" zu sein.

Der Abschluß einer Besprechung und das Protokoll

Die beste Entscheidung nützt nichts, wenn man nicht gleichzeitig dafür sorgt, daß sie auch umgesetzt wird und wenn man den Verlauf der Aktion nicht kontrolliert! Für den Besprechungsleiter ergeben sich deshalb am Schluß der Besprechung noch folgende drei Aufgaben:

1. Die erreichte Entscheidung muß kurz und bündig formuliert werden.
2. Die zutage getretenen Meinungsverschiedenheiten sollten nochmals erwähnt werden; die Differenzen sollten so dargestellt werden, daß auch die unterlegene Minorität damit einverstanden sein kann –, ohne das Gesicht zu verlieren!
3. Die der Entscheidung folgende Aktion muß *sofort festgelegt* werden: Wer tut was? Wer ist federführend? Wer kontrolliert?

Das *Besprechungsprotokoll* sollte kurz und knapp gehalten werden. Wer was gesagt oder wer im positiven oder negativen Sinne auf die erzielte Entscheidung eingewirkt hat, gehört *nicht* ins Protokoll! Schon gar nicht wörtliche Zitate, die ihren Urheber zur Zielscheibe des Spotts machen könnten.

Ein wesentlicher Punkt des Besprechungsprotokolls, der oft übersehen wird, ist der *Verteiler*. Da er in vielen Firmen zu den Statussymbolen zählt, sind auf ihm immer eine Reihe von Direktoren und Prokuristen verzeichnet, die den Inhalt des Protokolls meist nicht zur Kenntnis nehmen. Dafür vergißt man jene Mitarbeiter des Mittleren Managements, von Stäben oder die Sachbearbeiter der operativen Ebene auf den Verteiler zu setzen, die von der Entscheidung unmittelbar betroffen sind.

Ich habe bisher kein Wort über die *gruppendynamischen Prozesse* während einer Besprechung verloren. Dieses Thema ist so komplex, daß ich es im Rahmen dieses Buches nicht abhandeln kann. Der folgende Auszug aus dem Buch „Grundlagen der Führungspsychologie"* des amerikanischen Professors für Psychologie an der Stanford University, HAROLD LEAVITT, soll Ihnen zumindest einen kleinen Eindruck von dieser Thematik vermitteln.

> „Im Zusammenhang mit dem Abstimmungsmodus ist auf ein weiteres gruppeninternes Problem zu verweisen, das in der Praxis eine nicht unerhebliche Rolle spielt. Ich meine das Problem des Gruppendrucks.
>
> Nun gibt es ja in jeder neu zusammengestellten Gruppe wenigstens einen blauäugigen Individualisten, der glaubt, Entscheidungen nur aufgrund sachlicher Erwägungen befürworten zu können. Nehmen wir einmal an, dieser Mensch sei der Meinung, daß die gesamte übrige Gruppe eine spezielle Information ganz falsch bewertet und deshalb auf dem besten Wege sei, eine krasse Fehlentscheidung zu treffen. Unser „Greenhorn" beschließt also, gegen die Gruppe mit allen Kräften zu opponieren. Denn schließlich muß sich doch die Vernunft durchsetzen! Was passiert diesem Menschen?
>
> Er wird, um es vorwegzunehmen, in einem vierstufigen Prozeß „niedergemacht", und zwar für alle Zeiten! – Warum verhält sich die Gruppe einem Abweichler gegenüber so radikal? Ist das alles eine Art teuflisches, boshaftes Verhalten, um die sadistischen Bedürfnisse der Gruppenmitglieder zu befriedigen? Üblicherweise nicht.
>
> Wenn wir uns einmal an eine Zeit zurückerinnern, als wir selber ein Mitglied der Mehrheit waren, gelingt es uns vielleicht, die andere Seite der Münze zu erkennen. Hier ist eine Gruppe, die versucht, eine Aufgabe zu erfüllen. Dieses Ziel zu erreichen hängt zu einem großen Teil davon ab, daß alle Mitglieder der

---

* Abdruck mit freundlicher Genehmigung des Verlages moderne industrie.

Gruppe echte Übereinstimmung und den Willen zur Kooperation zeigen.

Aber schließlich gibt es ja noch eine Uhr und andere Zwänge, die von der Umwelt auf die Gruppe ausgeübt werden.

Wir greifen das Problem guten Mutes auf, versuchen zu kooperieren, zu verstehen, wir versuchen eine Lösung zu finden, die allen gerecht wird und das alles in vernünftiger Zeit. Es hat den Anschein, als könne jeder vollständig zustimmen, außer diesem Typ da drüben.

Was sollen wir tun? Als vernünftige Menschen überrollen wir nicht gleich jemand, der anders denkt als wir. Wir hören ihm zu und bitten ihn, daß er auch uns zuhört. Wir gehen also durch das Ritual. Wir setzen uns mit ihm durch Fragen auseinander. Aber es hilft nichts; es sieht so aus, als wenn er einfach nicht in der Lage wäre, unseren Standpunkt zu begreifen. Die Zeit verrinnt.

Was kommt als Nächstes? Wir versuchen nun, auf der Basis von Emotionen, an ihn zu appellieren, wir sprechen über Anstand und Loyalität. Wir bitten ihn fast, uns zuzustimmen. Es fällt uns nicht leicht, aber wir wollen die Aufgabe erfüllen und ihn nicht verletzen. Wir bitten ihn dringend, sich uns anzuschließen, mit uns zu gehen, die starke Front zu erhalten. Aber selbst jetzt weigert er sich stur.

Was nun? Jetzt schlagen wir ihn. Jetzt sind wir wirklich sauer auf ihn, jetzt zeigen wir es ihm. Wenn wir uns alle auf ihn stürzen, wird er vielleicht vernünftig genug sein, sich endlich anzupassen. Und die Uhr läuft weiter. Aber der dumme, sture Idiot gibt immer noch nicht auf.

Was jetzt? Nun, jetzt müssen wir wohl oder übel den Schritt einleiten, der für uns ebenso schmerzlich ist wie für ihn. Wir müssen ihn aus der Gruppe entfernen. Wir müssen ein Mitglied unserer Gruppe amputieren. Wir sind zwar nicht mehr vollständig, nicht mehr intakt, aber zumindest in der Lage, einen Schlußpunkt zu setzen. Diese Gruppe kann mit diesem widerspenstigen, sturen, unmöglichen Mitglied keine Gruppe bleiben. Um sie zu schützen, bleibt uns keine andere Wahl, als ihn abzuschneiden.

Wenn wir es aus dieser Perspektive betrachten, erscheint uns der Abweichler gar nicht mehr so sehr als ein Held. Viele der komplexen Aufgaben in dieser Welt werden von Gruppen übernommen. Wenn eine Gruppe auf ein Individuum Druck ausübt, muß das nicht gleichzeitig eine zufällige Machtausübung bedeuten, sondern kann als eine Anzahl verzweifelter Anstrengungen gesehen werden, die Gruppe zusammenzuhalten, um die Aufgabe erledigen zu können."

Besprechung mit Ergebnis im Top-Management

Im übrigen drängt es mich, diesen Abschnitt mit den Seminarweisheiten über „Besprechungen mit Ergebnis" etwas zu relativieren. Es trifft natürlich zu, daß Entscheidungs-Besprechungen auf der Ebene des Middle Managements, meistens auch noch auf der Prokuristenebene, so ablaufen wie geschildert. Wenigstens sollten sie so ablaufen! Wenn es jedoch um die oberen Hierachieebenen geht, um den „Top", sieht die Sache ganz anders aus. Da spielen nämlich außer den Nützlichkeitserwägungen einer Entscheidung für das Unternehmen vor allem Macht- und Statusmotive der in den Entscheidungsprozeß verwickelten Manager eine Rolle. Deshalb ist so eine Entscheidungs-Besprechung, wenn sie dann offiziell über die Bühne geht, eine reine Farce. Denn dieses Theaterstück der Entscheidung wird ja erst gespielt, wenn hinter verschlossenen Türen in einer Reihe von Einzelgesprächen geklärt worden ist, wer was wird und wer was kriegt. Und wer da nicht mitspielt, wird hinausgedrückt und sieht sich plötzlich als Statthalter des Unternehmens in Uganda wieder . . . Natürlich geht dies alles in der „feinen englischen Art" über die Bühne. Nur kein Aufsehen! Das könnte ja, vor allem wenn sich die Presse einmischt, die Aktionäre aufschrecken!

NIETZSCHE hat einmal gesagt: „Je näher man dem Gipfel kommt, desto größer wird die Einsamkeit und die Kälte." Treffender und kürzer hätte er die menschliche Situation eines Top-Managers nicht beschreiben können. Diese Herren tragen ja alle die gleiche Identitätsmaske: Pokergesicht mit eingefrorenem Lächeln, gedämpfte Stimme, sparsame Gestik, sportlich-schlanke Managerfigur, Einheits-Outfit. Da fällt einem immer wieder ,,Der Bajazzo" ein: ,,Doch wie's da drinnen aussieht, geht niemand was an!" – Und *wie* es da drinnen zuweilen aussieht! ,,Unmenschlich" im Sinne des Wortes, von Ehrgeiz und Machthunger zerfressen und von der ständigen Angst gepeinigt ,,abzustürzen". Entsprechend sieht der ,,Führungsstil" aus: von Kommunikationsfähigkeit, von der Fähigkeit, echte zwischenmenschliche Beziehungen aufzubauen und zu unterhalten, ganz zu schweigen . . .

Das bedeutet im Klartext: Jeder Top-Manager hat jenen Führungs- und Besprechungsstil, der seiner Persönlichkeitsstruktur entspricht. Deshalb versagen auch all jene ,,Führungsstil-Modelle", die von Hochschulleuten ausgedacht werden, am grünen Tisch, fernab der industrieellen Praxis; von Leuten, die seit vierzig Jahren vergeblich versuchen, der menschlichen Seele mit Hilfe der Statistik beizukommen . . .

Deshalb: In unserem Gesellschaftssystem zählt nur, was Erfolg bringt. Wenn Sie also mit Ihrem bisherigen Führungs-/Besprechungsstil erfolgreich waren, dann lassen Sie alles beim alten! Wenn Sie aber bisher weniger erfolgreich waren und trotzdem (aufgrund wohlwollender Vorgesetzter) in der Hierarchie ziemlich hoch geklettert sind, dann sollten Sie einmal ernsthaft darüber nachdenken, ob Ihnen von den oben aufgezeigten Ratschlägen nicht der eine oder andere helfen könnte, in Zukunft als Chef *sicherer zu agieren*. So eine Veränderung käme ja in erster Linie Ihnen persönlich zugute – und erst in zweiter Linie Ihrer Firma!

7.7 Konflikte sind unvermeidlich

I. Theorie der Konflikte

Unter einem Konflikt versteht man in der Psychologie den Widerstreit mehrerer Motive. In der Management-Theorie bezeichnet man als Konflikt jede Spannung, die sich durch verborgene oder offene Gegensätzlichkeit kennzeichnen läßt.

Ein Unternehmen stellt grundsätzlich ein dynamisches Spannungssystem dar. Das heißt, irgendwo im Unternehmen entstehen immer Spannungen, woanders werden sie abgebaut. Und hinter jeder Spannung steckt, das ist ganz wesentlich, Energie.

Übersichts-Matrix

Konfliktart	Konfliktprozeß	K-Bewältigung
Individual-Konflikt	Konflikt-entstehung	Ausschluß
Intra-Gruppen-Konflikt	Konflikt-wahrnehmung	Unterwerfung
Inter-Gruppen-konflikt	Konflikt-Analyse	Kompromiß
Außenkonflikt	Konfliktreaktion	Integration

Zur Erläuterung der Matrix:

Man spricht in der Management-Theorie von vier möglichen Konfliktarten:

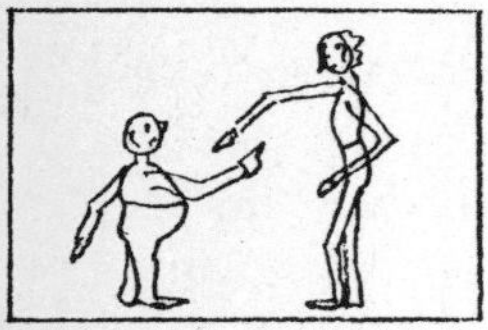

Der Individual-Konflikt:

Die Ursache für den Konflikt liegt in der Persönlichkeit der Beteiligten.

Der Intra-Gruppenkonflikt:

Hier liegt die Ursache für den Konflikt innerhalb der Gruppe, weil sich die Mitglieder, aus welchen Gründen auch immer, nicht vertragen.

Der Inter-Gruppenkonflikt:

Die Ursache für den Konflikt liegt in Spannungen zwischen zwei oder mehreren Gruppen, die auf Zusammenarbeit angewiesen sind.

Der Außenkonflikt:

Hier liegt die Ursache für den Konflikt außerhalb des Unternehmens, beispielsweise bei der Konkurrenz oder einer Gewerkschaft.

---

* Tip: Sogenannte „Pictogramme" können erheblich zur Verständlichkeit und Auflockerung von Vorträgen und Referaten beitragen (siehe auch Seite 247/249).

Ein Konflikt kann nur in mehreren Stufen bewältigt werden, weshalb man von einem Konfliktprozeß spricht:
Entstehung → Konfliktwahrnehmung → Analyse → Reaktion

II. Grundsätzliche Möglichkeiten der Konfliktbewältigung

Der „*Ausschluß*" ist meist das Ergebnis eines Kampfes „auf Leben und Tod". Die Standpunkte der Parteien haben sich so polarisiert, daß jede Partei versucht, die Gegenpartei von einer weiteren Zusammenarbeit auszuschließen. Der Ausschluß kann bis zur Kündigung gehen.

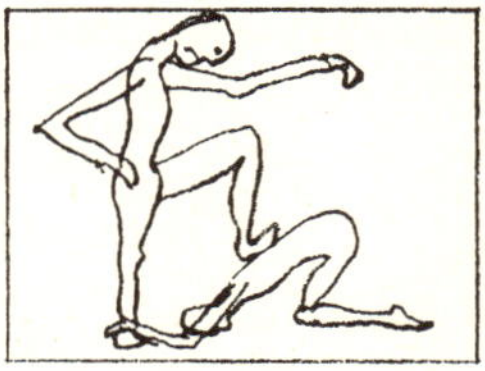

Die „*Unterwerfung*" ist die am häufigsten angewandte oder zumindest versuchte Methode einer Konfliktbewältigung. Hier macht man den Gegner möglichst klein, wenn nicht „fix und fertig", bis er es nicht mehr wagt zu widersprechen.

Sofern die Macht einer Partei nicht ausreicht, versucht sie häufig, durch Zusammenschlüsse die Gegenpartei zum Nachgeben zu zwingen. Das heißt: Man sucht Parteigänger und weitet dadurch meistens den Konfliktbereich aus! Die Folge ist oft eine Eskalation des Konfliktes, also eine Verschärfung der Auseinandersetzungen, in die immer mehr Leute hineingezogen werden.

Wer sich in einem Konflikt Parteigänger sucht, um einen starken Gegner auszuschalten, überlege sich die Folgen vorher gut! Möglicherweise muß er Zugeständnisse an die „neuen Freunde" machen oder begibt sich für die Zukunft in Abhängigkeit, die ihn seines Sieges nicht mehr froh werden lassen!

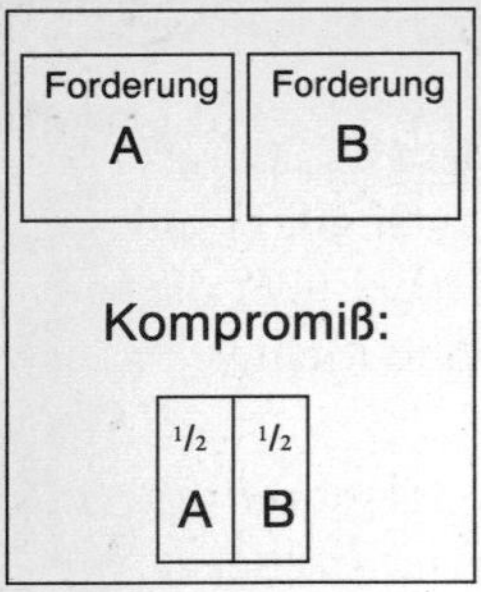

Sind Gruppen gleich stark, wird die Konfliktbewältigung häufig über einen *Kompromiß* gesucht. Da jede Partei auf einen Teil ihrer Vorstellungen verzichten muß, liegt im Kompromiß oft schon der Keim für spätere Konflikte.

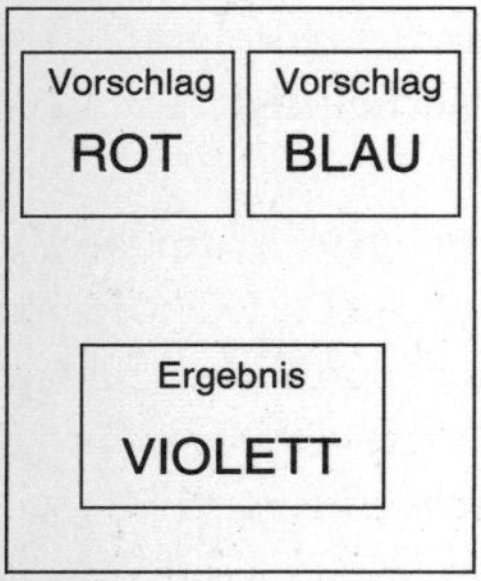

Die *„Integration"* ist die höchste Form der Konfliktbewältigung. Die Parteien vereinigen ihre Vorstellungen und finden einen Weg, der jede Partei zufriedenstellt. Die *gemeinsame Problemlösung* übertrifft die Güte der einzelnen Vorschläge und schafft auch keine neuen Anlässe für künftige Auseinandersetzungen.

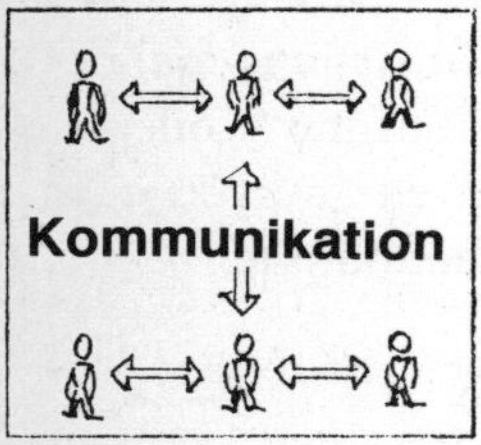

Die Praxis hat gezeigt, daß die Integration um so seltener erreicht wird, je weniger die Parteien direkten Kontakt haben. Deshalb besteht eine Hauptfunktion der Konfliktbewältigung darin, die ständige Kommunikation zwischen den Partnern zu fördern. Mit anderen Worten:

Je besser die zwischenmenschlichen Beziehungen in einem Unternehmen sind, desto leichter lassen sich auftretende Konflikte bewältigen.

III. Konfliktbewältigung – traditionell

- Die Existenz von Konflikten wird in manchen Organisationen, soweit irgend möglich, verleugnet. Im übrigen gilt es als „unschicklich", bestimmte Probleme anzusprechen, über die andere Personen oder Gruppen eine abweichende Meinung haben könnten.
- Um die eigenen Vorstellungen möglichst gut durchsetzen zu können, werden Entscheidungen häufig in strenger Abgeschlossenheit von der Gegenpartei vorbereitet. Teilentscheidungen sollen die endgültige Entscheidung als unvermeidbare Konsequenz der gegebenen Verhältnisse erscheinen lassen.
- Die Meinung der Gegenpartei wird vielmehr gehört, um sie zu widerlegen, weniger, um sie zu berücksichtigen. Die offene Diskussion beginnt erst, wenn man glaubt, daß der eigene Standpunkt genügend abgesichert ist. Personen mit abweichender Meinung werden als persönliche Gegner eingestuft.
- Ein Angriff auf die eigene Meinung wird gleich als Angriff auf ein übergeordnetes System interpretiert. Auf diese Weise wird zum Beispiel der Widerstand gegen eine Umstellung als „Widerstand gegen moderne Unternehmensführung" oder als „Eingriff in den eigenen Zuständigkeitsbereich" ausgelegt. Ergebnis: Zunehmende Polarisierung der Standpunkte.

IV. Die psychologisch gekonnte Konfliktbewältigung

Drei Grundregeln sollte man bei der Reaktion auf einen Konflikt beachten:

- Man nehme einen Konflikt niemals persönlich! Angriffe, die der Sache gelten, beziehe man nicht auf die eigene Person.
- Man versuche ehrlich, sich auch in die Situation des anderen zu versetzen.

○ Man reagiere niemals übereilt –, sondern nehme sich grundsätzlich Zeit, die Lage zu überdenken. Schließlich entsteht ein Konflikt nicht „aus heiterem Himmel" – so kommt es bei seiner Bewältigung auf ein paar Tage mehr oder weniger nicht an!

V. Quintessenz aus allen Überlegungen zum Thema „Konflikte im Unternehmen"

Konflikte bilden eine „soziale Konstante", die im Sinne einer „Auflösung" gar nicht aus der Welt geschafft werden kann. Ganz im Gegenteil: Konflikte sind ein notwendiger Bestandteil unserer Unternehmensformen und im übrigen die einzige Gewähr dafür, daß sich eine Organisation weiterentwickelt. Alle neuen Ideen können nur auf dem Wege des Konfliktes durchgesetzt werden.

Diese grundsätzliche Gegebenheit hat zur Folge, daß *jeder* Vorgesetzte mit Konflikten konfrontiert und in sie verwickelt wird. Zur Bewältigung eines Konfliktes hat sich in der Praxis der von W. Krüger entwickelte *dreidimensionale Verhandlungsstil* bewährt. Drei Gesichtspunkte sollten dabei gemeinsam zur Geltung kommen:

1. Es muß „Einigkeit im Konflikt" erstrebt werden – durch Hinweis auf gemeinsame Wertbasis. Solch eine gemeinsame Wertbasis ist beispielsweise in der „Firmenphilosophie" gegeben.
2. Das Vertrauen in und die Achtung vor dem Verhandlungspartner sollte als selbstverständlich vorausgesetzt und klar ausgesprochen werden.
3. Der feste Vorsatz zu einer konstruktiven Auseinandersetzung „um der Sache willen" sollte immer wieder betont werden.

Zur Umsetzung eines derartigen Führungsstils in die Praxis versäume man nicht, in seine Ausführungen immer wieder Wendungen einfließen zu lassen, die dem Geltungsbedürfnis des Gesprächspartners gerecht werden, etwa: „Dann halten wir doch in der Aktennotiz fest, daß wir uns aufgrund Ihres Vorschlages auf folgendes Verfahren geeinigt haben ... “

> *Wer in einer Verhandlung ein ganz klar umrissenes Ziel erreichen will, sollte auf persönliche Eitelkeiten verzichten. Lassen Sie doch dem Gegner das Verdienst für eine erzielte Einigung –, wenn Sie dadurch erreichen, was Sie wollten! Es kommt im Leben immer nur auf den Effekt an, nicht auf die Begleitumstände!*

Grundlage der obigen Ausführungen zum Thema Konflikt ist das Buch „Konfliktsteuerung als Führungsaufgabe“ von WILFRIED KRÜGER, mit freundlicher Genehmigung des Verlages moderne industrie.

7.8 „Coaching“ gefällig?

Ein deutsches Unternehmen ist keine Insel, sondern ist in zwei Märkte eingebunden – einen europäischen und einen außereuropäischen. Im „Euromarkt“ werden ab 1993 ganz neue Konkurrenzsituationen mit zum Teil noch absehbaren Konsequenzen vorherrschen, weil amerikanische und asiatische Multis schon jetzt ihre Filialbetriebe innerhalb des EG-Territoriums etabliert haben. Fest steht: Der Verdrängungswettbewerb wird von Jahr zu Jahr härter.

In der Bundesrepublik Deutschland machen sich die „Pillenknick-Jahrgänge“ bemerkbar. Deshalb hat unsere Regierung beispielsweise erwogen, Frauen zum Wehrdienst zuzulassen. Von einzelnen Politikern wird sogar laut darüber nachgedacht, die Bundeswehr abzubauen.

Es fehlen auch junge Leute für Industrie und Wirtschaft, denn was nachrückt, verfügt selten oder nur bedingt über die richtige

Qualifikation. Viele junge Menschen haben nicht einmal einen „qualifizierten Hauptschulabschluß" oder aber sind für den Einstieg von vornherein überqualifiziert. Eine Menge jüngerer Bewerber hat mittlere Reife, was sie indessen auch nicht a priori für die Industrie prädestiniert. Was dem größten Teil der „Neuen Generation" fehlt, ist die Leistungsmotivation, vom Karrierestreben ganz zu schweigen . . .

Das ist die Situation auf dem Personalsektor – in einer Hochkonjunktur ohnegleichen! Da die Unternehmer – weltweit! – von jenem Wachstumsdenken nicht loskommen, das in absehbarer Zukunft eine der Ursachen unseres Zusammenbruchs sein wird, ist die gegenwärtige Auswirkung eine *lebensbedrohende Überbeanspruchung des Managements*. Im Klartext: Mit immer weniger Mitarbeitern (absolut) und darunter immer weniger Qualifizierten, soll ein von Jahr zu Jahr höherer Umsatz – bei möglichst sinkenden Kosten, aber mehr Profit – gemacht werden!

Die Folge ist heute schon eine erkleckliche Zahl von „ausgebrannten" Managern, die Betäubung im Alkohol und in Drogen aller Art suchen – weil sie weitermachen müssen! Das „Aussteigen" können sich nur Vereinzelte leisten, die die Situation rechtzeitig erkannt und sich „generalstabsmäßig" auf ihren Neustart in einer weniger aufreibenden Branche vorbereitet haben. (Ein „Rentner-Dasein" ist für derartige Manager unvorstellbar.)

Gegenwärtig fehlt es allerdings nicht an Ratschlägen, wie sich die Menschheit – fünf Minuten vor zwölf! – doch noch an den eigenen Haaren aus dem Sumpf ziehen könnte. Ein intellektuell sehr ansprechendes Denkmodell ist das von MARILYN FERGUSON erfundene „New Age", das „Neue Zeitalter". Es ist zehn Jahre her, daß der Weltbestseller „Die sanfte Verschwörung" („The Aquarian Conspiracy") Furore machte. Doch muß man bei der Beurteilung von Bucherfolgen der nichtbelletristischen Literatur immer bedenken, daß derartige Bücher nur von Intellektuellen gelesen werden, die etwa drei Prozent der erwachsenen Bevölkerung ausmachen, und das bedeutet: *Alle* „eggheads" haben FERGUSONS Buch zwar gekauft, weitgehend gelesen und sicherlich ausgiebig diskutiert, *aber geändert hat sich am „System" nichts!* Frau FERGUSONS *erster Denkfehler* war, daß sie glaubte, die positive Reaktion aus diesen intellektuellen Kreisen sei gleichbedeutend mit einer beginnenden Transformation der Gesellschaft durch die „sanften Verschwörer".

Der *zweite Denkfehler* Frau FERGUSONs besteht darin, daß sie glaubte, das wissenschaftlich exakte Modell PRIGOGINEs über die „dissipativen Strukturen" sei ohne weiteres auf die menschliche Gesellschaft zu übertragen. Das hat nämlich PRIGOGINE in einem Analogieschluß behauptet – und Frau FERGUSON hat diesen Fehlschluß übernommen.

Frau FERGUSON hat in ihrem Eifer eine Kleinigkeit übersehen: die Psychologie des Menschen. Während nämlich dissipative Strukturen *nur* durch Energiezufuhr fluktuieren und irgendwann den Sprung nach oben, in eine höhere Ordnung machen (oder nicht!), spielen in einer menschlichen Gemeinschaft eine Anzahl von Bedürfnissen eine Rolle, deren Entwicklung und Durchsetzung man nie vorhersagen kann: Machttrieb, Geltungsbedürfnis, Profitgier und andere. Weil der Mensch eben mehr ist als ein mechanistisches System, was der größte Teil unserer Mediziner und Psychologen nicht einsehen will, kann man auch einwandfrei bewiesene Ergebnisse aus unbelebten physikalischen Strukturen nicht auf den Menschen übertragen.
Der einzelne kümmert sich nur um seine persönlichen Verhältnisse, aber nicht darum, ob es „seinem" Volk gut geht oder gar der Weltbevölkerung. Diejenigen aber, die, zum Beispiel durch Meditation, den Weg in ihr Inneres erfolgreich beschreiten und damit tatsächlich zu einer Transformation gelangen, die werden „Esoteriker" und bereiten sich nur noch auf die nächste Wiedergeburt vor! Kein Mensch, der sich unter großen Mühen auf eine höhere Persönlichkeitsstufe transformiert hat, wird sich um die Veränderung der Gesellschaft kümmern – um die Masse jener trägen Egoisten, für die „das Fressen vor der Moral" kommt. Deshalb ist jener Satz: „Irgendwann *muß* jeder, der sich mit der Transformation des Individuums beschäftigt, zum gesellschaftlichen Handeln übergehen" *der grundlegende Denkfehler im gesamten System der sanften Verschwörung a là FERGUSON*!

Soviel zum New Age. Ich habe mich deshalb relativ ausführlich mit dieser ,,internationalen Bewegung" befaßt, weil sie beispielhaft für andere ,,Heilslehren" steht, die uns als einzelne und damit die Gesellschaft ,,retten" wollen. Und es gibt eine Reihe intelligenter, aber nicht unbedingt realistischer ,,Vor-Denker", die angeblich wissen, wo es entlanggehen muß, damit geplagte Manager endlich erfolgreich, ungestreßt und ,,ethisch ausgerichtet" ihr ständig wachsendes Pensum an schwierigen Aufgaben meistern können. Dazu zwei Textproben:

> ,,Ein Großteil der Firmen aber wird in den nächsten zwei Jahrzehnten auf neue Systeme umstellen. Ich nenne sie Family-Systeme. Hier wird auf Menschlichkeit und Spaß als Produktionsfaktor gesetzt. Hier hat das alte Konkurrenz-Spiel, der brutale Darwinismus ausgespielt. Hier wird versucht, aus Kollegen Freunde und aus Unternehmen Glaubensgemeinschaften zu machen.
>
> Charisma ist lernbar, es ist trainierbar. Über die persönliche Ausstrahlung entscheidet, welches Modell von Zukunft und Zeit, von Liebe und Frieden man hat. Die seelischen und charismatischen Ausdünstungen sind nichts anderes als die eigene Programmierung. Es geht daher darum, daß man lernt, so große Programme wie Liebe, Mitmenschlichkeit, Frieden, die Programme von Zeit, Wahrheit und Zukunft in sich hineinzuprogrammieren. Das ist ein schwieriges Feld, wo es keine hundertprozentigen Tips geben kann."

Hier wird eine Utopie für die Zukunft propagiert, die nicht realisiert werden kann, weil der heutige Manager-Mensch (nach nur zwei Milliarden Jahren ,,Laufzeit" auf diesem Planeten) noch nicht so weit ist, ethisch hochstehende Programme in die Tat umsetzen zu können. Lassen wir erst einmal weitere hundert Millionen Jahre verstreichen. Dem zitierten Vor-Denker wird es eines Tages so gehen wie Herrn HERBERT MARCUSE selig, der am Ende seines Lebens öffentlich eingestehen mußte, daß es den Menschen, auf den seine Konzeption zugeschnitten sei, leider noch nicht gebe . . . Mich erinnern derartige Ankündigungen besserer Zeiten in Family-Systemen an Zarathustras warnende Worte:

„Ich beschwöre euch, meine Brüder, bleibt der Erde treu und glaubt denen nicht, welche euch von überirdischen Hoffnungen reden!

Giftmischer sind es, ob sie es wissen oder nicht. Verächter des Lebens sind es, Absterbende und selber Vergiftete, deren die Erde müde ist: so mögen sie dahinfahren!“

Damit sind wir wieder beim Problem des Coaching angelangt. Ich halte allerdings nichts davon:

- Unternehmer halten, wie bereits ausgeführt, a priori nichts von Ethik. Die meisten wissen mit diesem Begriff nichts anzufangen – selbst wenn sie sich anstrengen.
- Wenn Unternehmer so gut verdienen wie zur Zeit, und ein Ende des Booms ist nicht abzusehen, müßten sie in der Tat „nicht ganz normal“ sein, wenn sie ausgerechnet jetzt ethische Experimente machen würden. Das bedeutet aber: Von einer Änderung des Betriebsklimas und des erfolgreich angewandten (ziemlich autoritären) Führungsstils kann keine Rede sein.
- Da Unternehmer – international – weiter auf „ewiges Wachstum“ setzen werden, wird auch das Überfordertwerden des Managements kein Ende nehmen.
- Überforderte Manager kommen nicht zum Nachdenken, selbst wenn sie es wollen. Diese Gelegenheit haben sie in der Regel erst, wenn sie ein Herzinfarkt zum Herabsetzen der Anforderungen an sich selbst und völligen Umdenken gezwungen hat.
- Ein „Coach“, der sowohl eigene Managementerfahrung als auch ein gediegenes psychologisches Wissen hat, ist selten. *Wer nur mit einer psychologischen Ausbildung eine erfolgreiche Therapie an hochneurotischen Managern verspricht, wird sich schwertun, weiß nicht, wovon er redet, oder ist ein Filou.*

Wieder einmal gilt die alte Weisheit: „Hilf dir selbst, dann hilft dir Gott!“ Schön und gut – aber wie?

Selbständig zur sinnerfüllten Lebenserwartung finden

Die wichtigste Haltung, zu der sich ein Mensch im Leben durchringen muß, ist die Wahrhaftigkeit gegenüber sich selbst. Also: Machen Sie eine ehrliche Selbstanalyse, zum Beispiel mittels der in diesem Buch besprochenen Matrizen. Wenn Sie das summarische Ergebnis dieser Analysen vor sich haben, dann stellen Sie bitte ganz realistisch fest:

Dies ist meine gegenwärtige Situation. Die habe ich alleine herbeigeführt – und kann sie auch nur alleine ändern!

Jetzt folgt der *Entscheidungsprozeß I:*

Variante 1: Steige ich aus meinem Beruf aus?

Variante 2: Steige ich (mit ärztlicher Befürwortung) teilweise aus, indem ich einige Bereiche abgebe?

Variante 3: Mache ich weiter wie bisher und riskiere, daß mich irgendwann der Herzinfarkt hinwegrafft?

Angenommen, Sie entscheiden sich für *Variante 3*, dann folgt der *Entscheidungsprozeß II:*

1. Sollte ich versuchen, an meinem Verhalten etwas zu ändern, damit mich meine Umwelt besser erträgt?
2. Sollte ich versuchen, etwas gegen den Streß zu tun, der mich physisch und psychisch ruiniert?

Was die *Variante 1* betrifft, ist es sehr schwierig, ohne fremde Hilfe, ohne einen Therapeuten, etwas zu ändern. Wozu auch? Wenn Sie heute um die 50 sind und sich selbst so zu akzeptieren gelernt haben, wie Sie sind –, wozu dann Änderungsversuche? Ihr Chef, Ihre Kollegen und Ihre Mitarbeiter müssen Sie eben so annehmen, wie Sie sind. Und wenn Ihre Frau Sie liebt, hat sie das immer schon getan –, *obwohl* Sie so sind wie Sie sind . . .

Also bleibt nur *Variante 2*. Dazu sollten Sie, aus psychologischer Sicht, zweierlei wissen und berücksichtigen:

- Sie müssen lernen, sich zu entspannen –, sonst gehen Sie mit Sicherheit vor die Hunde!
- Sie müssen sich und Ihre Arbeit besser rationalisieren. Sie müssen eine ,,Vision" entwickeln, wie Sie sich künftig sehen: ruhig, gelassen, über den Dingen stehend – und deshalb erfolgreicher als bisher! Um dies zu erreichen, sollten Sie eine Methode der Selbsthypnose erlernen.

Es ist nicht ganz einfach, eine derartige Entspannungsmethode während einer Periode zu erlernen, in der man überdurchschnittlich gefordert wird. *In der Regel gelingt es nicht* –, es sei denn, man lernt das Autogene Training (AT) während einer Erholungskur in einer Privatklinik. Dort hat man Zeit dazu und ist unter ärztlicher beziehungsweise psychologischer Betreuung.

Es gibt indessen noch einen anderen Weg, entsprechend unserer ,,Umbruchszeit", die täglich Neues hervorbringt. Dazu gehören auch die von mir bereits erwähnten ,,Mind Machines". Solch ein Gerät beispielsweise enthält zehn Programme zum Entspannen und Aktivieren. Wenn Sie mittels eines dieser Programme Alpha-Wellen erzeugen, ist Ihr Unterbewußtsein für die Aufnahme neuer Botschaften geöffnet. Sie können auf diese Weise nicht nur optimal Neues lernen; Sie können so vor allem sich selbst jene ,,Formeln" suggerieren, die Ihr weiteres Leben günstig beeinflussen werden.

Nun ist Selbsthypnose mit ,,selbstgebastelten" Formeln nicht ungefährlich, weil das Unterbewußtsein jede suggerierte Botschaft für bare Münze nimmt und – wortwörtlich! – ausführt! Deshalb sollten Sie, als ,,Wegweiser" zur ,,formelhaften Vorsatzbildung", ein erprobtes Fachbuch zu Rate ziehen, beispielsweise das von Dr. Dr. K. THOMAS: ,,Praxis des Autogenen Trainings. Selbsthypnose nach I. H. Schultz". Es ist so geschrieben, daß Laien es ohne weiteres verstehen können.

Selbstverständlich gibt es auch andere Selbsthypnose- und Entspannungsmethoden, die genauso wirksam sind wie AT, beispielsweise die ,,Feldenkrais-Methode", nach der die Offiziere der israelischen Armee trainiert werden. (MOSHE FELDENKRAIS beschreibt seine Methode ausführlich und für Laien nachvollziehbar in seinem Buch ,,Der aufrechte Gang".)

Sollten Sie sich indessen für den Einsatz einer ,,Mind Machine" oder, wie sie auch heißt, einer ,,Brain Machine" entschließen, so sollte Ihnen eines klar sein:

Auch die teuerste Mind Machine wird Ihnen nichts nützen, wenn Sie nicht täglich wenigstens eine halbe Stunde Zeit haben, damit zu ,,spielen".

Sie müssen erst einmal herausfinden, welches der Programme bei Ihnen am schnellsten und wirksamsten anspricht. Vor allem müssen Sie am eigenen Leib erfahren, welche Art von Programmierung für Sie die optimalste ist: 15 Minuten nur Entspannung in einer Streßsituation. 15 Minuten Aktivierung – wenn man müde ist und weiterarbeiten muß. Oder eine 30-Minuten-Cassette, die einen erst in eine tiefe Entspannung führt und einen dann wieder ,,aufpept". Ohne einen derartigen Mindesteinsatz an Zeit und Energie werden Sie nichts schaffen! Doch das Problem liegt ja ganz woanders:

Wollen Sie Ihr Leben wirklich bis zu einem gewissen Grade verändern, um damit psychosomatischen Erkrankungen vorzubeugen – ja oder nein?

Sie müssen sich *endgültig* entscheiden, welches Spiel Sie *für den Rest Ihres Lebens* spielen wollen! Es muß, wie S. DE ROPP sagt, auf alle Fälle ,,spielenswert" sein! Ist es das nicht, dann werden Sie, als manipuliertes ,,Firmeneigentum", wieder einmal die Gültigkeit der alten Weisheit demonstrieren:

Wer nicht lebt, wird gelebt!

Literatur

ABODAHER, DAVID: Iacocca, München 1985

ADLER, ALFRED: Menschenkenntnis, Frankfurt 1966

ADORNO, Th. W.: Studien zum autoritären Charakter, Frankfurt 1974

ARGYLE, MICHAEL: Körpersprache und Kommunikation, Paderborn 1979

AUGSTEIN, RUDOLF: Jesus Menschensohn, Gütersloh 1972

BALL, GEORGE W.: Disziplin der Macht, Frankfurt 1968

BECKMANN, DIETER/RICHTER, HORST-EBERHARD: Gießen-Test (GT), 2. Aufl., Bern 1975

BENNET, DUDLEY: Im Kontakt gewinnen, Heidelberg 1977

BENZ, ERNST (Hrsg.): Der Übermensch, Zürich 1961

BERLE, ADOLF: Macht, Hamburg 1973

BERNE, ERIC: Was sagen Sie, nachdem Sie ,,Guten Tag" gesagt haben? München 1975

BIRKENBIHL, MICHAEL:
- Führungsbrevier 2.000, Karlsruhe-Goch 1981
- Karriere und innere Harmonie, 2. Aufl., Zürich 1989

BIRKENBIHL, VERA F.:
- Freude durch Streß, 6. Aufl., mvg, München/Landsberg 1988
- Erfolgstraining, 2. Aufl., mvg, München/Landsberg 1988
- Kommunikations-Training, 9. Aufl., mvg, München/Landsberg 1989
- Stroh im Kopf? 2. Aufl., mvg, München/Landsberg 1989

BOLEN, CARL VAN: Erotik des Orients, München/Teufen 1965

BORNEMANN, ERNEST: Psychoanalyse des Geldes, Frankfurt 1973

BUTTKUS, RUDOLF:
- Physiognomik, 2. Aufl., München/Basel 1970
- Die Rätsel der Hand, Freiburg 1968

CAPRA, FRITJOF:
- Wendezeit, Bern/München/Wien 1983
- Das Tao der Physik, Bern/München/Wien 1984

CHARON, JEAN: Der Geist der Materie, Wien/Hamburg 1979

CLAESSENS, DIETER: Rolle und Macht, Weinheim/München 1970

CORRELL, WERNER: Persönlichkeitspsychologie, Donauwörth 1976

DICHTER, ERNEST: Überzeugen, nicht verführen. Düsseldorf/Wien 1971. (Ebenfalls erschienen als mvg-Paperback).

DITFURTH, HOIMAR VON: Innenansichten eines Artgenossen, Düsseldorf 1989

DOERNER, DIETRICH: Problemlösen als Informationsverarbeitung, Stuttgart 1976

DOMIZLAFF, HANS: Brevier für Könige, 2. Aufl., Hamburg 1968

DRUCKER, PETER F.: Die Praxis des Managements, München 1970

DYCHTWALD, KEN: Körperbewußtsein, Essen 1981

ELLIOTT, OSBORNE: Die Männer an der Spitze, Düsseldorf 1960

FELDENKRAIS, MOSHE: Der aufrechte Gang, Frankfurt 1968

FIEDLER/CHEMERS/MAHAR: Der Weg zum Führungserfolg, Stuttgart 1979

FRENCH, MARILYN: Jenseits der Macht, Reinbek 1985

FROMM, ERICH:
- Haben oder Sein, Stuttgart 1976
- Die Furcht vor der Freiheit, Frankfurt 1966

GALBRAITH, JOHN K.: Anatomie der Macht, München 1987

GELLERMANN, SAUL W.: Management by Motivation, New York 1968

GEYER, HORST: Über die Dummheit, Wiesbaden 1984

GORDON, MAYNARD, M.: Das Iacocca-Management, mvg, München/Landsberg 1990

HARRIS, THOMAS, A.: Ich bin o.k., du bist o.k., Reinbek 1973

HENNING/JARDIN: Frau und Karriere, Reinbek 1978

HERBER, HANS-JÖRG: Motivationspsychologie, Stuttgart 1976

HESSE, HERMANN:
- Das Glasperlenspiel, Frankfurt 1980
- Siddharta, Frankfurt 1984

HIRTH/SATTELBERGER/STIEFEL: Life Styling, Landsberg 1981. (Ebenfalls erschienen als mvg-Paperback unter dem Titel „Dein Weg zur Selbstverwirklichung", 2. Aufl., München/Landsberg 1987.)

HÖCKEL, GÜNTHER: Führen ohne Befehl, Düsseldorf/Wien 1969

HORX, MATTHIAS: Das Ende der Alternativen, München 1985

HOUSTON, JEAN: Die Farm der Formen. In: Neues Bewußtsein – neues Leben. Hrsg.: M. Schaeffer/ A. Bachmann, München 1988

HUIZINGA, JOHAN: Homo ludens, Reinbek 1956

IACOCCA/NOVAK: Eine amerikanische Karriere, Düsseldorf 1986

JANTSCH, ERICH: Die Selbstorganisation des Universums, München/Wien 1979

JONAS, HANS: Das Prinzip Verantwortung, Frankfurt 1984

KAZMIER, LEONHARD J.: Einführung in die Grundsätze des Management, München 1972

KELLOG, MARION: Führungsgespräche mit Mitarbeitern, München 1972

KLEBELSBERG, DIETER VON: Risikoverhalten als Persönlichkeitsmerkmal, Bern/Stuttgart 1969

KOESTLER, ARTHUR: Das Gespenst in der Maschine, Wien/München/Zürich 1968

KORDA, MICHAEL: Macht, und wie man mit ihr umgeht, München 1975

KRIPPENDORFF, EKKEHARD: Staat und Krieg, Frankfurt 1985

KRÜGER, WILFRIED: Konfliktsteuerung als Führungsaufgabe, München 1973

LATEY, MAURICE: Mißbrauch der Macht, Düsseldorf/Wien 1973

LEAVITT, HAROLD: Grundlagen der Führungspsychologie, München 1974

LEUENBERGER, HANS-DIETER: Das ist Esoterik, Freiburg 1985

LÖBSACK, THEO: Die letzten Jahre der Menschheit, Berlin 1986

LOWEN, ALEXANDER:
- Körperausdruck und Persönlichkeit, München 1981,
- Der Verrat am Körper, Reinbek 1985

MACCOBY, MICHAEL: Gewinnen um jeden Preis, Reinbek 1977

MACHIAVELLI, NICCOLO: Der Fürst, Stuttgart 1963

MCCLELLAND, DAVID: Macht als Motiv, Stuttgart 1978

MACLAY, GEORGE/KNIPE, HUMPHRY: Adam im Hühnerhof, Frankfurt 1972

MASLOW, ABRAHAM:
- Motivation und Persönlichkeit, Olten/Freiburg 1977
- Psychologie des Seins, München 1973

MATSON, FLOYD: Rückkehr zum Menschen, Olten/Freiburg 1969

MINTZBERG, HENRY: Der Managerberuf, Dichtung und Wahrheit. In: „Harvard manager", Hamburg 1988

MORGAN, ELAINE: Der Mythos vom schwachen Geschlecht, Düsseldorf/Wien 1972

MORAWA, HANS: Mut zur Utopie, Düsseldorf 1979

MORITA, AKIO: Made in Japan, Bayreuth 1986

MUCCHIELLI, ROGER: Psychologie der Werbung, Salzburg 1972

NIETZSCHE, FRIEDRICH: Werke in vier Bänden, Salzburg 1983

NOZICK, ROBERT: Anarchie, Staat, Utopia, mvg, München/Landsberg 1974

PACKARD, VANCE: Die Pyramidenkletterer, München 1966

PARKINSON, C. N.: Das Manana-Gesetz, Reinbek 1973

PETER/HULL: Das Peter-Prinzip, Reinbek 1970

PETERS, THOMAS/WATERMAN, ROBERT: Auf der Suche nach Spitzenleistungen, Landsberg 1983. (Ebenfalls erschienen als mvg-Paperback in der Reihe „Business Training“, München 1990)

PETERS, TOM: Teams und Teamarbeit; eine Studie über Vorstandsteams, in: „geschäftsidee MAGAZIN“ (IV/89), Bonn 1989

PRIGOGINE, ILYA: Dialog mit der Natur, München 1981

RATTNER, JOSEF: Psychologie des Vorurteils, Zürich/Stuttgart 1971

RICHTER, HORST E.:
- Lernziel Solidarität, Reinbek 1974
- Die hohe Kunst der Korruption, Hamburg 1989

ROPP, ROBERT S. DE: Das Meisterspiel, München 1978

SCHILLER, HERBERT J.: Die Bewußtseins-Manager, München 1976

SCHMIDBAUER, WOLFGANG: Alles oder Nichts, Reinbek 1980

SCHNEIDER, WOLF: Unsere tägliche Desinformation, Hamburg 1984

SHELL, KURT: Der amerikanische Konservatismus, Stuttgart/Berlin/Köln 1986

SCHULTZ, HANS-JÜRGEN (Hrsg.): Psychologie für Nichtpsychologen, Stuttgart/Berlin 1979

SCHUMACHER, E. F.: Die Rückkehr zum menschlichen Maß, Reinbek 1977

STERN, I. P.: Nietzsche. Die Moralität der äußersten Anstrengung, Hohenheim 1982

STOCKMAN, DAVID: Der Triumph der Politik, München 1986

STREHLE, HERMANN: Mienen, Gesten und Gebärden, München/Basel 1954

SZASZ, THOMAS S.: Die Fabrikation des Wahnsinns, Olten/Freiburg 1974

SZCZESNY, GERHARD: Vom Unheil der totalen Demokratie, München 1983

TEILHARD DE CHARDIN: Der Mensch im Kosmos, München 1981

THOMAS, KLAUS: Praxis der Selbsthypnose und des autogenen Trainings, Stuttgart 1969

TIGER/FOX: Das Herrentier, München 1973

TOFFLER, ALVIN:
- Der Zukunftsschock, München 1970
- Die Zukunftschance, München 1980

TREVELYAN, GEORGE: Eine Vision des Wassermann-Zeitalters, 4. Aufl., München 1987

VESTER, FREDERIC: Neuland des Denkens, Stuttgart 1980

WAHRIG, GERHARD: Deutsches Wörterbuch, München 1973

WANNENMACHER, WALTER: Die zweite Weltwirtschaftskrise, Stuttgart 1983

WATZLAWICK/BEAVIN/JACKSON: Menschliche Kommunikation, Bern/Stuttgart 1969

WEBER, MAX: Wirtschaft und Gesellschaft, Tübingen 1976

WILBER, KEN: Halbzeit der Evolution, Bern/München/Wien 1987

WILSON, COLIN: Das Okkulte, Frankfurt 1985

WUFFLI, HEINZ R.: Herbst des Unternehmertums, Zürich/München 1982

ZÜRN, PETER: Vom Geist und Stil des Hauses, Verlag moderne industrie, Landsberg 1985

Anmerkung: Alle von mir verwendeten und hier aufgelisteten Werke stehen in meiner Bibliothek. Es kann also durchaus sein, daß einzelne in neueren Auflagen existieren oder vergriffen sind.

Register

V

W

X

Y

Z